# 独禁法・景品表示法・下請法

元公正取引委員会事務総局審査局長
野口 文雄 ［著］

一般社団法人 金融財政事情研究会

# はじめに・序説

## 1　ある日突然の調査

### (1)　独占禁止法違反被疑事件

　独占禁止法は、企業を取り締まることも、守ることもある法律ですが、まず、取り締まられる場合の話をします。

　独占禁止法違反の疑いがある場合の事件調査は、ある日、突然の立入検査で始まる場合もありますし、「お話を伺いたい」という電話で始まる場合もあります。その後、企業の担当者や役員が呼び出されたり、何ページにもわたる報告命令がなされる場合もあります。違反が認定されますと、処分が行われ、公表されます。カルテルや入札談合などの場合は、何百万、何千万円、あるいはそれ以上の課徴金が課されますし、事件によっては発注者からの指名停止や、損害賠償請求、違約金の請求などが次々に起きます。事件に関係した人はもちろん、企業のなかで対外的な業務を担当する責任者も、慣れない、不安で困難な立場に立つことが予想されます。

　独占禁止法違反事件に関係していたが、「自分たちのしていたことが法律違反になるとは知らなかった」という人は、最近では少なくなってきていると思われます。コンプライアンスのための研修などでも独占禁止法についての説明を受けていることも増えてきているでしょう。

　しかし、「この業界に勤めた時からそうだった」「先輩から引き継いでやってきた」「業界でまとまっていくのが当然と思っていた」「まずいかなと思ったが、1人で反対することもできなかった」ということ

で、違反が継続していたというケースも少なくありません。また、中小企業を中心に普段からの法律に関する社内教育が十分でない場合が多く、このような無防備ななかで、ある日突然、調査が開始されるのです。

　新聞などで独占禁止法違反として大きく報道されるのは、通常は大企業に立入検査があったり、措置がとられた事件ですので、中小企業の方のなかには、自分たちのところまでは来ないのではないかと思われている方もいらっしゃるかもしれません。しかし、大企業関係のニュースが大きく取り上げられるのは、企業名を購読者ないし視聴者がよく知っており、また、事件の影響度も大きく、ニュースバリューが大きいためです。これまでに独占禁止法違反とされた企業としては、数の上では中小企業のほうが多数になっています。

(2)　景品表示法違反被疑事件

　景品表示法は、消費者向けの商品・サービスの提供を行っている企業が調査の対象になります。このような企業にとって、「不当表示をした」「〇〇偽装」などと指摘を受けることは、消費者や取引先からのこれまでの信頼を大きく傷つけることになります。平成28年4月には不当表示に対する課徴金制度も導入されました。

　景品表示法違反で行政処分を受け、公表の対象となる企業は年間十数社から数十社ですが、調査を受け指導を受ける会社の数は3桁になります。指導は、原則として公表されませんが、調査を受けている最中は、指導ですむのかどうかはわかりません。独占禁止法違反の場合と同じように、ある日突然、当局から「お宅の〇〇についてお話を伺いたい」という話があると、不当表示にかかわった担当セクションや当局の調査に対応する部門としては緊急事態になります。

　景品表示法についても、大企業だけではなく、多くの中小企業も事

件調査の対象となっています。大企業による不当表示は世の中に与えるインパクトも大きく、新聞などでの扱いも大きくなっていますが、むしろ、不当表示として公表されたときの経営に与える影響は、案件にもよるでしょうが、中小企業のほうが大きいかもしれません。

　景品表示法では、その名前のとおり、過大な景品提供も規制しています。近年、景品表示法により法的措置をとられる事件は、ほとんどすべて表示関係ですが、実は、行政に寄せられる景品表示法関係の相談のほとんどは景品関係です。景品提供すべてを禁止しているのではなく、過大なものを禁止しています。ただ、「過大なものはいけません」といっても、どこからが過大なのかわからないので、たとえば、抽選で景品が当たる懸賞景品については、取引額の20倍または10万円のいずれか低い額を超えてはならないというように、具体的に規定されています。こうした景品提供は広告会社がかかわっている場合が多く、広告会社が景品規制について熟知している、さらには当局に確認的に相談するということで、実際の違反発生が大幅に抑えられています。もし、大々的に景品提供の広告をして、途中で景品表示法違反とわかったら大変です。法的措置がないからといって軽視はできません。

### (3)　下請法違反被疑事件

　下請法は、中小企業を守る法律で、規模の大きな企業が主な規制対象になります。しかし、中小企業が調査の対象となったり、措置の対象となることも少なくありません。大企業と中小企業の間の下請取引のほか、中小企業ともっと小規模な企業や個人企業との間の下請取引も下請法の対象となります。下請法違反は、発注書面の書き方なども含めて、日常の取引のなかで、いわば不注意で生じることも多く、法令遵守にあたっては細かな注意が求められます。下請法では課徴金は

ありませんが、取引先下請業者に総額何百万、何千万という支払を行うよう求められたり、措置について公表される場合があります。下請法違反で公表されるような企業は、一定の社会的地位にある企業であり、「下請いじめ」をしたと思われることはぜひとも避けたいところです。

　下請法に基づく勧告が行われた場合には、原則、その内容が公表されます。勧告というのは、文字どおり「お勧め」であって、法的な強制力はありません。勧告に従わない場合には、事案の内容によっては独占禁止法上の優越的地位の濫用として調査、措置が行われる可能性もありますが、勧告自体は法律に基づく一種の行政指導ということになります。それでも、この勧告に従わなかったケースは聞いたことがありません。なぜなのでしょうか。それは、基本的に、下請法が求める内容は社会的にもっともなことであり、これに違反することは、世の中の要請に反するからではないでしょうか。こうした世の中の要請に反することについて、違反を行った企業自身も、勧告に従うのは当然である、あるいは従わざるをえないと思い、世の中もこの法律に従わないことはあってはならないと考えていることが、この法律の枠組みが有効なものとなっている力の源泉であると考えられます。


## 2　守られる場合は？

[独占禁止法で守られる]

　法律があるおかげで予防的に守られる場合と、具体的に何か被害があったときに守られる場合があります。予防的に守られる場合としては、取引先から守られる場合と競争業者から守られる場合があります。

仮に独占禁止法がなくて、カルテルが自由に行えるとしますと、企業が購入するいろいろな資材の価格や機械設備の価格などはカルテルによって引き上げられる可能性があります。特に、購入先が大企業の多い業界の場合、同業者の数も少なくカルテルの話もまとまりやすくなります。現在は複数の調達先を比べて購入したり、高かったらほかを探したり、あるいはほかではもっと安いという情報を基に価格交渉もできます。しかし、取引先に裏でカルテルを組まれたらどうしようもありません。「では、自分たちもカルテルをしよう」と思っても、中小企業の場合、同業者の数が多く、また、取引先の力も強いので、なかなかまとまらない可能性が高いです。消費者はもっと弱い立場で、負担を全部かぶることになります。

　購入先が一本に合併した場合も同様です。他社の見積りを引き合いに価格交渉もできません。「値上げに応じていただけなければ、取引を停止させていただきます」といわれておしまいです。中小企業は競争業者の数も多く、その経営者はそれぞれ一国一城の主ですから、仮に合併について規制がなくても、一本に合併するということはむずかしいでしょう。しかし、1つの業界に少数の大企業しかいない、いわゆる寡占業界では、独占禁止法の制限さえなければ、よりまとまりやすいでしょう（ただし、世界的に商品、サービスを供給している企業の場合は、日本企業同士の合併でも海外の独占禁止法により規制される場合があります）。

　また、競争業者に圧倒的な力のある大企業があるような場合、その大企業が取引先に対して「当社以外の製品の取扱いは困ります」というように、他社の製品やサービスの購入を制限しますと、力の弱い競争業者にとっては販路を奪われてしまうおそれがあります。

　以上のような行為が独占禁止法違反になるということは、多くの大

企業はよく承知していますので、法律で禁止されている、違反したら大変ということだけで、違反の発生を未然に防止し、被害を防いでくれています。ひところ、大型店が新規開店の際に納入業者の従業員を無償で働かせるなどの、いわゆる「優越的地位の濫用」行為で独占禁止法違反となるケースが多くありましたが、こうした行為に対する規制がだんだんと機能するようになることにより、納入業者の立場にある中小企業が守られるようになってきています。

　仮に、このような規制に反する行為によって具体的な被害があったときは、直接、取引先には言いにくいかもしれませんが、公正取引委員会などに訴えて、事態の改善を図ることも可能です。少なくとも、そうした規制があることも知らないと、ただ、あきらめて我慢することになってしまいます。

　近年、自動車部品のカルテルなどに関係していた企業が海外の競争当局から厳しい制裁を受け、民事的にも多額の賠償を行うこととなるケースが目立っています。日本国内において独占禁止法違反に対し厳しい法適用が行われることが、ひいては国際的に商品・サービスを提供する日本企業にとって独占禁止法についてのコンプライアンス意識、体制の強化につながり、結果としてそのような日本企業を守ることになると考えられます。

[景品表示法で守られる]

　景品表示法も企業を守ります。景品表示法はその１条（目的）で、「……について定めることにより、一般消費者の利益を保護することを目的とする」と規定しているように、消費者を守る法律ですが、企業とそこに働く人々を守る法律でもあるのです。景品表示法は、実際よりもよくみせかける表示を不当表示として禁止しています。普通の企業とそこに働く人々は、法律で禁止されなくても、そのような表示

はしたくありません。しかし競争相手がそのような表示をすると引きずられやすいのです。同様の行為をしない場合には、通常は顧客を奪われて不利益を受けます。横断歩道を赤信号で渡る人がいても自分は渡らないということはできますが、競争している企業が不当表示をする場合には影響は避けられません。「これくらいならいいのではないか」「ほかの会社もやっているのだから、仕方がない」と同じような表示をすることになりやすく、いつの間にか問題を問題と感じなくなる場合もあります。よく業界全体で「○○偽装」などと不当表示が問題になるのはこのためです。会社のなかで、「これはおかしくないでしょうか」と声をあげても、不当表示がきちんと取り締まられる世の中でないと、あるいはそうした高いリスク感を企業に与える世の中でないと、「そんなことをいっても、売上げはとれるのか」と無視されたり、声をあげた人が疎まれたりしかねません。景品表示法が厳格、的確に運用されることは、企業で働く人々が胸を張って仕事ができるようにするためにも必要なのです。

　まったく同じ理由から、仮に同業者の不当表示があった場合、これについて当局に訴えたり、業界団体で表示問題への対応を行うことはとても重要です。「人のことをチクるのはいやだ」と思うかもしれませんが、自社を含め皆が引きずられないように守るためにも、不正を正すためにも、消費者のためにも、不当表示と思われるものについて当局に情報提供することは重要です。また、業界でまん延した場合、あるいは、まん延しかけた場合、なるべく早い段階で、大きな問題になる前に業界全体で見直しをすることも重要です。

　景品表示法による景品規制についても、仮にこうした規制がないと、資金力のある大企業は高額な懸賞で消費者を引きつけることができ、中小企業は相対的に不利になります。高額な景品も結局は価格に

跳ね返って、ほとんどの消費者はコストアップ分を負担するだけになりますが、「当たるかもしれない」という過大な期待は合理的な判断を麻痺させます。宝くじは、外れれば紙切れしか残らない、いわば懸賞部分だけの商品ですが、人々は購入します。合理的な期待値（賞金額×当たる確率）は購入価格を大きく下回りますが、多額の売上げがあります。高額な懸賞付販売も同じような販売促進効果がありますが、景品表示法は、こうした商法から消費者と中小企業を守っています（すでに述べたように一定の範囲内の懸賞付販売は認められています）。

[下請法で守られる]

　下請法はその1条（目的）で、「下請事業者の利益を保護し、もつて国民経済の健全な発達に寄与することを目的とする」と規定しているように、下請法が中小企業を守る法律なのはいうまでもありません。下請法では下請代金の減額など下請事業者に不利益を与える各種行為を禁止しており、これに違反したとして、年間数件から十数件の法的な措置がとられ、新聞などで事件の内容が報じられています。一方、そうした報道には現れませんが、下請法の非常に重要な規定として、下請事業者に対する発注書面の交付、発注記録の作成・保存義務があります。下請法による規制以前は、口頭での発注も多くありました。通常時はそれでも取引が回っていくのでしょうが、いざとなると言った言わないの問題となります。発注書面があっても下請事業者は立場が弱いのに、口頭発注で証拠が残っていない場合にはなおさら何もいえなくなってしまいます。下請法で発注書面の交付が義務づけられたことにより、発注書面になんらかの不備がある場合はあっても、発注書面自体を渡さないということは、ほとんどみかけなくなりました。契約社会では当たり前のことのように思われますが、下請法により取引の基本ができたともいえます。

一方、下請事業者からの自発的な情報提供を期待することは困難です。下請法違反により被害を受けているときに、下請事業者としては、仮に、これを当局に訴えたくても、そのことが親事業者に知られ、取引上不利益を受けるのではないかという危惧があります。

　このため、公正取引委員会と中小企業庁では、毎年手分けして、親事業者と下請事業者、合計数十万社に調査票を送って違反の発見に努めています。また、そうした調査とは別に個別に下請事業者からの情報提供を受けた場合には、情報提供者の意向を確認しつつ、だれが情報提供者か特定されないよう、情報提供者との取引や情報提供のあった行為類型だけに絞らないで、より広範なかたちで調査票を送付して調査を行っています。

## 3　法令遵守の行き過ぎもよくない？

　「えっ！　法令遵守して何がいけないの？」と思われるかもしれませんが、法令に違反しないようリスクを回避するあまり、適法な行為まで不安になって手控えるようになると、新しいビジネス展開が困難になります。このようなことになりかねない要因としては、法律が一般にはわかりにくい面があること、また、法律の専門家でも経済実態や経済メカニズムがよくわからないと、個々の行為がどのような効果をもつか判断がむずかしいことが考えられます。

[わかりにくさ]

　独占禁止法は、法律を読んだだけでは、具体的にどういうことをしてはいけないか、わかりにくいところがあります。カルテルや談合が独占禁止法違反になるということは、よく知られていると思いますが、独占禁止法には「カルテル」という言葉も、「入札談合」という

言葉も使われていません。

　これらの行為は、独占禁止法上は「不当な取引制限」に含まれます。この「不当な取引制限」については、同法2条6項にその言葉の定義、同法3条にその行為の禁止が規定されています。たとえば、価格カルテルは、「不当な取引制限」の定義のなかの「事業者が、……他の事業者と共同して対価を決定し、維持し、若しくは引き上げ、……する等相互にその事業活動を拘束……することにより、……競争を実質的に制限すること」に該当して、違反ということになります。

　一方で、入札談合は、入札において、他の事業者と共同して受注予定者を決定し、受注予定者以外の者は受注予定者が受注できるよう、高値で入札したり、入札参加を辞退したりして協力することですが、こうした行為は、「不当な取引制限」についての定義のなかでは例示されていません。いわば上記の条文のなかの「……する等」の「等」に含まれるかたちになります。

　以上、少しわかりにくい話をしましたが、要は、ちょっとわかりにくいということなのです。

　独占禁止法では、カルテルや談合のほかに「不公正な取引方法」というものを禁止しています。この「不公正な取引方法」についても法律のなかで定義が書かれており、「不公正な取引方法」に該当するいろいろな行為類型について定義されています。しかし、そのなかで「不当に」とか「正当な理由がないのに」という言葉が多く用いられており、条文をみただけでは、どういう場合が「不当に」あるいは「正当な理由がないのに」に該当するのかわかりにくいという面があります。

　不公正な取引方法のなかには、「相手方の事業活動を不当に拘束する条件をつけて、当該相手方と取引すること」（一般指定第12項）とい

うのがありますが、取引をするときはなんらかの取引条件、すなわち相手方を拘束する条件があるのは当然で、これが「不当に」に該当したら違反ということになります。また、「不当に商品又は役務を低い対価で供給し、他の事業者の事業活動を困難にさせるおそれがあること」（一般指定第6項）という規定もあります。競争のなかでより低価格で販売すれば競争事業者の事業活動が困難になるということもありうることであり、ある意味、これがまさしく競争なわけですが、これが「不当に」に該当したら違反ということになります。

[ガイドライン]

こうしたことから、公正取引委員会は、どのような場合に違反になるのかについて、ガイドラインのかたちで、法律の解釈というか、考え方を示しています。公正取引委員会のホームページの最初の画面の下、左のほうに「所管法令・ガイドライン」があり、これをクリックして下のほうにスクロールすると「（運用基準等）」とあるところがいわゆるガイドラインです。

カルテルや談合とは異なり、「不公正な取引方法」とされるもののほとんどは、単独の企業による行為です。そして、公正な競争を阻害するおそれがある場合を違反としています。一方、現実の経済は、多様で複雑です。同じような行為でも、それを行った企業が力のある企業なのか、商品特性はどのようなものなのか、消費者、顧客がどのような行動をとるのかなどで、競争に与える影響は変わってきます。ガイドラインの多くは、さまざまな違反事例を参考にして書かれていますが、経済環境の変化のなかで多種多様な企業が「こういう行為についてはどうなんだろうか」と考えるさまざまな企業活動に即応するように書くということはきわめて困難です。むしろ、不可能ともいえます。だれがみても明らかに違反でないことを、違反でないと書くこと

はできます。しかし、企業が「これはどうだろうか」と判断に迷うような点、まさしくその点を知りたいわけですが、そのような点について明確には書きにくい場合があると考えられます。万が一にも想定していなかった状況のもとで違法となるような行為について、違法ではないと理解されるようなガイドラインを書くことは、当局にとって避けたいことです。ガイドラインのなかには、「公正競争阻害性を有する場合には、不公正な取引方法に該当する」というような表現がされる場合もあり、これでは、不当な場合は違法と書いてあるのと、ほぼ同じことになります。特に、違反事例があまりない分野について独占禁止法上の考え方を明らかにしようとすると、どうしても具体的に書ききれない部分があります。

[法律の専門家]

　一方で、具体的な行為について独占禁止法上問題となるか否かについて、公正取引委員会の職員や法律の専門家が企業から相談を受けることがあります。相談の内容がガイドラインで明確に書かれている場合には、回答は簡単ですが、通常は、ガイドラインに明確に書かれておらず、このため、いいですよといって問題が生じたら困ると考えて、ややきつめに、問題となるおそれがあると回答するケースも少なくないと考えられます。特に、回答する側にとって、背景となる経済実態や経済メカニズムがよくわからないと、そうなりがちです。行為の外形上、ガイドラインなどで問題とされている行為と類似していると、「問題ないとはいえない」という回答につながるおそれがあります。

　相談に対しては「独占禁止法上問題ないとはいえない」という人でも、仮に相談と同じような内容のことが行われていて、これを取り締まってほしいという要請を受けた場合、あるいは、これを独占禁止法

違反として問題にできるかとの質問を受けた場合、「直ちに独占禁止法上問題とはいえない」ということも少なくないと思います。相談した人は「独占禁止法上問題ないとはいえない」といわれて実行に移せなくなり、相談せずに実行した人は問題にされないという事態も考えられます。このような、相談した人が損をするということはあってはならないと思うのですが、相談内容からはそこまでしかいえないということも考えられます。

[当事者の理解も大事]

このときに大事なのは、

① 競争を避けたいという気持ちがベースにあるのか
② 取引先が競争を避けたいために自社に要請してきており、これに応えるためなのか
③ 価格や品質、性能面で自社の競争力を高めたいからなのか

について相談者自身が率直に考えるということです。

上記①や②の場合、そのためにとる行動は、通常は、競争にマイナスになるおそれがあり、独占禁止法上問題となりやすく、③の場合は問題となることは少ないと考えられます。その辺の意図・目的については、実は、実際にビジネスをしている当事者がいちばん、判断しやすい点であろうかと思います。もちろん、当事者が競争制限を意図していないといっているのなら、それがいちばん正しいということではありません。

独占禁止法に違反しないよう意識するあまり、過度にビジネスの委縮を招かないようにするためには、法律の専門家の力を借りるとしても、企業のなかにある程度、基本的な法律の概念、目指すところを理解している必要があります。社内の、より現場に近い者が、上記の①から③までのいずれかなのか、あるいは別の目的なのか、競争にどの

ような影響を与えるものなのかを考えることが重要です。

## 4　あなたが責任者になることも

　すでに述べたように、いつ独占禁止法違反などの疑いで調査が行われるかわかりません。そうした事態に備えるためにも、また、そうした事態にならないためにも、大企業の人はもちろん、中小企業の人も独占禁止法違反などの法律についての一定の理解が必要です。また、自社が被害者とならないためにも、被害を回復するためにも、あるいはビジネスを過度に委縮させないためにも、そのような一定の理解が必要です。

　大企業のなかには、これまでのさまざまな事件の経験を経て、法務部門が充実し、独占禁止法違反などの問題が生じた場合でも十分に対応できる知識、経験をもった社員を多数有している企業も少なくありません。筆者は、昔、公正取引委員会の審査担当者として、ある有名な大企業に立入検査で伺った際、企業の方からまじめに「公正取引委員会さんは、国のお役所なのでしょうか」と尋ねられたことがありますが、いまはまったく様変わりです（当時もいまもいわゆる国の役所、国の行政機関です）。また、いつでも相談できる専門的な法律事務所を顧問先にしている場合もあるでしょう。最近は、海外の競争当局の厳しい調査を受け、多額の罰金、制裁金の支払などを命じられている企業も多いですが、そのような場合は、日本の法律事務所だけでなく、海外の法律事務所とも連携して取り組むことになります。そして、二度と同じようなことがないよう、社内、グループ内のコンプライアンス体制を整備しています。

　しかし、中小企業、中堅企業は、こうした点はどうしても手薄であ

り、総務部門などの担当者が慣れない対応をせざるをえないことが少なくないと思われます。会社の上司から、「どうなっているんだ」と聞かれても、本人にとっても初めてのことであり、困ってしまうでしょう。法律事務所に相談することもあろうかと思いますが、そのような場合でも社内にある程度わかっている人が必要です。

## 5 本書のねらい

すでに述べたように独占禁止法はわかりにくいと思われる方も多いかと思います。独占禁止法について書かれた解説書の多くも、専門的な用語が多く、法律を専門的に勉強した人でないと読みにくい場合も多いかと思います。一方で、生きた経済を扱う法律ですから、相当法律知識のある方でも、経済やビジネスについてある程度の知識や洞察力がないと理解しにくいこともあるかもしれません。多くの解説書では、まず、専門的な用語について説明し、これをある程度理解した前提で、法律についての解説を行うかたちになりますので、途中から読んでもわかりにくいということもあります。また、法律の文章が特にそうなのですが、文章についての誤解を避けるため、正確に書こうとすると、ある程度は、わかりにくい文章にならざるをえないということもあります。独占禁止法ほどではないとしても、景品表示法や下請法もそうした側面があります。

本書は、独占禁止法、景品表示法、下請法について説明しています。このうち、景品表示法と下請法は、それぞれ独占禁止法で禁止される「欺まん的顧客誘引」と「優越的地位の濫用」に対する規制から派生して制定された、独占禁止法の特別法です。主に、企業のなかで普段法律関係にかかわっていない方々や中小企業で働く方々が本書を

読むうちに、自然と独占禁止法、景品表示法および下請法についての感覚が養われることを期待しています。そのため、ある程度、言葉の正確性は犠牲にしても、わかりやすい、親しみやすいということを重視したいと考えています。本書を読まれた後、公正取引委員会や消費者庁、中小企業庁のホームページ（最近はウェブサイトと呼ぶのでしょうか）をご覧になっても参考になります。Ｑ＆Ａのようなかたちで、わかりやすく説明しようと努力しています。また、本書で書いていない点も多くあり、参考になります。

　平成30年2月　　　　　　　　　　　　　　　　　　　　　　　**野口　文雄**

【著者略歴】

野口　文雄（のぐち　ふみお）

| | |
|---|---|
| 昭和54年3月 | 東京大学理学部卒業 |
| 54年4月 | 公正取引委員会事務局入局 |
| 平成4年7月 | 審査部管理企画課考査室長 |
| 6年7月 | 国税庁 |
| | 名古屋国税局徴収部次長 |
| 7年7月 | 仙台国税局徴収部長 |
| 8年7月 | 公正取引委員会事務総局 |
| | 経済取引局取引部消費者取引課景品表示監視室長 |
| 11年7月 | 審査局第一審査長 |
| 14年7月 | 中部事務所長 |
| 16年4月 | 経済取引局取引部取引企画課長 |
| 18年6月 | 近畿中国四国事務所長 |
| 20年6月 | 審査局審査管理官 |
| 23年7月 | 取引部長 |
| 24年9月 | 審査局長 |
| 26年7月 | 退官 |
| 同年7月 | 郷原総合コンプライアンス法律事務所特別顧問（現在に至る） |
| 同年11月 | タイヤ公正取引協議会専務理事（同） |

# 本書で用いられている略語

| | |
|---|---|
| 独占禁止法 | 私的独占の禁止及び公正取引の確保に関する法律（昭和22年法律第54号） |
| 一般指定 | 不公正な取引方法（昭和57年6月18日公正取引委員会告示第15号） |
| 入札談合等関与行為防止法（官製談合防止法） | 入札談合等関与行為の排除及び防止並びに職員による入札等の公正を害すべき行為の処罰に関する法律（平成14年法律第101号） |
| 事業者団体ガイドライン | 事業者団体の活動に関する独占禁止法上の指針（平成7年10月30日公表） |
| 資格者団体ガイドライン | 資格者団体の活動に関する独占禁止法上の考え方（平成13年10月24日公表） |
| 行政指導ガイドライン | 行政指導に関する独占禁止法上の考え方（平成6年6月30日公表） |
| 公共入札ガイドライン | 公共的な入札に係る事業者及び事業者団体の活動に関する独占禁止法上の指針（平成6年7月5日公表） |
| 流通・取引慣行ガイドライン | 流通・取引慣行に関する独占禁止法上の指針（平成3年7月11日公表） |

| | |
|---|---|
| 優越的地位濫用ガイドライン | 優越的地位の濫用に関する独占禁止法上の考え方（平成22年11月30日公表） |
| 企業結合ガイドライン | 企業結合審査に関する独占禁止法の運用指針（平成16年5月31日公表） |
| 景品表示法 | 不当景品類及び不当表示防止法（昭和37年法律第134号） |
| 原産国告示 | 商品の原産国に関する不当な表示（昭和48年公正取引委員会告示第34号） |
| おとり広告告示 | おとり広告に関する表示（平成5年公正取引委員会告示第17号） |
| 下請法 | 下請代金支払遅延等防止法（昭和31年法律第120号） |
| 3条書面規則 | 下請代金支払遅延等防止法第3条の書面の記載事項等に関する規則（平成15年公正取引委員会規則第7号） |
| 5条書類規則 | 下請代金支払遅延等防止法第5条の書類又は電磁的記録の作成及び保存に関する規則（平成15年公正取引委員会規則第8号） |

# 目　次

## 第1章　競争制限に対する規制

Q1　独占禁止法の目的とあらまし ……………………………… 2
Q2　カルテルの弊害 ……………………………………………… 6
Q3　競争社会にすると弱肉強食になる？ ……………………… 9
Q4　談合の弊害は？ ……………………………………………… 12
Q5　違反するとどうなるか？ …………………………………… 15
Q6　違反調査手続は？ …………………………………………… 18
Q7　どのような場合に刑事告発されるか？ …………………… 21
Q8　公正取引委員会とは？ ……………………………………… 24
Q9　今後の独占禁止法はどうなるか？ ………………………… 27

## 第2章　カルテル

Q10　価格についての情報交換 ………………………………… 32
Q11　意思の連絡 ………………………………………………… 35
Q12　値下げカルテル …………………………………………… 38
Q13　業界の標準価格表 ………………………………………… 41
Q14　実施率の悪いカルテル …………………………………… 45
Q15　お互いの商権の尊重 ……………………………………… 48
Q16　価格決定権のない者による値上げ合意 ………………… 51
Q17　カルテルをした団体が解散した後の法的措置 ………… 55
Q18　役所からの値上げ指導 …………………………………… 59
Q19　優越的地位濫用対抗カルテル …………………………… 62
Q20　当社に立入検査 …………………………………………… 65

| Q21 | 関連業界に立入検査 | 68 |
| Q22 | カルテルに対する排除措置 | 71 |
| Q23 | カルテルに対する課徴金 | 75 |

## 第3章　談　　合

| Q24 | 入札談合の正当化理由？　その1 | 80 |
| Q25 | 入札談合の正当化理由？　その2 | 83 |
| Q26 | 民間発注についての談合 | 86 |
| Q27 | 欧州国債の取引の談合 | 89 |
| Q28 | 物件ごとのすみ分け | 92 |
| Q29 | 受注意欲の情報交換 | 95 |
| Q30 | 汗かきルール | 98 |
| Q31 | 発注側からの天の声 | 101 |
| Q32 | 発注官庁が競争を期待していない | 104 |
| Q33 | 他社の見積りの取りまとめ | 107 |
| Q34 | 談合を続けるリスク | 110 |
| Q35 | 入札談合に対する排除措置・課徴金 | 113 |

## 第4章　コンプライアンス

| Q36 | コンプライアンスプログラム | 118 |
| Q37 | 内部通報手続とコンプライアンス | 122 |
| Q38 | 競争業者との接触の原則禁止 | 125 |
| Q39 | 競争業者との業務提携 | 129 |

## 第5章　再販

- Q40　再販売価格の拘束――販売業者間のカルテル　134
- Q41　「再販売価格の拘束」に当たらないのでは？　138
- Q42　安値広告をやめてもらえるか？　141
- Q43　ブランドイメージ戦略の再販　144
- Q44　再販売拘束で違法とならない場合　147
- Q45　再販売価格の調査　151
- Q46　ジョイントベンチャーに対する価格指示　154

## 第6章　流通・取引慣行

- Q47　自己の競争者との取引の制限　158
- Q48　販売地域の制限　161
- Q49　流通業者に対する取引先、取引方法の制限　164
- Q50　インターネット販売の制限　168
- Q51　総代理店契約　171
- Q52　並行輸入妨害　175
- Q53　流通・取引慣行ガイドラインの平成29年改正　179
- Q54　不当な利益による顧客誘引　182
- Q55　損失補てんが独占禁止法違反？　186
- Q56　抱き合わせ販売　189
- Q57　確約制度で措置が免除される？　192

## 第7章　不当廉売

- Q58　1円入札　196
- Q59　不当廉売　199

| Q60 | 当社製品が不当廉売 | 203 |

## 第8章　優越的地位の濫用

| Q61 | 優越的地位の濫用で調査 | 208 |
| Q62 | 優越的地位の濫用の具体例 | 211 |
| Q63 | 当社が優越的地位？ | 215 |
| Q64 | 取引条件の一環ではないか？ | 218 |

## 第9章　企　業　結　合

| Q65 | 企業結合の規制 | 222 |
| Q66 | 競争を実質的に制限することとなる場合 | 225 |
| Q67 | 問題とならない企業結合 | 229 |
| Q68 | 競争力強化のための大型合併 | 232 |
| Q69 | 地方銀行の合併 | 235 |

## 第10章　不当表示・過大景品

| Q70 | 不当表示の調査 | 240 |
| Q71 | 不当表示と認定されるとどうなるか？ | 243 |
| Q72 | 来店の方にもれなく景品を出したい | 246 |
| Q73 | 抽選で景品を提供する企画 | 249 |
| Q74 | 企業向けの表示 | 252 |
| Q75 | 仕入先の説明どおりの表示 | 255 |
| Q76 | 事実と異なる表示 | 258 |
| Q77 | 他社も同じような表示 | 261 |
| Q78 | 価格表示の違反 | 264 |

| Q79 | 消費者庁から調査 | 267 |
| Q80 | 消費者庁から表示の根拠を求められたらどうするか？ | 270 |
| Q81 | 不当表示をしないために気をつける点 | 273 |
| Q82 | ブログや口コミサイトからの表示 | 277 |
| Q83 | 不当表示の課徴金 | 280 |
| Q84 | 不当表示に課徴金がかかったケース | 283 |
| Q85 | 投資信託などリスク商品の販売促進 | 287 |

## 第11章　下請取引

| Q86 | 下請法で気をつけるべき点 | 292 |
| Q87 | 親事業者の義務 | 296 |
| Q88 | 下請法の対象になる取引 | 299 |
| Q89 | 資本金要件 | 303 |
| Q90 | 下請法違反になったら？ | 307 |
| Q91 | 下請法違反の申告 | 310 |
| Q92 | 自分のためなのか？　サービスの提供か？ | 313 |
| Q93 | 建設業の下請け | 317 |
| Q94 | 発注書面に何を書くか？ | 321 |
| Q95 | 締め切り制度自体による支払遅延 | 324 |
| Q96 | 単価改訂で違反発生？ | 327 |
| Q97 | 別途覚書での値引き | 330 |
| Q98 | NB商品とPB商品 | 334 |
| Q99 | トンネル会社規制 | 338 |
| Q100 | 構内下請け | 341 |
| Q101 | 現金払いの義務化？ | 344 |

事項索引 ……………………………………………………………… 347

# 第 1 章

# 競争制限に対する規制

## Q1 独占禁止法の目的とあらまし

独占禁止法は、どのようなことを規制する法律ですか

### Point

正式名は「私的独占の禁止及び公正取引の確保に関する法律」といいます。競争業者を支配したり排除したりする独占行為を禁止するだけではなく、企業同士の競争を通じて経済を豊かにしようという観点から、カルテル、入札談合、不公正な取引方法など、競争を制限するさまざまな行為や、合併などの企業同士の結合を規制しています。

### 解説

市場経済で何がどのくらい供給されるかは、個々の企業が販売というかたちで提案し、個々の消費者、顧客が購入というかたちで投票することによって民主的に決定されています。そのなかで企業は、事業の存続、利益の拡大あるいは事業を通じた社会への貢献のためさまざまな創意工夫をしており、私たちの暮らしや社会をより豊かのものにしてくれています。

企業同士の公正で自由な競争が行われることにより、こうした企業の事業活動が活発なものとなり、消費者の利益と経済の民主的な発展が図られます。独占禁止法は、こうしたことの実現を目的としており、企業間の競争を制限、阻害する「私的独占」「不当な取引制限」などの行為を禁止しています。

なお、中国やロシアを含め世界の100カ国以上の国で、同様の法律、いわゆる「競争法」が整備されています。

## 私的独占

　競争が活発に行われている場合、ある企業だけが値上げしたいと思っても、競争企業が価格を据え置くと、値上げは困難です。

　しかし、非常に力の強い企業がいて、その企業が値上げしようとする場合は、値上げに追随しない企業に対しては、「値上げしなければ、原材料の調達先に圧力をかけて、原材料の供給をストップさせますよ」などの警告を発して、値上げするようにさせることも考えられます。また、場合によっては、実際に原材料の供給をストップさせて、その会社を業界から排除することも考えられます。そのような場合には価格は高値で安定し、その業界に新規に参入したいという者が出てくることも考えられますが、そうした企業に対し同様に原材料の供給をストップさせるなどの方法で新規参入できないようにすることも考えられます。

　このように、特定の企業または企業集団が、その方法は別として、他の事業者の事業活動を排除し、または支配することにより、一定の取引分野における競争を通じた市場メカニズムの働きを損なうこと（法律の言葉で「競争を実質的に制限すること」）が、「私的独占」です。

## 不当な取引制限

　いわゆるカルテルや談合です。これらの行為も、一定の取引分野における競争を通じた市場メカニズムの働きを損なうこと（法律の言葉で「競争を実質的に制限すること」）に該当します。

　カルテルとしては、値上げカルテル、原材料の価格が下がった際などの値引き要求に対応するための値引き限度カルテル、販売数量カルテル、お互いの従来からの顧客を奪わないことを決める顧客争奪禁止

カルテル、購入する際の価格を決める購入価格カルテルなどがあり、これらが複合して実施される場合もあります。

入札談合は、一般競争入札や指名競争入札、あるいは指名見積り合わせの際に、だれが受注するか、すなわち受注予定者を決め、受注予定者以外の者は受注予定者が受注できるように高値で入札するなどの協力をするものです。工事などの発注の際のほか、消耗品などについて年間単価契約をする際の入札について談合が行われる場合もあります。

### 不公正な取引方法

不公正な取引方法には、法律の条文に規定されているものと、法律に基づいて公正取引委員会が指定しているものの二通りがあります。法律の条文に規定されているものとしては、共同ボイコット、不当な差別対価販売、不当廉売、再販売価格の拘束、優越的地位の濫用の5類型があります。また、公正取引委員会が指定しているものとしては15の行為類型があり、欺まん的顧客誘引、不当な利益による顧客誘引、排他条件付取引、拘束条件付取引、競争者に対する取引妨害などがあります。

### 事業者団体による競争制限行為

業界団体が主体となって行うカルテル、入札談合、あるいは新規参入妨害などによる事業者の数の制限、団体参加企業の機能活動の不当な制限などがこれに当たります。

### 競争を実質的に制限することとなる企業結合

競争を実質的に制限することとなる株式所有、役員兼任、合併、事

業譲受等が禁止されています。また、こうした規制がきちんと運用されるよう、株式所有や合併などについての公正取引委員会への届出義務も定められています。

## Q2 カルテルの弊害

なぜカルテルがいけないのですか

### Point

カルテルは、多額の金銭を顧客、消費者からカルテル実施企業に移動させるとともに、世の中全体としての豊かさを減少させます。また、中長期的にはその産業の活力を低下させ、技術や経営の革新を通じた経済の発展を阻害します。

### 解説

#### 不当な金銭の移動

販売価格を引き上げたり、維持したりするカルテルが行われると、当然ですが、カルテルを行わない場合と比べると価格が上昇します。その商品の顧客は、カルテルがない場合に比べ余計な金銭を売り手に払うことになります。

たとえば、1万円で販売されているある商品が各社合計で100万個販売されており、平均して1個当り100円の利益、利益率にして1％となっているとします。各社の利益の総額は100円×100万個で、1億円ということになります。

このときに、1個当り1,000円、率にして10％の値上げカルテルを行ったとします。単純計算で、1個当りの利益は1,100円、利益率は10％（利益1,100円÷価格11,000円）と利益率は跳ね上がります。1社だけで値上げをしたら、顧客は一斉に他社に逃げてしまいますが、み

んなで値上げをするとほかに逃げようがありません。値上げがあると、通常、全体の販売量は減少しますが、必要な商品であれば買わないわけにはいきません。

仮に、10％値上げしたとき、全体の販売量が、大目にみて10％減少したとしても、各社の利益の総額は約10億円（1,100円×90万個）と約10倍に増加します。

この点に、企業がカルテルをしてしまう大きな動機があります。赤字の会社が赤字を払しょくできる場合もあるでしょうし、社内で「赤字部門」といわれていた部門が一躍、採算のよい部門になることもあるでしょう。

一方で、顧客は、1個当り1,000円、合計で9億円余計に払わされます。これだけの金額の移動を相手方の同意なく物理的に行えば、大きな犯罪です（後で述べるようにカルテルでやっても犯罪になりうる）。

### 世の中全体の利益の減少

また、カルテルは、世の中全体としての豊かさも減少させます。商取引が行われるのは、売り手にとっても、買い手にとっても取引のメリットがあるからです。カルテルによって全体の販売量が減るということは、その分の取引がなくなるということであり、世の中全体にとってその分のメリットがなくなることになります。もちろん、売り手にとっては、これによるメリットの減少より、利益率アップによる利益のほうがずっと大きいのですが、利益率アップによる利益は単に顧客から移動しているだけなので、世の中全体からみると取引が減少した分だけデメリット、つまり豊かさの減少になります。

自由競争のなかで、生産技術の革新や経営の効率化によって、より低価格を実現した企業は、一気に売上げを伸ばし、利益を拡大できる

可能性があります。しかし、カルテルのもとでは、価格引下げによる顧客の取り合いはご法度、NGです。このため、そうした生産技術の革新や経営の効率化に向けた努力をしようという動機が減少します。カルテルのもとで、一定の利益が保証される場合には、会社や部門の生き残りをかけた努力、打開策をとる必要もなくなります。こうした状態が長く続くと、その産業全体の活力が低下し、中長期的にも経済全体にとって大きなマイナスとなります。

　戦後、極端な物不足のなかで、織物工場が大きな収益をあげました。このため、新規に織物工場を始める者が多く出て、何年後かには生産過剰になり、経営困難になりました。そこで、昭和27年以降、法律で、こうした業種の中小企業によるカルテルを合法化する、いわゆる独占禁止法適用除外カルテルが認められるようになりました。このカルテルは、新規製造設備の設置の制限などを内容とするものでしたが、カルテルに参加しない企業には、所管大臣がカルテルに従うよう強制ができるようにしました。企業は勝手に新たな製造機械の導入はできず、伸びようとする企業は、まず、同業者から古い機械を何台か買ってきて、それを廃棄して、新しい機械の設置を認めてもらうことになりました。一方で、台湾や香港など海外では、高性能な機械をその購入費用だけで購入し（当たり前ですが）、大規模に設置できました。このため、日本の織物産業は、人件費面だけでも競争上不利なのに機械化でも遅れをとることになりました。現在、こうした適用除外カルテルは意味がなくなったので廃止されていますが、カルテルがその産業の活力を低下させる典型的な例です。

## Q3 競争社会にすると弱肉強食になる？

競争社会にすると弱肉強食になり、弱い者が損をすることになりませんか

### Point

中小企業はカルテルを行おうとしても、うまくいかないことが多く、一方、大企業は同業者の数が少なく、カルテルの実効性は高いといえます。カルテルが規制されないと、消費者はもちろん、中小企業ももっぱら被害を受ける立場になりかねません。むしろ、カルテルが横行する社会こそ弱肉強食といえます。

また、カルテルは、中小企業が行う場合であっても、社会全体の利益に反し、長期的にはその産業の発展を阻害します。

### 解説

#### 中小企業のカルテルはまとまりにくい

中小企業は一般的に同業者の数も多く、その置かれた状況もさまざまです。これから事業を伸ばそうとする企業は、当然、他の企業が従来から取引していた顧客に対しても、より安い価格を提示するなどして、自分と取引してもらえるよう働きかけることになりますが、カルテルのもとでは、そのような行為は許されません。このため、カルテルに従いたくないでしょう。

また、カルテルがうまくいっているときほど、カルテル破りはうまみがあります。みんなで価格を高めに維持すると、それより少し安く

しても、売上げ当りの利益が十分にとれます。一方、他の企業より安いということで、売上げの大きな増加が見込まれ、全体として大きな利益が期待できます。カルテルによる利益が大きければ、新規に参入する者も出てくるでしょう。大企業ばかりの業界に比べると中小企業の多い業界は新規参入も容易です。いままで社員だった人が、羽振りのよい経営者をみて、独立することも考えられます。そうした新規参入者は、少し安い価格にしてでも経営を軌道に乗せたいと思うでしょう。昔、ある中小企業の方が、カルテル破りをする企業があるので取り締まってくれと公正取引委員会にいってきたことがあります。勘違いしてのことでしょうが、カルテル破りを抑えにくかったのでしょう。

　また、顧客が強い場合が多く、「そんなことをいうならほかに替えるよ」といわれ、カルテルに非協力的な企業に発注を切り替えられることも考えられます。「そんなに高い価格なら、自社で対応することにします」と内製化されてしまうということもあるでしょうし、海外から輸入できる商品であれば発注先を海外に切り替えることも考えられます。海外の業者とカルテルをするのはもっとむずかしく、仮に、できたとしても、海外の競争当局から摘発されるおそれがあります。

　このため、中小企業の多い業界では、カルテルをしようと思っても、実効性が低い、すなわち決めたとおりになりにくいといえます。

## むしろカルテルの被害者になりやすい

　一方、大企業は同業者の数が少なく、合意も得やすく、相互に監視しやすいといえます。また、巨大な資本やたくさんの特許などが必要な場合も多く、簡単に新規参入もできません。ここから資材やサービスなどを購入している中小企業は、値段が高いからといっても、海外

から調達したり、自社で内製化することは困難です。日本では、資材などについても非常に高い品質が求められることが多く、こうしたニーズに対応した製品は海外になく、輸入できないということもあります。輸入できたとしても独自に輸入ルートを開拓するということでは、より高値になりかねません。要は、大企業のカルテルは実効性が高いのです。仮に、カルテルをしても規制されないとなると、中小企業はもっぱら被害を受ける立場になりかねません。

また、中小企業のカルテルについて、法律でカルテルへの参加を義務づけるような場合は、中小企業のカルテルも成立するかもしれませんが、そのような立法は反対も多く、実現困難と考えられます。

### カルテル社会こそ弱肉強食

消費者は、カルテルのしようもありませんし、高く買った分を少しでも売値に乗せる、すなわち転嫁するということもできません。家族のなかに、カルテルで潤っていて、それが給料に大きく反映している大企業に勤める人がいない場合は、まったく被害を受けるだけです。カルテルによる利得は、最終的には、これ以上、負担を他に転嫁できない中小企業や消費者が負担することになります。むしろ、カルテルが横行する社会こそ弱肉強食といえます。

また、カルテルのもとでは、各社の経営努力が発揮されにくくなり、長期的には、産業の競争力を低下させ、経済的な発展を阻害することになります。

## Q4 談合の弊害は？

なぜ談合がいけないのですか

### Point

入札談合により、あらかじめだれが落札するか決めて入札に臨むと、競争原理が働かず、どうしても高い価格になり、納税者の利益を大きく損ないます。また、よりよいものをより安くという企業努力が報われにくくなり、長期的には、業界の発展を阻害します。

### 解説

#### より高い価格

工事などの発注に際しては、通常、発注の上限価格を予定価格として定めます。この予定価格は、いろいろな必要な資材、作業などの発注単価、数量を積み上げて定めます。これより高かったら発注しないという上限の価格を計算するわけですから、個々の単価も、その結果としての予定価格も甘めな高い価格になりがちです。入札談合がある場合は、通常、落札価格は予定価格にきわめて近い価格になっています。

仮に、受注予定者が9,000万円でも十分儲かると思って入札したら、予定価格は1億円だったという場合、あと1,000万円高くしても落札できたわけで、受注予定者としては予定価格を知りたくなります。そこで、最近は少なくなったかと思いますが、発注関係者から予定価格あるいはそのヒントを聞く場合があります。自治体によっては

予定価格を公表しているところもありますし、発注者と同じ積算ソフトを使ってかなり予定価格に近い価格を積算することもできるそうです。第1回目の価格は高めにしておいて、入札が不成立になると、2回目以降は少しずつ入札価格を下げていくやり方も多くみられました。

## 発注者の問題

通常の競争にさらされている企業が発注する場合ですと、少しでも安くできれば、会社の利益、会社の維持、発展につながりますから、一生懸命になります。しかし、官公庁や、一部の独占企業は、もともと存続を心配する必要はありません。発注者が発注先業界を監督、育成する官庁である場合もあります。そうした部署で働いていた職員が発注先の業界に再就職するケースも少なくありません。民間企業のようなコスト意識は働きにくい面があります。

発注者としての発注能力の問題もあります。官公庁の職員が発注内容を検討するときに、特定企業の力を無償で借りる場合があります。企業には専門的な知識をもった従業員がいるでしょうし、手伝ってもらえれば楽です。発注前に発注内容にかかわれれば、自社にとって有利な発注内容にできたり、積算も的確にできて有利になるということもあるでしょう。多くの事件では、こうした実績があると入札談合で受注予定者になるうえでも決定的に有利になりました。発注官庁の担当者としては、無償で協力したところが落札できないようになると、本当のただ働きになってしまい、今後協力を求めにくくなって困るでしょう。少なくとも、ほかの入札参加者からみれば、このような企業を差し置いて落札したら、発注者からにらまれるのではないかとおそれることも考えられます。このようなことが続くと、発注者の側に専

門性が育たず、入札談合を前提とした構造的な依存関係が生まれることになります。

最近は聞かなくなりましたが、以前は、公務員の立場にいながら入札談合を「必要悪」という人もいました。安値で受注を繰り返した業者が、別の理由で指名停止になるケースもありました。「入札談合には参加したくありませんでしたが、従わないと指名が受けられなくなると思い、参加していました」という声も聞かれました。「安値で受注したら、そのお客さんからお呼びがかからなくなる」というのは、通常の取引では考えられないことです。発注官庁の退職者を雇用して指名を増やしたいとした企業もありました。入札談合のもとで、企業と発注官庁職員が利益共同体になっていたとも考えられます。

### 長期的なマイナス

入札談合のもとで高い利益が得られると、新規にその業界に参入したい企業も多く出てきます。いったん参入できると、勝手な行動をされても困るので、次第に入札談合の仲間に入れてもらえることとなり、業者の数は増えがちです。そうしたなかで発注量が頭打ち、ないしは減少すると、受注物件の1件当りの利益は大きくても、発注量が減って、会社ごとにみると儲かっていないという場合もあります。一方で、入札談合のもとでは、経営革新や技術革新により、より低価格での落札が可能となった場合でも、容易に売上げは伸ばせませんので、そうした革新の芽を摘むことになります。この結果、長期的には、生産性の低い企業を温存し、業界の革新的な発展を阻害することになります。

## Q5 違反するとどうなるか？

**独占禁止法に違反するとどうなりますか**

### Point

公正取引委員会の調査の結果、違反が認められた場合は、「排除措置命令」が行われ、カルテルや入札談合など一定の違反行為に対しては、課徴金が課されます。重大・悪質なカルテル・入札談合については刑事罰の対象になります。そのほか、違反行為の被害者からの損害賠償請求、入札談合の場合は、国や数多くの地方公共団体などから指名停止、違約金請求などが行われます。

### 解説

#### 違反調査

公正取引委員会には、独占禁止法違反行為の被害者や違反している会社の従業員などから違反行為についての情報提供がされる場合があります。また、カルテルや入札談合の参加企業が違反行為について情報提供すると課徴金が免除または減額される制度、いわゆる「課徴金減免制度」が導入されて以降は、この制度を利用した情報提供が多くなっています。公正取引委員会は、こうした情報のほか、公表されている情報も含めて、違反の疑いが濃い場合に関係企業に立入検査します。

この立入検査は、ある日突然、アポイントメントなしで行われます。独占禁止法違反の証拠となる可能性のある書類、メモなどは、税

金関係の帳簿類のような保存義務はありません。あらかじめ、こういう理由で伺いますと企業に告げたら、証拠を破棄されたり、隠されたりする可能性が高いので、突然の訪問になります。

　そして、関係部署のロッカーや机などにある書類などを検査し、必要に応じて提出を命じます。最近は、パソコンにメールや文書データのかたちで残っている場合が多く、そのデータの提出命令も行います。また、データは削除されていても専門的な技術を用いて復元されます。

　その後、事情聴取、調書作成、報告命令などが行われ、違反についての事実認定を行うことになります。その期間は事件によっても大きく異なりますが、平均的には、おおよそ1年前後です。

## 行政命令

　違反が認定されると、所定の手続を経て、排除措置命令、課徴金納付命令が行われます。通常、排除措置命令と課徴金納付命令は同時に行われており、命令の当日にその概要が新聞発表されます。これらの命令に対し不服がある場合には、東京地方裁判所に命令の取消しの訴えをし、裁判で争うことができます。

　課徴金額は、原則、違反対象商品の売上げの10％（中小企業は4％などの例外がある）です。課税上、損金として計上することができませんので、仮に実効税率が34％としますと、黒字の企業にとって1億の課徴金は約1億5,000円の損失に相当します。会社が法令遵守教育を徹底していたにもかかわらず、これに反して個人が違反行為を行い会社に課徴金がかかった場合は、法的にはその個人が会社から損害賠償請求を受ける可能性もあります。会社自身がこのような請求を行わなくても、会社役員が違反行為に関与していた、黙認していた、あるいは十分な法令遵守体制を築いていなかったため会社に損害を与えた

として、会社に対し損害賠償するよう株主から株主代表訴訟を提起される可能性もあります。

## 刑事罰

悪質、重大なカルテル、入札談合で、刑事罰の適用が相当と考えられる事件については、裁判所の許可状、いわゆる「令状」を得て、臨検、捜索、差押えを行う場合があります。このような刑事罰適用を目指した調査は、「犯則調査」ないし「犯則事件調査」と呼ばれます。犯則事件調査では、個人の刑事責任を問うことから、より綿密な調査が行われます。調査の結果、独占禁止法に違反する犯罪があったと認められた場合には、公正取引委員会は、検察庁に刑事告発をします。その後、検察庁が起訴し、刑事裁判を経て、罰金や懲役刑（いままでは、すべて執行猶予付き）が命じられることとなります。刑事罰の対象となった場合も、排除措置命令と課徴金納付命令は行われます。ただし、罰金額の2分の1だけ、課徴金が減額されます。

## その他のデメリット

独占禁止法違反行為は不法行為ですから、カルテル対象商品の購入者などの被害者から損害賠償請求が行われる可能性もあります。入札談合などでは、この損害額の算定が困難なことから、契約の段階であらかじめ、違反があった場合は契約額の2割というように違約金を定めることも多くなっています。入札談合の場合は、国や数多くの地方公共団体などから指名停止、一般競争入札などへの入札参加資格の停止などが行われます。

独占禁止法違反で法的措置がとられた後、一定期間はその企業の関係役員が叙勲の対象から外れるというデメリットもあります。

Q5　違反するとどうなるか？

## Q6 違反調査手続は？

公正取引委員会の違反調査手続はどのようなものですか

### Point

　カルテルや入札談合は課徴金納付命令の必要性も生じてきますし、任意調査では事実把握が困難ですので、通常、強制力を伴った調査を行います。その多くは行政命令を目的とした行政調査ですが、事件の重大性・悪質性によっては刑事告発を目的とした犯則事件調査が行われます。行政指導を念頭に置いた事件の場合は任意ベースの調査が通常です。

### 解説

#### 違反事件の調査

　排除措置命令、課徴金納付命令という行政処分を目的とした調査は、行政調査と呼ばれます。公正取引委員会の権限で行うもので、正当な理由なく従わない場合に刑罰の対象になる、いわゆる間接強制による調査です。このような強制によらず任意ベースで調査が行われる場合は、通常、行政指導を目的としたものと考えられます。

　刑事告発を目指した犯則事件調査の場合には、Ｑ５で述べたように裁判官の許可状、いわゆる令状を得て、直接強制的な権限による調査が行われることとなります。一方、上記の行政調査の権限は、独占禁止法上「犯罪捜査のために認められたものと解釈してはならない」（同法47条４項）とされており、行政調査として調査が開始された場合

には、基本的に刑事告発の対象とはなりません。ただし、行政調査のなかで刑事告発相当の事実があることが判明して犯則事件調査に移行するケースもあります（平成19年5月告発の緑資源機構事件）。

犯則事件調査の後、刑事告発された事件についても、その後引き続いて、行政調査が行われ、排除措置命令、課徴金納付命令が行われます。

### 立入検査とその後の調査

立入検査では、関係企業の事務所などの検査が行われ、関係する書類、パソコンのデータなどの提出を命じられます。カルテルや入札談合のときは、証拠隠滅などが行われないよう、なるべく多くの関係企業に一斉に立ち入ります。再販売価格の拘束など不公正な取引方法の事件の場合は、通常、取引先にも立入検査を行います。

メールなどのパソコン上のデータは、あわてて削除してもデジタル・フォレンジック（電子情報の科学捜査）の技術で復元され、場合によっては検査妨害として問題になります。関係する証拠資料は各社から出てきますので、仮に1社からはほとんど証拠らしいものが出なくても、他の会社からの証拠物を基に全体像の把握が進められます。

続いて、事情聴取が行われます。立入検査の当日に行われることも珍しくありません。複数のメンバーによる共同行為を調査するときは、そのうちの1人が供述しなくても、おのずと事実関係が明らかになります。最近では、課徴金減免制度のもとで、立入検査開始前に当局側が詳しい情報を得ていることも少なくなく、このような知識のもとに事情聴取が行われます。事業実態などを把握するための報告命令も行われます。

カルテルの場合は、課徴金額を算定するため、売上額や割戻しの額

などについての報告も求められます。報告された額については、後日、関係企業に赴いて、正確かつ適正に報告されたかどうかチェックが行われます。

入札談合の場合には、課徴金対象物件を特定するための受注状況についての報告が求められます。公正取引委員会は、通常、あらかじめ発注官庁に入札・発注状況について報告を求め、これを基に企業に入札参加、落札・受注の状況を確認します。

## 行政命令

調査は案件にもよりますが、通常1年前後かかります。公正取引委員会は、調査の結果、排除措置命令、課徴金納付命令を行おうとするときは、対象企業に命令案を送付し、意見を聞きます。企業は証拠の閲覧・コピーを求めることができます。

意見聴取は、期日を定めて意見聴取官（公正取引委員会が指定する職員）が主宰する場で行われます。審査官側から予定する排除措置命令の内容などの説明があり、企業側は、意見陳述、必要な証拠の提出、意見聴取官の許可を得て審査官へ質問ができます。その後、意見聴取官は、その経過を記載した調書と論点をまとめた報告書を作成し、委員会に提出します。企業側は、これらの閲覧を求めることができます。委員会は、この調書と報告書を参考にして命令についての議決を行います。

このような手続を経て、行政命令が出された場合には、通常、当日、その旨が公表されます。これらの命令に不服の場合には、行政事件訴訟法に基づき、命令があったことを知った日（実際には命令の日に知ることになるので、その日）から6カ月以内に東京地方裁判所に取消訴訟を提起することができます（行政事件訴訟法14条1項）。

## Q7 どのような場合に刑事告発されるか？

公正取引委員会が刑事告発という記事が大きく新聞に載っていましたが、どのような場合に独占禁止法違反で刑事告発がありますか

### Point

カルテルや入札談合をすると排除措置命令や課徴金納付命令という行政処分のほか、刑事罰の対象になります。法律の規定上、どのようなカルテル、入札談合が刑事罰の対象になるかという限定はありませんが、公正取引委員会は、このうち重大、悪質な事件について刑事告発の対象にする方針を公表しており、最近20年間に法的措置の対象となったカルテル、入札談合をみると、約29件に1件の割合で刑事告発が行われています。

### 解説

#### カルテル、入札談合に対する刑事罰

企業が私的独占や不当な取引制限（カルテル、入札談合）を行った場合には、通常、排除措置命令と課徴金納付命令の対象になりますが、実際にこのような行為を行った企業の役員や従業員は、5年以下の懲役または500万円以下の罰金に処するとされています（独占禁止法89条）。また、その企業も5億円以下の罰金に処するとされています（同法95条1項1号）。法律違反行為を行った個人のほか、その属する企業も罰するこのような規定は「両罰規定」と呼ばれます。

法律上は、このような規定になっていますが、平成9年4月から平成29年3月までの20年間に刑事告発のあった独占禁止法違反事件は12件で、いずれもカルテルまたは談合の事件です。この間にカルテルまたは談合として法的措置を受けた事件は約350件ありましたので、刑事告発の対象となった事件は約29件に1件、2年に1件強ということになります。

　刑事罰を科すかどうかは、検察官の起訴に基づき刑事訴訟の場で判断されるわけですが、この起訴は公正取引委員会による検事総長への告発が前提になります（独占禁止法96条。このことは公正取引委員会の「専属告発」と呼ばれる）。

　このほか独占禁止法そのものの違反でなくても、確定した排除措置命令に従わない場合や立入検査の妨害、報告命令や提出命令に従わない場合も刑事罰の対象になります。これらは、命令や事件調査の実効性を確保するために必要なことです。たとえば、公正取引委員会が行った排除措置命令について争わなかった場合や争った後に裁判で確定した場合に、その命令に従わない場合には、その責任者は2年以下の懲役または300万円以下の罰金（同法90条）、その企業は3億円以下の罰金に処するとされています（同法95条1項2号）。

## 公正取引委員会の告発方針

　公正取引委員会は、平成17年10月、独占禁止法違反に対する刑事告発と犯則事件調査についての方針を公表しています。これは、平成17年の独占禁止法改正により犯則調査権限が導入されたことに伴い、平成2年に公表していた告発方針をリニューアルしたものです。このなかで、公正取引委員会は、次のような事案について積極的に刑事処分を求めて告発を行うとしており、これらに該当すると疑うに足りる相

当の理由がある場合に、犯則事件調査を行うこととしています。
① 一定の取引分野における競争を実質的に制限する価格カルテル、供給量制限カルテル、市場分割協定、入札談合、共同ボイコット、私的独占その他の違反行為であって、国民生活に広範な影響を及ぼすと考えられる悪質かつ重大な事案
② 違反を反復して行っている事業者・業界、排除措置に従わない事業者などに係る違反行為のうち、公正取引委員会の行う行政処分によっては独占禁止法の目的が達成できないと考えられる事案

　また、その方針のなかで、事件の調査開始前に最初に課徴金減免制度に基づいて委員会に情報提供を行った事業者とその社員で委員会の調査に協力した個人については刑事告発を行わないこととし、そのとおり運用しています。

　ちなみに、同方針公表後に以下の事件について刑事告発がありました。おしなべて大手の企業が中心となった事件で、市場規模も比較的大きなものとなっています。

① 市町村等発注のし尿処理施設工事入札談合（平成18年5月告発）
② 名古屋市交通局発注の地下鉄工事入札談合（平成19年2月告発）
③ 緑資源機構発注の地質調査・調査測量設計業務入札談合（平成19年5月告発）
④ 亜鉛メッキ鋼板価格引上げカルテル（平成20年11月告発）
⑤ ベアリングの価格引上げカルテル（平成24年6月告発）
⑥ 鉄道・運輸機構発注の北陸新幹線融雪・消雪設備工事入札談合（平成26年3月告発）
⑦ 東日本高速道路東北支社発注の舗装工事入札談合（平成28年2月告発）

## Q8 公正取引委員会とは？

独占禁止法違反をすると公正取引委員会から処分を受けるということはわかりましたが、公正取引委員会とはどういうところなのですか

### Point

公正取引委員会は、委員長と4人の委員で構成され、権限行使の独立性が保証された合議制の行政機関で、国の役所の1つです。委員会の下に事務総局が置かれており、実際の違反事件調査などの業務が行われています。

### 解説

### 合議制の独立機関

　独占禁止法は、自由な経済社会のなかで市場メカニズムが十分に発揮されるよう、公正で自由な競争のルールを定めたものですが、ルールがきちんと守られるようにするには専門の監視役が必要です。公正取引委員会は、独占禁止法が守られるようにするための監視役です。

　公正取引委員会は、委員長と4人の委員で構成される合議制の行政機関で、東京都千代田区霞が関にある国の役所の1つです。国の行政組織上、内閣府の外局として設置されています。委員長、委員は、35歳以上で、法律または経済についての学識経験がある者のなかから、内閣総理大臣が国会の両議院の同意を得て任命します（独占禁止法29条）。公正取引委員会には、独占禁止法を運用する権限が与えられて

おり、この権限行使については、任命権者である内閣総理大臣を含め、ほかから指揮監督を受けることなく、独立して行うことが保障されています（同法28条）。また、これと関連して、委員長、委員は、任期中に、禁固刑以上の刑に処せられた場合など法律に定められた場合以外は本人の意に反して罷免されず（同法31条）、報酬についても本人の意に反して減額できない（同法36条2項）とされています。

　公正取引委員会は、経済活動に関する強い調査権限と、調査の結果判明した事実に基づき法律を適用する権限を有しており、このような権限行使には、政治的な影響力などに左右されない、合議に基づく公正・中立な判断が求められます。公正取引委員会が合議制の機関となっており、権限行使の独立性が保証されているのはこのためです。

### 事務総局

　公正取引委員会のもとには、委員会の事務を処理するために事務総局が置かれており、平成29年度末の定員数は832人となっています。事務総局には、官房のほか2つの局と2つの部、5つの地方事務所があり、それぞれ以下のような業務を行っています。

① 官房……総局内の総合調整、意見聴取事務、審判事務、海外当局との協力業務など
② 経済取引局……独占禁止政策の企画、経済実態の調査、企業結合の審査など
③ 取引部……不公正な取引方法に関するガイドラインの作成などの業務、下請法違反事件の調査など下請法に関する業務、消費税転嫁対策特別措置法の運用
④ 審査局……独占禁止法違反事件の処理、行政訴訟の事務
⑤ 犯則審査部……カルテル、入札談合などで刑事告発を念頭に置い

た事件の審査
⑥　地方事務所……関東甲信越以外の各地域ブロックごとに置かれ、それぞれの地域を管轄する事務所で対処することとする業務

　地方事務所としては、札幌、仙台、名古屋、大阪、福岡の各市に、それぞれ北海道事務所、東北事務所、中部事務所、近畿中国四国事務所、九州事務所があります。また、広島、高松の各市に、近畿中国四国事務所の支所として、それぞれ中国支所、四国支所があります。なお、関東甲信越については事務総局の各部局が直接、北陸３県のうち富山、石川は中部事務所が、福井は近畿中国四国事務所が管轄しています。

　沖縄県に関しては、地方事務所の管轄とはなっておらず、内閣府沖縄総合事務局の公正取引室が公正取引委員会の指揮のもとで地方事務所としての業務を行っています。

　地方事務所では、消費者庁と協力して景品表示法違反事件の調査、同法の疑いに関する情報の受付、同法に関する相談業務なども行っています。同法の運用は、平成21年に消費者庁が設立された際に公正取引委員会から消費者庁にほぼ全面的に移管されましたが、同庁に地方組織がないこともあり、公正取引委員会が同庁から同法違反事件についての調査権限の委任を受けています。

　また、景品表示法では業界ごとに表示や景品の自主ルールを定める「公正競争規約」の制度を設けていますが、同制度は競争業者間の取決めという面があり、その運用については公正取引委員会と消費者庁が共同して行う「共管」になっています。なお、消費者庁への移管の際に公正取引委員会の景品表示法関係のポスト、人員とも消費者庁に移っており、現在でも消費者庁の担当部局の職員の多くは公正取引委員会からの出向者です。

## Q9 今後の独占禁止法はどうなるか？

昔に比べると独占禁止法が格段に厳しくなっていると聞きましたが、今後はどうなるのですか

### Point

日本の独占禁止法は、経済界などから強い反対を受けながらも、基本的にはこれまでだんだんと強化されてきました。ただ、欧米など海外に比べると、違反をしたときの制裁の水準は相当低く、また、違反を調査する手段においても弱いといえます。日本企業が海外の競争法違反により多大な制裁を受けているのは、日本の独占禁止法が弱く、この面のコンプライアンス意識が十分に育たなかったことも影響していると考えられます。今後、独占禁止法は、国際標準に則したかたちで強化されていくものと考えられます。

### 解説

#### 誕生と低迷

独占禁止法は、米国を中心とした連合国の占領下の昭和22年に制定されました。この法律は、米国の競争法とその運用の蓄積をベースにして、競争法として米国、カナダに次いで世界で3番目に制定されました（米国の競争法としてはシャーマン法、クレイトン法および連邦取引委員会法の3つの法律があり、総称して「反トラスト法」という）。主に米国のおかげですが、世界的には先頭グループにいました。

しかし、当時の日本は、戦前からの統制的あるいはカルテル的な企

業行動に慣れ親しんだ面が強くあり、昭和27年の連合国による占領終了後、独占禁止法の規制が弱められる法改正が行われました。カルテルが合法的に認められる、いわゆる適用除外カルテルも多数できました。メーカーが小売店に安売りを禁止する再販売価格の拘束も、多くの業界で認められるようになりました。

　独占禁止法を運用する公正取引委員会の組織も縮小され、昭和26年の305名から昭和28年には237名に削減されました。昭和31年に下請法、昭和37年に景品表示法が制定され、公正取引委員会に新たな役割が出てきて、組織がかろうじて維持、ないしは少しずつ拡充されましたが、独占禁止法の規制対象の中心になるカルテルや入札談合については、活発な運用が行われない状況が続きました。

## 強化改正

　そのようななかで、独占禁止法の運用をめぐる環境を飛躍的に変えたのは、昭和40年代後半からのオイルショックです。原油価格の高騰に端を発した物価の急上昇が大企業中心の業界を含め、さまざまな業界で起きました。取引先や消費者の抵抗を少なくして値上げが容易にできるよう、多くの業界で値上げカルテルが行われました。そうしたなかで、「カルテルを取り締まるべき」とする多くの国民の声が高まったのです。当時は、カルテルをして違反を認定されても、刑事告発の場合は別として違反行為をやめるだけでよかったのです。事件調査中にやめれば措置も受けませんでした。なお、公正取引委員会は、昭和49年に石油カルテル事件の告発を行い、これがカルテル、談合に対する初めての告発となりましたが、その他のカルテルは、いわば「やり得」になっていました。

　このような状況を受けて、独占禁止法が大幅に改正され、課徴金の

導入、違反行為をやめた場合の排除措置権限の導入などが行われました。その後、法運用が停滞した時期もありましたが、平成元年から平成2年にかけての日米構造協議や平成13年以降の小泉政権下などで競争政策の重要性がいわれるようになり、次第に強化されていきました。平成17年には、独占禁止法の大幅な改正があり、課徴金は原則売上の10％（当初は1.5％）に引き上げられ、カルテル、入札談合の情報提供者に課徴金を減免する課徴金減免制度や、裁判所の令状を得て刑事告発に向けた調査を行う犯則調査権限が導入されました。

## 今　　後

しかし、近年の国際的なカルテル事案に対する各国の取組みをみても、現在もなお、違反の調査手段、違反に対する制裁の水準においては、米国、EUその他と比べ、大きな見劣りがする状況です。

このようななか、公正取引委員会は有識者からなる独占禁止法研究会を開催して、独占禁止法の見直しを検討し、平成29年4月25日研究会報告を公表しました。報告書では、課徴金額の水準を引き上げるとともに、企業の調査協力のインセンティブを高めるため、違反被疑企業が自主的に提出した証拠の価値に応じて公正取引委員会が弾力的に課徴金を減算する制度を設けることなどを提言しています。今後、国際標準に近づけるための独占禁止法の改正が予想されます。

# 第 2 章

# カルテル

## Q10 価格についての情報交換

同業者と価格についての話をしてはいけないといわれたが、なぜいけないのですか。「うちは10％の値上げを考えているけど、おたくは？」というように、単に価格についての情報交換だけならよいですか

### Point

互いに競い合う関係にある商品、サービスの価格について、他社の出方を知るための情報交換はカルテルとして問題になってきます。そのような情報交換ができるのは、ある種の信頼関係があるときで、そのような信頼関係のなかで、協調的な行動をとろうという意思の連絡が生じるおそれがあります。

### 解説

#### 価格の話

企業が独占禁止法違反を防止するための社員指導やコンプライアンスマニュアルのなかで「同業者と価格についての話をしてはいけない」ということがいわれています。同業者と会ったり、連絡をとったりすることも原則的には禁止し、仮に会ったり、連絡をとった場合は、その内容をコンプライアンス部門に報告するよう求める場合もあります。

企業がこのような社内ルールを設けるのは、独占禁止法に違反するような同業者との間の価格カルテルや入札談合が生じるのを防ぐた

め、なるべく単純で、わかりやすいかたちで社員に伝えようとしているものと思います。

　もちろん、他社との間でAという商品の販売分野では競争関係にあるが、Aの原材料なども含め、別のBという商品については取引関係にある場合に、Bの価格について話し合うことはまったく問題ありません。

　公正取引委員会のホームページに掲載されている相談事例をみますと、最近、競争業者間の相互OEM供給の事例が多くみられます。物流費削減のため、互いに自社工場から遠い地域についてOEM供給を受けるなどの内容ですが、互いに、それぞれの顧客向けの販売価格、販売数量、販売先などにはいっさい関知しないこと、有力な競争事業者がほかにあることなどから、独占禁止法上問題となるものではないとの判断になっています。このようなときに、OEM供給をする、あるいは受けるときの価格について両社で交渉しなくてはならないのは当然で、これも独占禁止法上問題となるものではありません。

### 競合業者との価格方針などの情報交換

　ただし、価格について互いに競い合う関係ないし競い合わされる関係にあるときに、その価格について情報交換することは問題になってきます。「うちは10％の値上げを考えているけど、おたくは？」と聞かれて、「うちも10％くらいかなあ」「同じようなところです」というように、互いに情報交換すると、いったことを裏切りにくくなります。「うちもそのくらいですね」といっておいて、実際には、しばらく現状価格維持で客を取りに行こうというように、裏をかいているような関係であれば、そもそも互いに信用できませんから、このようなやりとりは成立しません。このような問題になりそうなやりとりを

し、さらには、いったことはおおむね守るような、ある意味の信頼関係がないとこのような会話が成り立ちません。

　また、仮に２社で少し高めの価格で歩調をそろえたとしても、ほかに競争業者が多数いて、競争業者に顧客をとられてしまうだけなら、このようなやりとりは成立しないでしょう。逆にいえば、このような価格についてのやりとりがある場合というのは、２社以外に競合がない場合や、他の競争業者との間でも同様のやりとりが成立していて、情報のやりとりをする意味がある場合と考えられます。あるいは２社を含む競争業者の多くが集まった場所などで、このようなやりとりがなされ、他の競争業者も歩調をそろえた対応が期待される場合かもしれません。

　やってもまったく無意味という場合なら競争制限にはならないかもしれませんが、そのような質問があるということは、まったく無意味ということではないからと考えられます。

　個別の取引について２社間でそのような価格についてのやりとりが１回あったという事実が判明しただけでは、通常、独占禁止法違反は認定されません。しかし、このような行為は、あるいはカルテルが存在している疑いをもつ根拠になる可能性があります。そのような事実がみられた場合、各企業においては、ほかにも同様な行為が行われていないか、まん延していないか、社内的に確認する必要があると考えられます。価格についての情報交換は、より明白なカルテルにつながりやすいものであり、リスクが大きい行為です。

## Q11 意思の連絡

業界の集まりで、ある会社の人が「原料コストが上がっており値上げが必要だ。うちは来月から10％の値上げに踏み切る」といい、ほかに同様の値上げの予定をいう会社もありましたが、当社は何もいいませんでした。単なる情報交換であり、別に皆で値上げしようと合意したわけではありませんので、問題ないですか

### Point

　実際には、業界の集まりで述べたことにまったく反する行動はとりにくくなります。黙っていて、その裏をかくということもできにくいでしょう。仮にそのような情報交換の内容とまったく異なる行動を各社がとるような業界なら、このようなやりとりは発生しないでしょう。互いに協調的にやりたいという基盤があるからこそ、こういう話題になると考えられます。

　事前に業界で値上げについての情報、意見の交換があり、その後各社の一致した行動ないし、これに準じた行動があると、値上げカルテルがあったと推認されることになります。

### 解説

#### 意思の連絡

　原料コストの上昇は各社共通の事情ですから、似たような率で似たような値上げにつながる可能性が高く、事前のやりとりと実際の各社の行動を外からみれば、カルテルがあったと評価されるおそれがあり

ます。事前に業界で値上げについての情報、意見の交換があり、その後各社の一致した行動ないしこれに準じた行動があると、カルテルがあったと推認されることになります。

黙っていたから当社は関係ないといっても通りません。「値上げの話をするなら帰ります」あるいは「うちは値段で顧客を取りに行きます」といって、その場を離れるなど、同調しない姿勢を毅然と示す必要があります。また、そもそも、こういう話が出そうな会合には行かないことです。

独占禁止法上、カルテルは「不当な取引制限」として禁止されており。この不当な取引制限は「事業者が、……他の事業者と共同して対価を……引き上げ……る等相互にその事業活動を拘束し、……一定の取引分野における競争を実質的に制限すること」と定義されています。このうち「共同して」については、複数の事業者間で対価引上げなどについて相互の間に「意思の連絡」があったことの認定が必要になります。

### 推認の具体的なケース

この「意思の連絡」について争われた事件として東芝ケミカル事件があります。これは電子部品に使われる特定の銅張積層板の値上げカルテル事件です。この事件の裁判で、東芝ケミカルは、値上げについて話し合った業界の会合に参加していたこと、業界の８社が互いに値上げ内容について認識していたことは認めましたが、相互に協調的な行動をとることを期待し、期待されるという関係にあったことを合理的に認める証拠はなく、「意思の連絡」があったとはいえないとして争いました。

この点について、判決では概要次のような判断を示しています（平

成7年9月25日東京高裁判決)。

① 「意思の連絡」とは、複数事業者間で相互に同内容または同種の対価の引上げを実施することを認識ないし予測し、これと歩調をそろえる意思があることを意味し、一方の対価引上げを他方が単に認識、認容するのみでは足りないが、事業者間相互で拘束し合うことを明示して合意することまでは必要でなく、相互に他の事業者の対価の引上げ行為を認識して、暗黙のうちに認容することで足りると解するのが相当。

② もともと「不当な取引制限」とされるような合意は、外部に明らかなかたちになるのは避けようとするのが通常であり、外部的に明らかなかたちでの合意が認定されないと違法とはいえないとすると、法の規制を容易に潜脱することを許す結果になるから、そのような解釈は実情に対応できない。

③ 特定の事業者が、他の事業者との間で対価引上げ行為に関する情報交換をして、同一またはこれに準ずる行動に出たような場合には、その行動が他の事業者の行動と無関係に、競争に耐えうるとの独自の判断によって行われたことを示す特段の事情が認められない限り、これらの事業者の間に、協調的行動をとることを期待し合う関係があり、「意思の連絡」があるものと推認されるのもやむをえない。

④ 本件では8社は事前の会合で価格引上げについての情報、意見の交換をしていたこと、その結果、価格引上げに向けて一致した行動がとられたことが認められ、東芝ケミカルは他7社に追随する意思で価格引上げを行い、他7社も同社の追随を予想していたと推認され、協調的価格引上げについての「意思の連絡」による共同行為があったと認められる。

## Q12 値下げカルテル

同業者との間で価格引下げについて話し合うなら、値上げカルテルではないのですから、問題ないのではないですか

### Point

原材料価格などが低下しており、顧客から価格引下げを要請されているときに、同業者間で「コスト面についてはこのように説明して、価格引下げは最大5％を限度としよう」など、値下げの限度について認識を共有することも違法なカルテルです。独占禁止法違反行為として調査の対象となり、排除措置命令、課徴金納付命令の対象になるおそれがあります。

### 解説

同業者との間で価格引下げについて、たとえば、10％以上価格を引き下げようという話にはなかなかならないと思います。実際には、取引先からの価格引下げを求める強い要請に対して、どの程度まで応じることとしようかという話ではないでしょうか。

### 値上げカルテル

独占禁止法運用の歴史を考えますと、基本的には物価が長期的に上昇しているなかでカルテルが行われてきましたので、多くのカルテルは値上げの足並みをそろえようとする値上げカルテルです。原材料価格などコストが上がったときに、いつまでも従来の価格ですと利益が圧迫され、あるいは赤字になってしまいますので、各社が値上げしや

すくなるように値上げカルテルが行われます。

　値上げしたいのは各社共通でも、他社がまだ値上げ交渉に入っていないなかで自社だけ値上げ交渉を先行させると、顧客から強い苦情が出て、長年の良好な取引関係がまずくなるおそれがあります。競合して納入している業者がいる場合には、そちらに比重を移されるかもしれません。いままでに取引のないところに取引が変えられるおそれもあります。競争業者のなかには、しばらく利益を抑えてでも新規顧客をとりたい、販売シェアをとっていきたいというところが出てくるかもしれません。そうした疑心暗鬼のままでは、なかなか値上げができません。なんとかスムーズに値上げができるようにしたいという各社の思惑が一致し、カルテルが行われるのでしょう。取引先に「値上げですか。他社はそんなことをいっていませんよ」といわれても、他社もほぼ同時期に同様の値上げをいってくれると思うと、心強いでしょう。値上げの理由も各社である程度共通していたほうが、取引先に対して説得力があるかもしれません。

### 値下げ限度カルテル

　一方、原材料価格などのコストと販売価格が連動するような価格決定方式を取引先と合意している場合は別として、原材料価格などのコストが下がったときに直ちには自社の販売価格は下がりませんので、売り手にとって利益アップ要因になります。しかし、いずれ、取引先からの値下げ要求が出てきます。売り手としてはやっと利益が出てきたのに、値下げ要求に応じる競争業者が出てくると、自社も対抗上、同様の値下げが不可避になってしまいます。そこで、下げ止めのカルテル、値下げ限度カルテルを行うニーズが生じてきます。特に、普段から値上げカルテルをしている同士であれば、厚い信頼関係があり、

こうしたカルテルも容易に行われる場合があります。値下げカルテルといっても、いくら以上下げようというカルテルのはずはありません。一定の線で価格を維持しようとする価格維持カルテルで、競争を制限するものであることは明らかです。

### 具体的なケース

　平成23年6月に排除措置命令のあったLPガス容器の価格カルテル事件では、少なくとも4年以上の間、①鋼材等の購入価格の変動に対応してLPガス容器の販売価格の改定を共同して行う、②改定の実施時期、改定額などの具体的な実施方針は4社の話合いにより決定するという合意のもとに価格の改定をしていました。この間に鋼材価格はアップダウンしており、価格引下げの局面でもカルテルをしていたことになります。

　また、平成26年9月に排除措置命令のあった鋼球（ベアリング用の玉）の価格カルテル事件では、少なくとも2年半の間、鋼球の販売価格の低落を防止し自社の利益の確保を図るため、共同して販売価格を引き上げ、または維持する旨の合意のもとに、鋼材の仕入価格の変動や需要者からのコストダウン要請について情報交換を行い、価格の改定をしていました。

　なお、これらの事件はいずれも、一回限りの値上げや、値下げについてのカルテルではなく、長期間にわたって、価格の改定を行っていたことが認定されており、課徴金対象期間も長く、市場規模に比べると課徴金額も大きくなっていると考えられます。

## Q13 業界の標準価格表

業界で標準価格表をつくりたい。参考価格的なもので単なる目安であり、守らなくてもなんの罰則もありませんので、問題ないのではないですか

### Point

参考的な価格であっても、業界でそうしたものを作成することは、価格に関する協調的な認識や行動につながる危険性が大きく、違反の疑いをもたれるおそれが大きいと考えられます。

もちろん、守らないときの罰則の有無は関係ありません。罰則があったら違反がより明確になるというだけのことで、罰則がないということは免罪符にはなりません。

### 解説

#### カルテルの危険

「標準価格表」であっても、関係者がこれからあまり外れてはいけないという認識が生じるおそれがあり、カルテルの疑いがもたれます。たとえば、「みんなで決めた価格なのに、これから大幅な値引きをして、うちの客をとった。問題ではないか」という指摘が起き、関係者間でもめ事になるような場合、さらには、「今後は自粛する」というようなかたちで手打ちになったというような場合は、なおさらです。

「ある程度足並みをそろえたい」「こういう価格表をつくって、値上

げのときはそれを改訂するということでないと、値上げしにくい」という気持ちが価格表作成の背景にあるとも考えられますが、このような場合は、まさしくカルテルに該当します。

　価格表が改訂される場合などを考えてみますと、原材料価格の上昇などのなかで、価格を引き上げるべきではないかという関係者の声を受けて改訂作業が行われると考えられますので、どうしても、価格引上げに向けた目安的なものになりかねないというリスクがあります。

　その際、罰則の有無は関係ありません。むしろ、いまどき、罰則のあるカルテルのほうがきわめて珍しいくらいです。他社もこの価格表を目安とした価格設定を行う、少なくとも価格提示を行う、当社もそれに準じたかたちでいこうという意思の連絡があればカルテルになります。罰則がなくても、せっかくつくった価格表、せっかく改訂した価格表とまったく異なる行動は各社しないだろうという認識を生み、そこから外れた行動に対してなんらかの抑制的な動きも生じやすく、カルテルにつながる危険性は大きいと考えられます。

　実際には価格表の価格どおりでは販売されておらず、相当値引きしているとしても、各社が価格表の価格に準じて建値を決め、取引先ごとに、これにある程度一定の値引き率をかけて提示価格を決めているような場合は、カルテルとみられます。

　また、標準品の価格しか決めていないとしても、標準品以外の商品の価格が標準品の価格を基に決められるような取引慣行がある場合は、標準品以外を含めた全体のカルテルとみられます。

## 相談事例

　公正取引委員会が公表した平成26年度の相談事例のなかに、ある県の事業者団体による標準料金表の作成のケースが記載されています。

浄化槽の管理者は、浄化槽法という法律で定期的に浄化槽の水質検査、保守点検、清掃を実施することが義務づけられていますが、これを実施しない者が少なくないことから、県では浄化槽の管理者に対し、これらの3業務について専門業者と一括契約を結ぶことを推奨しています。そこで、その専門業者の団体から、こうした一括契約を推進するため、これらの業務について標準料金表を作成してよいか、相談があったものです。この団体の会員の県内シェア合計は、これらの3業務それぞれについて90％を超えています。

相談に対する回答は、「会員の価格設定の基準となるものを決定するものであり、独占禁止法上問題となる」というものでした。

### 団体ガイドライン

一方、公正取引委員会が公表している事業者団体ガイドラインでは、需要者に価格に関する情報を提供するために行う次のような行為は問題ないとしています。

① 会員から過去の価格実績について概括的なかたちで任意に情報収集。
② そのデータを客観的に統計処理し、価格の高低の分布や動向を正しく示したものを作成。個々の会員の価格は明示しない。
③ ②の成果を、概括的に需要者に、あるいは会員を含めて提供。
④ カルテルの実施状況の監視のために行うものや、会員間に現在または将来の価格についての共通の目安を与えるようなものではない。

このような価格情報が不足しがちなのは消費者ですが、最近では、インターネットで情報収集ができるようになってきており、各企業も取引を獲得する観点からネット上に進んで価格を掲示するようになっ

てきています。団体による価格情報提供のニーズは相対的に低下してきているかもしれません。

## Q14 実施率の悪いカルテル

同業者間で10％の値上げを決めたが、実際には顧客の力が強く、値上げできていないところも多い、平均ではせいぜい2％くらいしか上がっていません。決めても守られていないのですから、そもそもカルテルとはいえないのではないですか

### Point

達成率が悪くても、各社が合意、すなわち値上げについての意思の連絡をした段階で違反になります。現に各社が値上げに向けた行動に出れば、一定の課徴金もかかります。「実際にはそのとおり守られていない」といっても違反になってしまいます。

合意直後で、まだ値上げに向けて何も行動していない段階で公正取引委員会の摘発を受けたため、値上げの合意自体がご破算になってしまったということであれば、課徴金対象の売上げはなく、課徴金はかからないことになります。しかし、カルテルのメリットがまったくない段階なので、得になることはありません。

### 解説

#### 具体的なケース

値上げカルテルで違反とされたが、決めたとおりには全然上がっていない、せいぜい原料価格の上昇などで説明できるくらいしか値上げになっていないとして、審判、訴訟で争われたケースがあります。

モディファイヤー価格カルテル事件については、平成15年12月に2

社に対して排除勧告があり、2社がこれを不服として審判が行われ、平成21年11月に公正取引委員会から排除措置を命じる審決が出されました。2社はこの審決を不服として、その取消しを求める訴訟を東京高裁に提起しました。

この事件の裁判で、企業側は、値上げ活動と実際の価格との相関関係が低い、むしろ値上げは原材料価格の上昇が原因であるとする経済分析を提出し、違法なカルテルの要件として法律上規定されている「競争の実質的制限」には当たらないと主張しました。

しかし、この点について判決では以下のように判断しています（平成22年12月10日東京高裁判決）。

① そもそも競争の実質的制限を認定するためには市場支配的状態がもたらされていれば足りるのであって、原告の主張する合意による値上げ活動とその結果生じた価格との間の相関関係は問題とはならない。

② また、原料価格の上昇等が価格上昇の原因であるとしても、それによって、「市場支配的状態がもたらされ、実質的競争制限が生じた」との認定が左右されるものではない。

つまり、「カルテルで決めたとおりにはほとんど値上げできていない、カルテルしなくてもそのくらいは上がったはずでカルテルは結果的に無意味なものだったのだ」といっても、業界で各社値上げに向かって意思の連絡をしたのであれば、カルテルに該当し、違法ということになるということです。

「だったら、何もしなかったほうがよかったではないか」と思われるかもしれませんが、カルテルをしなかったほうがよかったという意味では、そのとおりです。カルテルが思ったようにうまくいかなかった場合でも、違反対象商品の売上げに一定率をかけた額が課徴金とし

て課されます。ただし、合意直後に公正取引委員会の立入検査があり、まだ値上げに向けて何も行動していない状況だった、あるいは値上げの期日として決めていた日より前だったということであれば、課徴金対象の売上げはなく、課徴金はかからないでしょう。

### 審判制度の廃止

上記で排除勧告の話をしていますが、その当時は、公正取引委員会の勧告を応諾すれば勧告と同趣旨の審決（＝行政命令）が出され、不応諾のときは審判で争われ、その結果をふまえて審決が出されていました。課徴金納付命令は、通常、これらの審決の後に行われていました（排除勧告はなく、課徴金納付命令だけの場合もある）。

平成18年1月からは、この勧告の制度が廃止され、公正取引委員会が違反を認定したときには直ちに排除措置命令を行うことになりました。課徴金納付命令は、通常、排除措置命令と同時に行われるようになりました。そして、これらを不服として審判請求があったときに審判が行われ、その結果をふまえて、もう一度公正取引委員会として、審判請求を棄却する、あるいは命令を取り消すなどの判断をすることとなりました。いわば、公正取引委員会が行った命令を自ら再審査することになったわけです。

しかし、このように自分で自分の判断を審査する手続では公正な審理を期待できないなどの批判があり、独占禁止法の改正により、平成27年4月以降は排除措置命令や課徴金納付命令に不服のときは、審判ではなく、直接、東京地方裁判所で、さらには東京高裁、最高裁で争うシステムになっています。

## Q15 お互いの商権の尊重

「同業者間でお互いの商権は尊重しましょう」「人様の得意先はとらない」というのは本来守るべき1つの商道徳であり、そういうことをみんなで守っていくことは価格や数量を決めていないのですから問題ないのではないですか

### Point

そのような「商道徳」は、たしかに関係者にとっては守るべきものと思われるのかもしれませんが、実質的には、顧客獲得競争を回避したい、新規参入してきた業者などに自己の既存の顧客を奪われたくないという思いから、自然とルール化され、正当化されてきたものと考えられます。

「入札でたたき合いになったら手抜き工事が横行したりしかねないし、共倒れにもなりかねない、みんなで順番を守って受注すべき」という「商道徳」と同様に、独占禁止法上は、正当化される理由とはなりません。

### 解説

#### 商道徳

いわゆる士業といわれるような資格者団体の一部や、比較的、人の出入りの少ない地域的な業界団体の一部では、まだこのような認識があるかもしれません。業界のなかでいろいろな会合があり、一人前になるまでには多くの諸先輩のお世話になったというような場合、その

先輩の取引先に営業をかけたりすることは避けたいことかもしれませんし、そのような行為をみかけた場合には、ひと言注意したくなるかもしれません。団体のなかで問題行為として指摘されることも考えられます。

　しかし、自分の顧客、得意先になってもらおうということは競争の基本であり、これを制限することは違法なカルテルとなります。上記のような考え方が業界で支配的な場合には、新規参入して業績を伸ばしていくということも困難となり、経済の活力を大きくそぐことになります。

　独占禁止法に違反するようなカルテルや入札談合が多くの業界で行われてきた背景には、業界のなかでお互い競争を避け、協調的に行動していくことが、ある種の商道徳的で人間的な信頼関係に基づくものとして是認されるべきもの、必要なものであるという考えがあるのかもしれません。ただ、そのより実質的な背景としては、新規に参入してくる者によって自己の事業、自己の既得権を脅かされないようにしたいという利害関係があると考えられます。

　公正取引委員会は、平成13年10月、資格者団体ガイドラインを公表し、そのなかで、資格者団体が会員に対し、広告について需要者の正しい選択に資する情報の提供に制限を加えること、顧客獲得について他の会員の顧客との取引を禁止すること、事業活動を行う地域等を制限することは独占禁止法に違反するおそれがあるとしています。

### 具体的なケース

　その後、平成16年7月、公正取引委員会は、三重県社会保険労務士会が行っている広告活動と営業活動の制限が独占禁止法に違反するとして排除審決を行いました（事業者団体による構成事業者の機能または

活動の不当な制限を禁止する、同法8条1項4号、現在の8条4号違反)。

　三重県社会保険労務士会は、会員が守るべき倫理規定を定め、そのなかで広告活動の制限条項と業務侵害の禁止条項を設けていました。同会は、同条項に基づき、かねてから、会員のダイレクトメール、FAX等による広告活動を制限するとともに、会員に対し他の会員の顧客を獲得しないように求めてきました。

　同会は、平成15年5月、この広告活動の制限条項の一部と業務侵害の禁止条項の削除を決定しました。これは、同会の上部団体である全国社会保険労務士会連合会が定める倫理規定準則が同年2月に改正されたことに対応したものです。しかし、その決定に際し、今後もいままでどおり会員のダイレクトメール、FAX等による広告活動を制限すること、会員に対し他の会員の顧客を獲得しないように求めることを確認しました。そして、若手向けの研修会でその旨を周知しました。

　その後、同会は、FAXによる広告活動を行った会員と、他の会員の顧客を獲得したとして指摘のあった会員に対し、これらの活動を行わないよう指導を行うとともに、その指導事例を会報に掲載して全会員に周知しました。

　まさしく、顧客の獲得競争をしないことが「倫理」とされてきたわけです。また、全国団体が準則を改正したのは、前記のガイドラインの公表を受けてのことと思われますが、これに応じて倫理規定は改正したものの、実態ベースでは変えないようにしたということで、顧客の獲得競争を回避したい意識の根強さが感じられます。

## Q16 価格決定権のない者による値上げ合意

当業界ではこれまで各社の営業担当者が集まって値上げについて話し合ってきていますが、当社からの出席者は当社のなかで価格決定権をもっておらず、他社と合意したといっても無効です。したがって合意したことにはならず、問題ないですか

### Point

価格決定権をもっている者同士が合意の当事者である場合は、企業間で意思の連絡があったことがより明白になります。しかし、価格決定権をもたない者同士の合意なら、企業間の意思の連絡が成立しないということにはなりません。

価格決定権をもっている者が他の者に指示し、他社との合意について報告を受けているような場合は、企業間の意思の連絡が認定されることになります。そのような指示、報告関係が明確でない場合であっても、合意に沿った企業行動があれば、企業間の意思の連絡があったものと推認されることとなります。

### 解説

会社のなかで最終的な価格決定権者は、営業部長クラスなど、かなりの社内的地位にある者である場合が多いのかもしれませんが、実際の調整は、それぞれ課長クラスなど下の者に任せる場合が少なくありません。しかし、だれが実際の連絡役になったとしても、そのような連絡役間の連絡を通じて、企業間で値上げに向けての「意思の連絡」を行うことは可能です。

価格決定権者ではないとして争われた例もありますが、いずれも、カルテルを行っていないとする理由とは認められませんでした。

### 具体的なケース1

ポリプロピレン価格カルテル事件の裁判では、企業側が「部長会出席者は、値上げについての実質的社内権限がない者であるから、これらの者によるなんらかの合意をもって価格カルテルの合意に当たるとはいえない」、同社からの出席者も「値上げの決定を行う権限はいっさいなく、事実上も付与されていなかった」と主張しました。

しかし判決では、次のように判示しています（平成21年9月25日東京高裁判決）。

① 「意思の連絡」の趣旨からすれば、会合に出席した者が、値上げについて自ら決定する権限を有している者でなければならないとはいえず、そのような会合に出席して、値上げについての情報交換をして共通認識を形成し、その結果を持ち帰ることを任されているならば、その者を通じて「意思の連絡」は行われうるということができる。

② 同社の部長会出席者Aは、実質的価格決定権をもつBの指示に基づいて部長会に出席し、値上げについて継続的に情報交換を行い、自らもBの意見をふまえて発言し、「値上げしないともたない」という意見を述べ、意見交換の結果をBに報告していたというのであるから、Aを通じて「意思の連絡」が成立したことを認めることを不合理ということはできない。

### 具体的なケース2

上記の事件では、会合出席者と価格決定権者との間に指示、報告が

あったことが認定されていますが、必ずしもこのような事実を認定できる証拠がない場合でも、いくつかの状況証拠から「意思の連絡」が認定されうると考えられます。

　モディファイヤー価格カルテル事件では、関係する3社においては値上げを実施するためには部長級の判断が必要なところ、実際の話合いは課長級の者の間で行われました。この事件の判決では、以下の事実から、各社の部長級の者は課長級の者から報告を受けるなどして他社の値上げの意思を確認し、これにあわせて自社も値上げすることを決定し、これに基づいて課長級の者により値上げの具体的内容が決定されたものと推認されるとして、カルテル合意を認定しました（平成22年12月10日東京高裁判決）。

① 原料価格が上昇しており、その上昇がしばらく続くと予想された。
② 1社の課長級の者Aが他の2社の課長級の者B、Cと相談したところ、3社で足並みをそろえた値上げが必要であるとの認識が判明した。
③ Aは同社の部長級の者に、B、Cと販売価格について話し合っていることを報告した。
④ 3社の部長級の者は、それぞれ値上げの方針を確認した。
⑤ これを受けてA、B、Cは連絡をとりあい、同一の時期の出荷分から、ほぼ同一の値上げをする旨、それぞれ需要者に申し入れることとした。
⑥ 3社は同様の時期に値上げを新聞発表または需要者に通知し、その値上げ額、実施時期は近接または一致している。
⑦ その後、A、B、Cは値上げの交渉状況、進捗状況について報告し合い、協調して値上げ交渉を進めていた。

なお、両事件とも課徴金減免制度導入前に調査を行った事件で、同制度導入後であれば、さらに詳細な情報が当局に提供されていた可能性があります。

## Q17 カルテルをした団体が解散した後の法的措置

業界団体で値上げを決めて実施しました。その後、この件で公正取引委員会の立入検査があり、これを機に団体を解散しようと思います。解散して値上げを決めた団体がなくなれば、措置はとられなくなりますか

### Point

団体が違反行為者と認定されても、課徴金は会員企業に課されます。また、団体の会合の場などにおいて企業間のカルテルが行われたとして認定される可能性も高く、その場合、団体の解散に関係なく、各社が排除措置命令と課徴金納付命令の対象となります。

### 解説

独占禁止法は、複数の事業者が共同してカルテルすることを禁止し（同法3条）、あわせて、事業者団体がカルテルをすることを禁止しています（同法8条）。団体がカルテルを行ったと認定された場合は、その団体に排除措置命令が行われますが、そのカルテルが課徴金対象のときは、課徴金は団体に対してではなく、カルテルを実行に移した会員に課されます。これは、カルテルによって利益を得るのは事業活動をしている会員ですし、もし団体に課徴金をかけても団体に蓄えがなければ払えないということでは実効性がないためと考えられます。団体が解散しても会員に課徴金がかかることに変わりありません。

### 課徴金がかからなかったケース

ただし、団体が解散し、結果的に課徴金がかからなかったケースがあります。

公正取引委員会は、平成8年4月、アイジー会に対して排除勧告をしました。認定事実は、以下のとおりです。

① 岩手県防護柵協会（当時）は、平成2年10月、ガードレールの施工費込みの見積価格および販売価格の引上げを決定し、その実効確保のため、会員が建設業者から工事の引合いを受けた場合は、話合いにより優先的に営業活動を行う者を決定することとし、以後、これを実施
② 同協会は、上記価格を平成3年、4年に改定し、実施
③ 同協会は、平成6年6月に「岩手県防護柵協会」から「アイジー会」に名称変更
④ 同会は、平成7年9月、役員会において、上記②の決定を破棄することを決定し、この旨を会員に周知

これに対し、勧告の名宛人が、岩手県防護柵協会は平成6年6月に解散しており、「アイジー会」への名称変更はしておらず、アイジー会も存在しないとして、審判が開始されました。審判の結果、平成9年10月、全証拠に照らして「アイジー会」は存在しないとして、審判開始決定が取り消され、この事件はなんの行政命令もなく終わりました。

しかし、上記の認定事実①、②、④からすると、団体解散後も、会員間で価格についての合意があり、また、優先的に営業活動を行う者を決める談合行為に各会員が参加していたものと考えられます。結果論ですが、当初から団体の解散を認定して会員に課徴金納付命令を行

うこともできましたし、企業間のカルテル、談合として認定していれば団体の解散は関係なく、各社に排除措置と課徴金の納付を命じることができたのではないかとも考えられます。

当時、排除勧告は違反行為終了後１年後まで、課徴金納付命令は同３年後まで行うことができました（現在は排除措置、課徴金とも５年後まで命令可能）。審判開始決定取消しの時点で違反行為終了後、約２年が経過していますので、課徴金の期限まで１年近く残っている勘定になります。しかし、団体の行為として認定していたために、各会員の違反行為へのかかわりが十分に解明されておらず、もはや課徴金納付命令に向けた調査は不可能になっていたことが考えられます。

### 最近の傾向

以前は事業者団体によるカルテルとして法的措置がとられる事件が毎年何件かありましたが、近年では、団体が違反行為に関与することが少なくなったこともあってか、課徴金対象のカルテル事件はほとんどが企業間のカルテルとして各企業に措置がとられています。

団体の行為としての違反認定の場合、役員会社以外の一般会員にとっては違反当事者という実感が乏しく、課徴金に対する不満も生じやすいかもしれませんが、企業間のカルテルとの認定であれば、少なくともそうした不満は生じにくく、また、各企業に必要な排除措置を命じることができます。

一方、会員が何百人、何千人といる事業者団体などで、役員クラスが集まって物事を決定し、多くの会員は会合には出ておらず、個々の物件ごとの談合的な行為も行っていないという場合は、団体の行為としての認定になると考えられます。ただ、そのような団体は、団体と

しての役割もしっかりあり、容易に解散はできないとも考えられます。

## Q18 役所からの値上げ指導

当業界では価格競争で各社利益が出ない状況にあり、監督官庁から各社に10％値上げの指導がありました。他社も応じるようだし、当社にとってもありがたい話なので協力したいと思います。役所の指導に従うだけなので、問題ないですか

### Point

監督官庁からいわれたとしても、業界内でこれに従っていこうという決定をしたり、なんらかの意思の連絡を通じて暗黙の合意ないし共通の意思が形成されると、カルテルとして認定され、法的措置の対象になる可能性があります。監督官庁は、そのときに責任をとってくれません。仮にそうした指導をしたことを認めたとしても、カルテルを合法化する理由にはなりません。

### 解説

法的な根拠なく、カルテルをさせるような、あるいはカルテルと同じ効果をもつ行政指導は違法または不当なものです。企業間でこれに応じようという、あるいはこうした行政指導をしてもらおうとする意思の連絡がある場合には、カルテルとして法的措置の対象になります。公正取引委員会の行政指導ガイドラインでも、こうした考え方が示されています。

さすがに、近年ではこのような指導を行うことは少ないと思いますが、監督官庁の担当官がその業界を心配するあまり、間に入ってくれても違反は違反です。

## 企業同士の連絡のリスク

　行政指導を受けた企業が個々に自主的に判断して、その指導に従う限り、企業は独占禁止法上問題とはされません。しかし、企業同士で行政指導に従っていこうという意思の連絡をとると、カルテルの問題になります。

　監督官庁の行う行政指導が法令に具体的な根拠があり、かつ、その行政指導の目的、内容、方法などがその法令の規定に合致しているものであれば、監督官庁も強く、明確に指導できるでしょうから、多くの企業が個々の判断として、その指導に従うことが考えられます。しかし、このような場合でも、指導の内容が競争制限的なものであると、指導に従わないで営業を伸ばそうとする者が出てくることも考えられ、皆が従うなら従おうという意識が生じ、各社が横並び的に対応しようとして意思の連絡をとる可能性があります。

　「監督官庁からの指導があったので従わざるをえず、指導に反して競争をする余地はなかった」「皆で情報交換したといっても、そもそも競争する余地がなかったのだから競争制限ではない」という主張も考えられますが、指導である以上、従うかどうか、どの程度従うかの判断の余地が残されており、企業同士で情報交換をすると、カルテルと判断されるリスクがあります。

　また、行政指導がそもそも法令に具体的な根拠があるかどうか、その行政指導の目的、内容、方法などがその法令の規定に合致しているかどうか、その結果、指導に従わざるをえなかったのかは、一義的には指導した当局ではなく公正取引委員会、最終的には裁判所が判断することになります。

　一方、法令に具体的な根拠がなかったり、あったとしても、その行

政指導の目的、内容、方法などがその法令の規定に合致しているといえない場合には、強い、明確な行政指導は困難となり、企業同士で横の連絡をとるリスクがより高まると考えられます。また、いざカルテルの問題になった場合も、監督官庁はそうした強い行政指導は行っていないと説明することになるでしょう。

### カルテルを誘発しやすい行政指導

価格についての許認可権限があったとしても、次のような行政指導は違法なカルテルを誘発するおそれが高いと考えられます。
① 価格の引上げの額、率、幅など具体的な目安を示す行政指導
② 価格が低下している状況等において、安値販売、安値受注または価格の引下げの自粛を求める行政指導
③ 法律上個々の企業が行うこととされている価格などの許認可申請について、企業間または事業者団体で調整するように指導
④ 上記③と同様な申請について、会員が事業者団体に申請事務を委任し、事業者団体が一括して申請するよう指導

また、以下のような、企業の参入・退出、商品・役務の数量、設備などについての行政指導も、違法なカルテルを誘発するおそれがあります。
① 新規参入にあたり、既存企業や事業者団体の同意を得るよう求め、または参入の条件についてこれらと調整するよう指導
② 生産数量や販売数量、原材料の購入数量、これらの増減率などについて目安となる具体的な数字を示して指導
③ 短期の需給見通しなど具体的な目安を示して生産・販売数量、輸入・輸出数量、設備の新増設などに関する事業計画を提出させること

## Q19 優越的地位濫用対抗カルテル

大きな小売業者から何かと従業員を派遣するよう要請があって困っています。不当な要求に対して同業者間で共同歩調をとるだけなので、問題ないですか

### Point

　優越的地位の濫用に該当し、独占禁止法に違反する要請に限定して共同歩調をとってこれを断ることは、違法とは認定しにくいでしょう。しかし、そうした共同歩調を実行する場合、行き過ぎて、競争制限につながるおそれもあります。また、そうした共同歩調の行動は、足並みがそろいにくく、実際問題として実行に移すのは困難と考えられます。

　そのような要請を受けた場合は、公正取引委員会に相談してみるのが適切と考えられます。

### 解説

#### 正当防衛？

　刑法では、急迫不正の侵害に対して自己または他人の権利を防衛するため、やむをえずにした行為は罰しないとする正当防衛の規定がありますが（同法36条）、独占禁止法にはこのような規定はありません。

　しかし、いずれにしても、その行為が違法要件に該当しない場合は、もちろん措置の対象になりません。たとえば、自社の苦しい状況を説明して、あるいは法令上のリスクを正しく、わかりやすく説明す

ることにより、優越的地位の濫用による被害を回避する場合は、違法性はありません。

　取引先の従業員派遣要請に対して同業者間で共同歩調をとる場合も、問題となるのは、そうした行為が、いわゆる共同行為として独占禁止法に違反するかどうかです。本当に優越的地位の濫用として独占禁止法に違反する行為が行われないようにするために、必要最小限の範囲で共同歩調をとった場合、違法なカルテル、独占禁止法の言葉でいうと「不当な取引制限」といえるでしょうか。

　不当な取引制限は、「公共の利益に反して」行われることが要件になっていますが、判例上、この「公共の利益に反して」とは原則的として独占禁止法の保護法益である自由競争経済秩序に反することを指すとされています。独占禁止法で禁止されるような優越的地位の濫用を排除することは、この自由競争経済秩序に反するものとは考えられません。優越的地位の濫用に該当するような要請に応じる競争は、独占禁止法で守ろうとしている競争とも考えられません。したがって、上記のような共同歩調であれば、「不当な取引制限」とはいえないと考えられます。

　　過剰防衛？

　しかし、優越的地位の濫用の認定は、調査当局が行う場合でもいろいろな証拠収集を経る必要があります。要請を受けた側がこの判断をするときは、ともすると優越的地位の濫用に当たらないようなものまで排除してしまうおそれがあります。たとえば、納入業者にとって従業員を派遣することが派遣した側の直接の利益になるような場合まで排除することになると、競争制限として問題になる可能性があります。優越的地位の濫用として規制してほしいと多くの企業が強く望む

ものとして、「買いたたき」がありますが、こうした行為に対しても共同歩調行動が及ぶと、本来の価格競争を制限することとなりかねません。このような場合には、独占禁止法上の問題を生じる事態となりかねません。

　また、優越的地位の濫用として独占禁止法上違法となるような要請に限定して共同歩調をとろうとしても、実際問題として具体的に実行できるかという問題もあります。

　なお、各社の販売価格について情報交換をするとカルテルとして独占禁止法上問題になるおそれがありますが、納入先からの要請に対して他社はどう対応するかについて情報収集ないし情報交換したとしても、それだけでは要請にどれだけ応じるかという共同歩調にはつながりにくいことを考慮すると、通常、独占禁止法上問題になることはないと考えられます。

### 公正取引委員会による注意

　公正取引委員会は、優越的地位の濫用に対して、重大な事案の場合は時間と人をかけて違反認定作業を行ったうえで排除措置命令、課徴金納付命令を行っていますが、比較的軽微な案件では、違反認定に至る前に「注意」により問題の解決を図っています。この「注意」に対しても多くの企業は重く受け止め、改善を図っているものと考えられます。優越的地位の濫用を受けていると判断される場合には、調査当局である公正取引委員会に情報提供することをお勧めします。情報提供者がだれなのか濫用企業に知られてしまいそうな場合は、その旨も説明したほうがよいと考えられます。同業者も同様の問題を抱えている場合は、その旨も説明したほうがよいでしょう。同業者と一緒に当局に情報提供しても違法なカルテルには該当しないと考えられます。

## Q20 当社に立入検査

今朝、わが社に公正取引委員会の審査官十数人が突然やってきて、カルテルの疑いで立入検査を開始しました。今後どうなりますか。どうしたらよいのですか

### Point

立入検査の際に審査官から渡される告知書にカルテルの疑いがあるという趣旨のことが書いてあり、そのような説明を受けたということなら、排除措置命令と課徴金納付命令を念頭に置いた調査と考えられます。調査開始後の減免申請でも課徴金が3割減になる可能性がありますので、早急に減免申請を検討する必要があります。

### 解説

#### 課徴金減免の事後申請

今後の調査の進み方はQ6を参照していただきたいと思いますが、まず、行動に移したほうがよいと思われるのは、課徴金減免申請です。

公正取引委員会の調査が開始される前に減免申請したほうが優遇度合いが大きいのですが、すでに調査が始まってしまっているのであれば仕方がありません。調査が開始された後でも、早く対応すれば課徴金が3割減るかもしれません。調査開始の前後あわせて5社以内で、かつ、調査開始後3社以内に減免申請することが条件です。

公正取引委員会の公表文によると、ここ数年の1社当り課徴金額は

2億円前後ですので、仮に課徴金が2億円とすると、その3割は6,000万円です。課徴金は税務上損金として算入されませんので、利益が出ている会社であれば、6,000万円分の純利益が飛ぶのを防ぐことになります。実効税率を34％とすると約9,000万円の経常利益に相当します。課徴金対象の売上げが大きいときは、もっと大きな額になります。その分のメリットが得られるかどうかが、ごく短期の対応にかかってきます。

### 事後申請手続

　事後申請は、調査開始日から起算して20日（官庁の休日を除く）を経過する日が期限ですが、他社も同じことを考える可能性がありますので、立入検査の開始時点から時間の勝負になります。事後申請では様式第3号の申請書（課徴金の減免に係る報告書）を特定のFAX番号（03-3581-5599）に送信します。申請内容の確認にあまり時間をとられると、申請枠が埋まってしまいますので、一刻も早く申請することが重要です。

　様式第3号とその記載例が、公正取引委員会のホームページの「相談・手続窓口」のなかの「課徴金減免制度」を開くと下のほうにあります。記載事項は、カルテルの内容、参加メンバーの企業名・所在地、カルテルの開始時期、カルテルに関係した自社および他社の役職員の氏名・部署、対象商品・役務、実施状況、提出資料の名称、概要などで、様式の後のほうに「記載上の注意事項」として、どのようなことを記載すればよいかなどが示されています。

　これらの事項を記載するためには、事件の直接の関係者に聞く必要があります。しかし、そのような関係者は公正取引委員会の事情聴取を受けている可能性があります。様式第3号を提出する時点では必ず

しも完璧なものである必要はありませんので、ほかのある程度詳細を知っている者、報告を受けている者から確認するなどして申請書を作成する必要があります。

このような作業と並行して、仮にいま、減免申請を行ったら何番目になるか、具体的な記載方法などについて当局の担当者に照会、相談することができます。この担当は審査局の課徴金減免管理官で、電話番号は03-3581-2100です。

申請書は、先ほどのFAX番号に送信します。基本的にこのFAXの着順で順位が決まります。申請書に記載した「提出資料」の提出は前ページで述べた期限まででよく、その提出時期は順位には影響しません。

### 課徴金減免の事前申請

社内調査で別のカルテル、談合が見つかったときは調査開始前の減免申請ができます。申請は様式第1号というもので、様式第3号と比べると簡単な内容になっています。送信すると、仮の順位がつき、定められた期限までに様式第3号とほぼ同様な様式第2号による報告と資料の提出を行います。様式第2号での報告と資料提出で他の申請者に先を越されても、先に様式第1号で申請していれば、順位は逆転しません。

申請したことは、正当な理由なく第三者に明らかにすることはできません。また、事前申請、事後申請とも原則として複数企業による共同申請は認められていませんが、同一企業グループ内の複数企業による場合で一定の要件を満たすときは、1社が申請したものとみなされ、共同申請を行った全企業に同一順位が割り当てられます（たとえば、共同申請で2社が1位でも、次の申請者は2位になる）。

## Q21 関連業界に立入検査

関連業界に公正取引委員会の立入りがあり、同業者にも入られました。まさか、変な証拠が見つかって、当社に飛び火することはないですか

### Point

立入検査を受けた会社が課徴金減免申請のために社内調査し、あなたの会社が参加する違反行為についても公正取引委員会に情報提供し、まさしく飛び火する可能性があります。立入検査を受けていない会社が飛び火をおそれて、社内調査し情報提供するかもしれません。あなたの会社も早急に関連部門を社内調査し、違反が見つかった場合には公正取引委員会に情報提供したほうがよいと思います。

### 解説

#### 別の事件に飛び火

Q20でも述べたとおり、カルテルや入札談合の事実について公正取引委員会に情報提供すると最大5社まで課徴金が免除または減額され、立入検査の後の情報提供でも最大3社まで課徴金が3割減額されます。この減額は早い者勝ちで、立入検査を受けた業界では、検査開始直後から、大急ぎで事実関係の調査が開始される可能性があります。

その調査の過程で、公正取引委員会の調査対象外のカルテル、入札談合が見つかる場合があります。その内容を公正取引委員会に情報提

供すると、その違反行為については、調査開始前の第1位になる可能性があります。この「調査開始前の第1位」の場合は、仮にその違反行為について公正取引委員会の調査が開始されても課徴金は免除されます。「調査開始前の第2位」の場合は50％減額です。事前1位で情報提供した場合には、Q22で述べるように排除措置命令も受けないことが通常です。

　立入検査を受けている案件以外は、社内調査でわかってもだれも公正取引委員会に情報提供しないかもしれません。しかし、だれかがすれば、みすみす権利を失い、会社に大きな損害を与えるかもしれません。実際に立入検査を受けた会社は、検査の対象となった部門だけではなく、関連部門を含め幅広く調査を行い、違反が見つかった場合には情報提供を他社よりも早くしようと考えるのが普通と思われます。

　ということは、今回立入検査の対象となった違反行為については参加していなくても、別の違反事件調査が後から開始され、あなたの会社も立入りを受けるかもしれません。そのときは、今回、立入検査を受けた会社のほか、飛び火をおそれた会社が何社も公正取引委員会にすでに情報提供しているかもしれません。調査開始前に情報提供している会社が5社以上あった場合には、もう、調査開始後の枠は残っていません。対岸の火事ではありません。あなたの会社も早急に社内調査し、違反が見つかったら情報提供する必要があります。会社の上層部が違反行為の存在を知らないだけかもしれません。社員を信用するしないの問題ではなく、まさしく、万一に備えたリスク対応が必要です。

### 具体的なケース

　平成19年3月に課徴金納付命令があった水門設備工事の談合事件で

は、14社に総額約17億円の課徴金が課されました（他の1社は事前減免申請により免除）。この14社のうちの1社は、事後減免申請により30％の課徴金減額を受け、同年12月に措置のあったガス会社発注の高圧ガス導管工事談合事件では事前1位の申請者となっています。また、平成21年8月に措置のあった溶融亜鉛メッキ鋼板のカルテル事件では、同社と同じグループの別の企業が事前1位の申請者となっており、他の3社に総額約156億円の課徴金が課されました。

　減免申請は他社にも波及し、ガス用ポリエチレン管および継手のカルテル（課徴金額約18億円）、塩化ビニル管および継手のカルテル（同117億円）など、管関連のカルテル事件が相次ぎます。

　また、平成22年1月に措置のあった電力用電線についての談合事件（課徴金額約6億円）の後、減免申請に基づく電線関係の事件が続きます。光ファイバケーブル製品についての談合（同161億円）、主に工場、ビル用の電線のカルテル（同108億円）、主に住宅用に用いられる電線のカルテル（同62億円）、自動車用ワイヤーハーネス（各種電装部品をつなぐ電線）についての談合（同129億円）などです。

　その後、自動車部品関係の減免申請に基づく事件が連続しました。平成26年3月には自動車専用船による自動車運送の料金カルテルに対し総額227億円の課徴金が課されました。この自動車部品や自動車の運送に関しては、世界各国の競争当局から調査を受け、厳しい処分を受けるほか、民事訴訟の対象にもなっています。

## Q22 カルテルに対する排除措置

カルテルに対する排除措置命令では、具体的にどのようなことが命じられるのですか

### Point

違反行為が継続しているときはその取りやめ、取りやめているときはその確認が命じられるほか、社員や取引先に対する周知、さまざまな再発防止策、将来の不作為（同様の行為を行わないこと）などが命じられます。

### 解説

#### 特に必要があると認めるとき

公正取引委員会は、独占禁止法違反行為が継続していると判断した場合には、違反行為の差止めその他その行為を排除するために必要な措置を命じることができます。違反行為がすでになくなっている場合でも、特に必要があると認めるときは、その行為がすでになくなっている旨の周知措置など違反の排除を確保するために必要な措置を命じることができます。ただし、違反行為がなくなってから5年経過すると命じられなくなります。

ほとんどの事件では、公正取引委員会の立入検査などを契機として排除措置命令までには違反行為はなくなっていますが、違反行為が長期間にわたること、違反行為の取りやめが自発的なものではないことなどから、「特に必要がある」と判断され、措置命令の対象となって

います。ただし、事前1位の減免申請者は、ほとんどのケースで排除措置命令を受けていません。自ら進んで違反行為を当局に報告して違反行為から決別し、かつ、違反の再発防止のための対策がきちんととられていることが評価され、排除措置が「特に必要」とはされなかったものと考えられます。

### 命じられる内容

各社に対して排除措置命令で命じられる措置は、おおむね以下のようなものです。
① 次の事項を取締役会において決議すること
　ア　違反の合意を破棄すること、または違反の合意が消滅していることを確認すること
　イ　今後、他社と共同して○○の販売価格を決定せず、それぞれ自主的に決めること
　ウ　今後、他社と○○の販売価格改定に関して情報交換を行わないこと
② 前項に基づいてとった措置を、他の各社、需要者、取引先商社等に通知するとともに、自社の従業員に周知徹底すること。その方法について委員会の事前承認を受けること
③ 今後、他社と共同して○○の販売価格を決定しないこと（将来の不作為）
④ 今後、他社と共同して○○の販売価格の改定に関して情報交換しないこと（将来の不作為）
⑤ 独占禁止法の遵守のための、行動指針の作成または改定（すでに十分なものを作成している場合は対象外）、営業担当者に対する定期的な研修、法務担当者による定期的な監査に向けて必要な措置を講

じること。この措置の内容について委員会の事前承認を受けること
⑥　上記①、②、⑤に基づいてとった措置をすみやかに委員会に報告すること

上記①ウと④の情報交換についての措置は、情報交換がカルテルにつながる大きな要因となっている場合に命じられます。

### 不服のとき、従わないとき

この排除措置命令に不服の場合には、命令書の謄本が届いてから6カ月以内に東京地方裁判所に同命令の取消しを求める訴訟を提起できます。同地裁の判断に不服の場合には、東京高裁、最高裁で争われることになります。訴訟を提起しない場合、地裁、高裁の取消請求棄却の判断について上訴しない場合、あるいは最高裁が請求を棄却した場合には命令が確定し、命令に従わないときは刑事罰の対象になります。

また、排除措置命令が確定する前の段階であっても、命令に従わないと50万円以下の過料の対象になります。違反行為について争っているときに、たとえば、「いついつ、他社と共同して行った○○の販売価格を引き上げる旨の合意が消滅していること」を取締役会で確認し、取引先などに通知、従業員に周知徹底することは受け入れにくいかもしれませんが、通常、命令に従わないと過料がかかってしまいます。

入札談合のケースですが、平成28年9月、公正取引委員会は東日本高速道路㈱東北支社発注の舗装工事についての事件でO社を含む20社に排除措置命令を行いました。O社は、東京地裁に命令の取消請求訴訟を提起しましたが、あわせて、命令の執行停止を申し立てました。行政事件訴訟法上、「処分、処分の執行又は手続の続行により生ずる

重大な損害を避けるため緊急の必要があるときは、裁判所は、申立てにより、決定をもつて、処分の効力、処分の執行又は手続の続行の全部又は一部の停止をすることができる」（同法25条2項）とされています。しかし、東京地裁は同年12月、そのような要件に該当しないとして申立てを却下しています。

## Q23 カルテルに対する課徴金

カルテルに対する課徴金納付命令はいつ頃出され、その金額はどのように計算されますか

### Point

カルテルの対象となった商品・役務の売上高に一定率をかけて計算されます。この一定率は、業種、大企業か中小企業かによっても異なり、また、違反行為を繰り返したこと、主導的な立場にあったことなどによって率の増減があります。

### 解説

#### 課徴金の手続

課徴金納付命令は、通常、排除措置命令と同時に出されています。ただし、排除措置命令の段階でまだ違反行為が続いている場合は、課徴金対象期間が確定していませんので課徴金納付命令は、違反行為がなくなった後に出されることになります。また、違反行為をずっと前にやめていて、その違反行為の実行としての事業活動が5年以上前に終了しているという場合には、その違反行為については課徴金の納付を命じることができないとされています（独占禁止法7条の2第27項）。

課徴金の納付期限は、課徴金納付命令書の謄本を当事者に向けて発送した日から7カ月を経過した日とされています。期限までに納付されない場合には督促状により督促を受けます。この督促があったときは、年率14.5％の割合で、もともとの納付期限から納付の日までの日

数によって計算した延滞金がかかってきます。この延滞は、課徴金納付命令について不服であるとして裁判で争っているかどうかに関係なく計算されます。

　一方、課徴金納付後、課徴金が全部または一部減額された場合には、減額分の課徴金と一定の利子分が還付されます。この利子分は、課徴金納付から還付のための支払決定までの期間マイナス1カ月の日数に応じて、年率4％に日銀の商業手形基準割引率を加えた金利（年率7.25％が上限）で計算します。

### 課徴金の計算

　課徴金は、カルテルの実行としての事業活動が最初に行われた日、すなわち実行期間の始期から、同活動がなくなる日、すなわち実行期間の終期までの期間におけるカルテル対象の商品、役務の売上高に一定率を乗じて算出されます。ただし、この実行期間が3年を超えるときは、直近の3年間、すなわち、終期からさかのぼって3年間の売上げが対象になります。

　実行期間の始期は、たとえば値上げカルテルであれば、カルテルに基づいて最初に値上げ活動を行ったことが認められる日で認定することが可能ですが、近年の納付命令の例をみますと、値上げを予定していた日、あるいは実際に値上げがあった日をもって、遅くとも同日までに実行としての事業活動があったということで実行期間の始期を認定することが多いようです。また、終期は、カルテルがなくなった日、多くの場合立入検査の日と認定されることが多いようです。

　売上額は、実行期間に引き渡した商品、役務の売上額を合計する方法で計算します。ただし、工事の入札のように契約してから引き渡されるまで長期間を要するなどのため、その期間での契約額と引渡し額

が著しく異なる事情があるときは、その期間の契約額の合計になります。カルテル事件ではこうしたケースは少ないと考えられます。

　また、メーカーが需要者渡し価格を決めるカルテルをした場合、商品の流通経路がメーカー、流通業者、需要者というようになっている取引については、需要者渡し段階での売上げが課徴金対象になるのではなく、メーカーから流通業者に販売した段階の売上げが課徴金の対象になります。もちろんですが、メーカーから直接需要者に販売した場合は、その売上げが課徴金対象になります。需要者渡し価格ではなく、消費者向けの希望小売価格についてのカルテルも同様で、メーカー自身の売上げが課徴金対象になります。

　このほか、実行期間における量目不足などによる控除額、同期間の返品額などを売上額から差し引くこととされており、これらは独占禁止法施行令で規定しています。

　売上額に乗じる一定率は、10％（中小企業は４％）、ただし卸売業は２％（同１％）、小売業は３％（同1.2％）です。また、この算定率には、次のような例外があります。

① 　早期離脱軽減……立入検査の１カ月前までに違反行為をやめていて、実行期間が２年未満の場合は、算定率が２割減
② 　累犯加重……その事件の立入検査があった日の前10年以内に、不当な取引制限または私的独占で課徴金納付命令を受けていた場合（訴訟中などで確定していない場合は対象外）は、算定率が５割増し
③ 　主導的役割加重……カルテルを企画し、かつ、他社を誘うなどしてカルテルに参加させたり、カルテルをやめさせなかった場合は、算定率が５割増し（②とセットなら10割増し）

# 第 3 章

# 談　　合

## Q24 入札談合の正当化理由？　その1

　入札にあたって入札参加者間の受注調整がまったくなくなると、仕事ほしさに極端な安値に走り手抜き工事につながって、結局、住民が困ることになります。また、建設業の比重の高い地域経済が成り立たないし、立場の弱い地元中小企業が疲弊して、その従業員もしわ寄せを受けます。厳しく規制すべきではないのではないですか

### Point

　入札談合が重大な独占禁止法違反行為であることは、発注官庁も企業側も十分認識するようになりました。そのような関係者が「入札の際の受注調整は必要だ」というと、入札談合を許容、黙認しているのか、あるいはいまも入札談合を行っているのではないかと疑いを招くことになります。このためか、正面切って、そうした受注調整の必要性をいう人はいなくなっていると思われます。しかし、関係者にそのような必要性がある、ダメとは言い切れない面があるという思いがあると、入札談合を行ってしまう、継続してしまうリスクがあります。

### 解説

### 手抜き工事防止

　一般の産業分野で、企業間の価格競争があると、必然的に価格を引き下げようとして品質の低下が生じるということはいわれていません。実際には、多くの産業分野で価格競争も品質をよくするための競

争もあわせて行われています。

　もちろん、品質を偽装し、低コストで不当な利益をあげようとすることが生じるときがあります。他の競争業者がそのようなことをしている場合には、競争のなかで生き残っていくため、自社もそうせざるをえなくなってしまうということが生じる場合もあります。いわゆる業界ぐるみの偽装です。ただ、そのような問題の解決のためには業界でカルテルをして価格を高めに維持できるようにすべきということは主張されません。品質偽装が発覚した場合には、関係者に重大な制裁、損失、信用の失墜が生じることを通じて、改善が図られることになります。

　たしかに公共工事などでは、手抜き工事があると、忘れた頃に人の生命にかかわるような問題や産業活動に重大な支障が生じることも考えられます。そうした意味では、発注官庁自身が手抜き工事をチェックできる専門性をもったり、長期的に責任がもてるような業者に発注するということも必要になります。

　入札談合により利益の大きい工事を請け負った場合でも、受注業者が下請業者に発注するときは、他の下請業者と競争させてなるべく低価格で発注するでしょう。手抜き工事をしたりしないように「利益を分かち合おう」として高めの価格で発注することは決して多くないでしょう。ただ、下請発注の場合には、下請業者がきちんとした仕事をしているか元請業者として厳しくチェックしていると考えられます。発注官庁としては、そうしたチェックができる専門家の力を借りるということも考えられます。

　そもそも、入札談合のもとで手抜き工事が生じなかったか疑問ですが、いずれにしろ、手抜き工事をなくすために、広く利幅の大きな工事として発注することは、法律的な面を別としても、発注者側として

コスト的にあいません。

### 地元経済への影響

　地元の自治体も国も財政的には困難な状況にあり、公共支出も限られています。一方、建設後数十年を過ぎた橋や道路などの多くの公共物には、付替え、補修が必要になっています。そのようななかで入札談合によって価格が高く維持されると、当然発注できる総量は減少します。その結果、地域住民が損害を受けることも考えられます。

　入札談合は直接的、短期的には元請業者にとって利益となりますが、多くの下請建設業者にとっては、発注工事の総量が減ると経営的にはマイナスです。元請業者が談合の利益を得たからといって、それを回してもらうことは期待できません。発注量総量が減少すれば、労働に対する需要も減少して、従業員にとって労働条件は悪くなる方向に作用します。入札談合が摘発されて本当の競争入札になった場合、ごく短期的には赤字覚悟の受注が発生する場合もありますが、そのようなことは長続きせず、採算面でペイできるような受注価格になることとなります。

　工事の価格が上がった分だけ国からの交付金や補助金の総額が増えるなら別ですが、財政が厳しいなかではそうはいきません。結局は、同じパイの取り合いになって、地域のなかでより立場の弱い者が被害を受けることになります。また、中長期的には、入札談合はその業界全体の活力を低下させ、地元経済全体にとってはマイナスとなります。

## 入札談合の正当化理由？　その2

業者側は多数である一方、個々の業者からみて公共工事などの発注者はきわめて数が限られており、発注側が圧倒的に強い立場にあります。弱い者同士協力するだけなら問題ないと思います。また、発注物件のなかには、採算があわなかったり、条件が悪い物件もあり、だれもやらないということでは困るので、だれがやるかを決めています。それ以外のときでも、本来受注すべき人が受注できるようにしています。受注調整（＝入札談合）はこうした面があり、合法にすべきではないですか

### Point

発注者の力が強いこと、採算のあわない物件があること、本来受注すべき者が受注できるようにしていること、いずれも入札談合を正当化する理由にはなりません。

### 解説

### 弱い者同士の協力

たしかに土木工事などでは公共発注の比率がきわめて高く、地元の建設業者にとって、県や市町村は圧倒的に重要な取引先でしょう。大手ゼネコンなどは全国的あるいは世界的に仕事をしていますが、地元の建設業者にとって、地元の自治体はある意味、独占的な取引先といえます。地元自治体への依存度の高い建設業者にとって、その自治体からの発注がなくなったら経営が困難になります。

一方で、自治体がいくら独占的とはいっても、通常、コスト以下で発注することはできません。買い手が複数でも1名でも、売り手が提供する条件のなかでしか購入はできません。東日本大震災後、予定価格より入札価格のほうが皆高かったなどのため多くの入札が不成立になりました。

　むしろ、一般的には、公共発注のほうが民間の発注よりも発注者のコスト意識が低い場合が多く、競争を求められる度合いは低いかもしれません。メーカーが工場を新設する場合、厳しい競争のなかで経営を維持、発展させるためには、可能な限りのコスト削減と合理化が求められるでしょうが、自治体にとってはほかとの競争に迫られるという側面は強くありません。顧客が強いといっても、購入者のほうが立場が強くみえるのは一般的なことでしょう。

　いずれにしろ、入札参加者がスクラムを組んで競争を回避する正当性は見当たりません。発注者としては競争的な発注が義務づけられているわけですし、それは納税者から強制的に徴収した税金を使う以上、当然のことです。独占禁止法の規定上も、発注者が独占的な立場にあるとしても入札談合が合法化されることにはなりません。

　なお、民民の取引で、購入企業同士が購入価格などについてカルテルを結び、ある意味、購入側が独占的な力をもった場合も、これに対抗して売り手が販売カルテルを結ぶことは許容されません。この場合、購入側は購入カルテルとして、販売側は販売カルテルとして違法となり、それぞれ課徴金の対象となります。

### だれもとりたくない物件

　入札談合では、関係者間である程度平等に受注できるようにしようという意識が働きますので、通常、一度受注予定者になると、後は他

社が受注するのを協力する側に回ります。なかには点数制をとって、他社の受注に協力した場合はその受注額に応じて得点（受注額÷協力者数）を加算していき、入札物件があると、その点数がいちばん高い者を受注予定者として、その受注額分の点数を差し引くという方式で物件を配分する場合もみられます。

　このため、採算の悪い物件で協力してもらうのは避けたいという心理が働くことも考えられます。あらかじめ採算が悪いということがわかるということは、予定価格が公表されているのかもしれませんが、入札に参加する者としては自己の積算により採算のとれる価格で入札すべきでしょう。

　いずれにしても、だれもとりたくない物件をだれかがとるようにするためということは、入札談合を正当化する理由にはなりません。

### 本来受注すべき人が受注できるようにしている

　多くの入札談合事件では、関係者が話合いにより受注予定者を決める際に、「今回の改修工事の以前の工事を自社がやっている」「自社あるいは自社の資材置き場に近い」など自社の有利性を主張するということを見かけます。ある意味、最も低コストが実現できるところが受注予定者になっていて、本当に競争になった場合でも、その会社が落札できる可能性が最も高いのかもしれません。しかし、「他社がいくらで入札してくるかわからない」という場合に比べたら、きわめて割のいい価格での受注が可能になります。つまり、競争による公正な価格が実現できなくなります。競争入札の場合と同じ落札者となるからといっても入札談合を正当化する理由にはなりません。

## Q26 民間発注についての談合

国や自治体などが発注するものについて行う入札談合がいけないことは知っていますが、民間発注の場合なら問題ないですか

### Point

民間発注の場合でも、だれが受注予定者となるか決め、皆で受注予定者が受注できるよう協力する、いわゆる受注調整行為は独占禁止法に違反します。摘発例も少なくありません。ただ、早い段階で官公庁発注の入札談合が大きく取り上げられ、これが違法であるとの認識が広まったのに対して、民需の受注調整については違法性の認識が一般的に低かったかもしれません。

### 解説

#### 民需の談合

たしかに民間の取引ではあまり「入札」という言葉は聞きませんし、入札談合というと公共工事などの官公需についてのものという感じがします。しかし、民間でも、というか民間こそ、複数のところから見積りをとって競わせることにより、なるべく安く購入しよう、あるいはなるべく自社に有利にしようということが行われます。

こうしたときに見積りをする側では、だれが受注するのか、すなわち受注予定者を関係者間で決め、他の者は協力に回って受注予定者が受注できるようにすることにより、なるべく受注条件をよくしようという行為が行われる場合があります。こうした行為は受注調整とも呼

ばれ、広い意味では入札談合に含まれます。

　このような受注調整に対しても独占禁止法に基づく多くの法的措置がとられており、公正取引委員会の公表文によると、平成21年度から平成28年度の8年間の法的措置の件数は、官公需の入札談合が39件に対して、民需の受注調整は41件となっています。

　ただし、この41件うち、電力会社関係発注の事件が17件、農協等が発注する補助金がらみのものが3件となっており、官公需に近いものが約半数となっています。純然たる民間企業発注の事件は、平成23年度と24年度の自動車メーカー発注の19件、平成22年度と24年度の建設業者発注の2件となっています。

　これ以前にさかのぼると、純然たる民需についての受注調整は、平成20年2月に排除措置命令のあったマリンホース事件（海上のタンカーと陸上の貯蔵施設を結んで原油や石油製品の移送に使われるゴム製のホースを石油会社等に納入する際の受注調整事件）や、ずっと時期が昔にさかのぼる平成9年8月に排除審決のあったグラスライニング機器事件（金属の表面をガラス質で覆って耐腐食性をもたせた機器を化学製品メーカー、医薬品メーカーなどに納入する際の受注調整の事件）くらいです。

## 官公需の談合

　これに対し、官公需の入札談合事件は、これ以前から摘発が相次ぎ、多い年は2桁の法的措置件数となっています。また、平成4年6月に排除審決があった埼玉土曜会事件（大手ゼネコン66社が埼玉県発注の土木工事について行った入札談合の事件）について刑事告発されるのではないかと大々的に新聞報道されたほか、平成5年2月刑事告発の社会保険庁発注の通知書用シールの入札談合事件、平成7年3月刑事

告発の下水道事業団発注の電気設備工事の入札談合事件、平成9年2月刑事告発の東京都発注の水道メーターの入札談合事件など、2年に1回くらいのペースで刑事告発事件があり、そのたびに大きなニュースとなりました。

このようなことから、入札談合は独占禁止法に違反するという意識が強く一般に普及したものと考えられます。一方、民需の受注調整に関しては、事件数も少なく、入札談合に比べると大きく報道されるようなものもなかったため、ご質問のような疑問が生じているものと思われます。

### 自動車部品の談合

上記で述べた自動車メーカー発注の事件とは、各種の自動車部品の受注調整事件です。自動車部品については違反行為者の多くは日本企業で、米国、EUのほか各国の競争当局によって厳しい制裁を受けています。これまでの民需に対する受注調整事件の摘発が比較的低調であったこと、それに対する制裁、課徴金額も大きくなかったことが、自動車部品メーカー関係者の独占禁止法に対するコンプライアンス意識の鈍さを生んだのではないとも考えられます。

自動車部品業界において今回問題となった行為が行われる以前は、受注調整的なことは少なかったのかもしれませんが、リニエンシー制度による摘発の強化や世界的な競争法の導入・強化が行われる前に、仮に、日本の独占禁止法による摘発があり、厳しい処分を受けていたら、それに懲りてコンプライアンス体制もしっかりし、今般のように業界全体が大きな苦境に陥ることもなかったのかもしれません。

欧州国債の取引の談合

公正取引委員会がドイツ証券に警告した事件は、民間同士の欧州国債の取引で談合がありましたが、警告止まりで、課徴金もかかっていません。報道によれば、担当者がやっていたもので組織的な行為といえないとか、実際に行われたのが数回だったからという理由で警告ですんだようですが、なぜですか

### Point

違反のおそれがあったということで警告になりましたが、公表文では通常の談合事件のように「受注予定者を決定し、受注予定者が受注できるようにしていた」としており、違反のおそれにとどまった理由は不明です。ただ、同様の談合が世界的に問題となってから5年以上たっており、すでに違反行為に対して措置がとれる期間（除斥期間）を過ぎている可能性があります。

解説

### 事件の概要

平成29年3月15日、公正取引委員会は、欧州国債の取引を行うドイツ証券とシティ証券の2社が独占禁止法に違反するおそれのある行為を行っていたとして、このうちのドイツ証券に対して警告を行いました。

本件で対象になった取引は次のようなものです。

日本の銀行や信託銀行、生命保険会社などの顧客が欧州国債の売買

をしようというときに、見積価格について2社に問い合わせる。顧客は2社が提示した見積価格を基に発注先を決め、発注する。

公正取引委員会の公表資料によると、こうした取引について、2社は次のような行為を行っていました。

① 2社は、平成22年4月頃以降、欧州国債について、日本の顧客からの引き合いに関する情報、価格に関する情報などを継続的に交換していた。

② 情報交換には、各種の金融情報の提供を行っている情報ベンダーが提供する電子取引プラットフォーム上のチャット機能を利用していた。

③ 2社は、同年11月15日以降、日本の顧客からの見積依頼を受けて見積価格を設定するものについて、2社のなかから受注予定者を決定し、もう一方はこれに協力することにより、受注予定者が受注できるようにしていた。

④ ③についてのチャットでのやりとりは、たとえば、2社のトレーダーA、Bの間で、

A：(引き合いがあったうち、) どっちがほしい？
B：ドイツ国債がいいな。
A：OK。では僕はフランス国債だな。
B：では、僕はドイツ国債に〇〇ユーロを提示するよ。
A：OK。それなら僕はフランス国債に……

というように行われた。

### 警告となった理由は？

こうした行為が警告の対象となったわけですが、このうち、③の行為は、通常の入札談合とまったく同じで、通常なら違反のおそれでは

なく、独占禁止法違反と認定されるものです。なぜ、警告にとどまったかについては、公表資料には記載されていません。

しかし、担当者が行っていたもので組織的な行為といえないとか、実行回数が数回だったということは、警告にとどめた理由とは考えられません。会社の上司が知らないところで、担当者が自分の判断で競争業者との意思の連絡に参加していた場合でも、その担当者が企業としての活動、判断に影響を与えうる立場にいて、実際に競争制限が発生していれば、違反が成立します。また、実行回数が少ないということで違反が成立しないということもありません。たとえば平成18年9月に課徴金納付命令があった首都高トンネル換気設備工事談合事件では、2回の会合で5件の発注物件について談合していました。

警告にとどまった理由としては、違反行為に対して措置がとれる期間をすでに経過していたことが考えられます。このため、最終的な違反の認定に至る前に調査を終了し、今後の改善を図るため違反のおそれに基づいて警告したということかもしれません。独占禁止法では、違反行為がなくなってから5年経過すると排除措置命令も課徴金納付命令も行うことができません（厳密には、課徴金については違反行為の実行期間終了後5年経過した場合。入札談合により落札した物件について違反行為をやめた後に契約締結した場合は、その契約の日までが実行期間となる）。

チャットのやりとりで思い出すのはライボーの事件です。チャットを通じて複数のトレーダーがロンドンの銀行間取引の指標となる金利を操作していたという事件で、平成23年7月に欧米等の金融当局が調査に着手したことが報道されました。当然、本件の関係者も報道をみて、上記の行為をやめている可能性があります。仮にこの報道のすぐ後にやめていたとすると、警告の日までに5年半以上経過しています。

## Q28 物件ごとのすみ分け

昔から、「どこどこの物件はA社、どこどこの物件はB社」というようになっていて、入札や見積りがあったからといって、だれがとるかなどという話合いはしていませんので入札談合ではなく、問題ないですか

### Point

そのようなすみ分けにつながるような、なんらかの連絡がある場合には違法となります。各社が受注したい状況のもとで、入札のたびに連絡をとる必要はないとしても、まったくなんの連絡もないまま、継続的にすみ分けができるということは、通常は少ないと考えるべきでしょう。特に関係者が既得権意識をもっているような場合は危険です。常に競争していくという方針を明示する必要があります。

### 解説

#### 暗黙の了解

暗黙の了解と思われるような場合でも違法となりえます。しかし、違法というためには、具体的、明示的ではないとしても当事者間になんらかの意思の連絡があったことを立証する必要があります。

当時者間でまったく連絡がなく、各社に受注にとっての決定的な得意、不得意があって、結果的にすみ分けができている場合には違法とはなりません。しかし、そのようなすみ分けを生じるような、なんらかの連絡がある場合には違法となります。

たとえば、「どこどこの物件はＡ社、どこどこの物件はＢ社」というようなすみ分けができているときに、そうしたすみ分けに反する受注活動があり、関係者間でクレームがつき、なんらかの決着が図られ、その後、それがほぼきちんと守られているような場合には、意思の連絡があると評価されるでしょう。各社が受注をしたい、とりに行こうと思えばとりに行けるという状況のもとで、入札のたびに連絡をとる必要はないとしても、まったくなんの連絡もないまま、継続的にすみ分けができるということは、通常は少ないと考えるべきでしょう。

　特に、課徴金減免制度のもとでは、違反の証拠となるあらゆる情報が積極的に当局に提出される可能性があります。すみ分けができているという認識があるような場合には、それが既得権意識につながっていないか自戒をし、社員に対して既得権意識をもったり、他社に既得権を主張したりしないよう明示的に示していく必要があるでしょう。

### 具体的なケース

　平成21年６月に排除措置命令のあった、いわゆる公用車談合事件は、公用車の運転と管理を行う車両管理業務についての談合事件ですが、発注官庁は、毎年度、ほぼ同じ業務を継続して発注しており、同じ部署の公用車についてはおおむね同じ業者、すなわち「既存業者」が受注するというかたちで、すみ分けができていました。

　その事件の審判では、被審人である企業側から、「入札方式がこれまでの指名競争入札から一般競争入札に変わり、いままでのメンバー以外の入札参加が予想された。このため、以前は受注予定者が落札できるよう入札価格の連絡を行っていたが、もはや受注調整をしても無意味だと考え、違反行為を離脱する意思をもって他のメンバーへの価格連絡を取りやめた。その後は違反行為を行っていない。したがっ

て、その間の受注物件は課徴金の対象から除外すべきだ」とする旨の主張がありました。

　これに対し審決では、次のような事実を認定し、被審人が主張した時期以降も、既存業者を受注予定者とする従来からの基本合意に基づき、原則として、既存業者以外は入札に参加しないことにより、受注予定者が受注できるようにしていた、つまり、違反を継続していたとして、その主張を退けました（平成22年12月14日公取委審決）。

① 対象業務について、平成17年度から一部の物件で一般競争入札が導入され、18年度以降、一般競争入札による発注物件が増加した。
② 指名競争入札による発注物件については、既存業者であることなどにより受注予定者とされた者が従来から他のメンバーに入札価格を連絡しており、一般競争入札が導入されるようになった後も、指名競争入札による発注物件については入札価格の連絡が同様に行われていた。
③ 被審人が争っている物件については、被審人が既存業者となっており、入札価格の連絡をしていないが、1物件を除き、被審人のみの入札参加となっている。
④ 一般競争入札による物件については、被審人が審判で争っている物件以外も、大部分が既存業者のみの入札参加となっている。
⑤ 被審人とその他の会社の役員、従業員のなかには、一般競争入札になっても基本合意は適用されると認識し、既存業者である場合以外は入札に参加しないことにより協力していたと認識している者がいる。

## 受注意欲の情報交換

入札に参加しようとする企業の間で「ここはうちがとりたい」というように、単に受注意欲があるかないかについて情報交換するだけならよいですか

### Point

受注意欲についての情報交換は、受注予定者をだれにするかあらかじめ決める入札談合にきわめてつながりやすい行為、ないし現に入札談合を行っていることの現れとみられます。今回はほしい、今回は譲りましょう、今度自社がほしいときはよろしく、というような競争業者間の関係性がなければ、そもそも、このような行為は行われないでしょう。

### 解説

#### 受注意欲交換の意味

入札に参加しうる業者の間で、受注意欲についての情報交換を通じて、実際には、当事者間でだれが受注予定者となるかについて認識が共有されることになれば入札談合となります。前回自社が施工した物件の継続物件であるとか、自社や自社の資材置き場などから近いとか、あるいは自社の最近の受注が低調であるとか、いかに自社が受注することがふさわしいのか情報交換することも、受注意欲の交換に当たるでしょう。

競争業者間で受注意欲を表明しあうなかで、

① 受注意欲を表明するということは、「ほかには降りてもらいたい」という気持ちの表明と受け取られる。
② 他社から受注意欲を表明されて、自社は受注意欲を表明しない場合には、受注に向けた競争的な行動に出にくい。その際、今回降りておくことで、ほかの物件で自分がとりたいときに協力を求めやすい、取り合っていたら共倒れになりかねないという心理が働く。
③ いままで他社の希望を優先してきた場合には、自社が意欲表明した物件について他社も当社の希望を優先してくれるだろうという期待をもつ。

ということが生じやすいと考えられます。

そもそも、そうした阿吽の関係がなく、受注意欲を表明してもなんら考慮してくれない、むしろ、他社は、自分がとりたい物件のときは、その場ではいわないでおいて、予想される価格より少し低い価格で入札してとってしまうというのであれば、そうした情報交換は無意味で行われなくなるでしょう。

受注意欲を表明しあう行為は、すでに競争企業間で入札談合のルールができているか、少し続ければ自然とそうしたルールができることとなり、違法と判断される危険性がきわめて大きいものです。

## 公共入札ガイドライン

公共工事についての入札談合に対して、公正取引委員会は、昭和54年に熊本県道路舗装工事事件に対して独占禁止法に基づく法的措置をとって以降、水門工事、空調設備工事、電気工事など各種工事の事件で立て続けに法的措置をとりました。その後、昭和56年に初めて静岡の土木一式工事業者、いわゆるゼネコンに対し、入札談合の疑いで立入検査を行いました。すると、これまでの事件では聞かなかったので

すが、摘発に対する政治面も含めた厳しい反発が起きました。背景には、当時は建設業界が人的にも資金的にも全国的に強い力をもっていたということがあるのかもしれません。

　公正取引委員会は、静岡の事件について最終的に課徴金納付命令を含めた法的措置をとりましたが、昭和59年2月、公共工事に関して業界でどのようなことをしても独占禁止法違反とならないかをまとめた、いわゆる「建設ガイドライン」を作成・公表しました。このガイドラインでは、公共工事に関して建設業団体が行う、たとえば以下のような情報提供活動、経営指導活動等は、経営の合理化に資するものであり、「一定のルール等により受注予定者又は入札価格を決定したりすることとならない限り、独占禁止法に違反することにはならない」とされました。

① 発注工事実績、発注予定工事等についての情報を収集し、会員に提供すること
② 会員から受注実績、受注計画等に関する情報を任意に収集し、会員に提供すること

　すなわち、だれがどの物件をとりたいか情報交換しても、入札談合にならなければやってよいということになります。しかし、そうした行為は、上記でも述べたようにきわめて入札談合につながりやすいものです。現在ではもはや、そうした理解はなくなっているのではないかとは思いますが、受注意欲を述べ合うのは問題ないという誤解を与えた可能性は大きいと考えられます。

　その後、日米構造協議などを通じて、日本の談合体質が問題視されるようになった平成6年7月、公正取引委員会は、この建設ガイドラインを廃止し、受注意欲の情報交換を「違反となるおそれが強い」とすることなどを内容とする、公共入札ガイドラインを公表しました。

## Q30　汗かきルール

発注官庁の行う発注業務のなかには、発注官庁自身が発注を行うための専門的な知識がなく、実際には入札前の段階でどのような発注をしたらいいかについて詳細に詰める作業を業界側の特定の業者に無償で行わせる場合も多い。こうした発注物件については、事前に汗をかいた者が受注できるというようにしないと、だれも無償で大変な作業は行わず、実際問題として発注自体もできなくなってしまう。こうした物件についての受注調整（＝入札談合）は仕方がないのではないですか

### Point

たしかに、発注側も業者側の談合を安易に利用して自らは汗をかかず、本来発注側ですべきことまで業者側に無償で頼っている場合があります。しかし、発注側が談合を主導したような場合でも業者側が入札談合をすれば独占禁止法違反となるのと同様に、そのような発注側の無償での作業要請を成り立たせるためであっても、業者側が入札談合をすれば違法となります。

### 解説

#### 具体的なケース

市町村などが発注するし尿処理施設工事の入札談合事件の刑事判決のなかで、そうした発注官庁に対する事前の協力を行った者を受注予定者とする談合ルールが認定されています（平成19年5月17日大阪地

裁判決）。

　判決では、「『汗かきルール』と称する内部的なルールに従って、受注希望者のうち、発注側が作成する発注仕様書の記載などから、その作成への関与の程度が大きく、発注者側の意向に沿った業者であると認められる者を落札予定業者と定め」、落札予定業者が落札できるように協力していたことを認定し、違法と判断しています。

　発注側の市町村などにとってみれば、し尿処理施設工事の発注は何十年に１度といったごくまれな頻度で発生する業務であり、入札の際に必要な発注仕様書を作成することは専門的にも、もともと困難であったと考えられます。そのため、発注側としては、そうした作業を無償でやってもらった業者にそのまま受注してもらいたいという意向があったとも考えられます。こうした事情はもちろん入札談合に違法性がないとする根拠にはならないというだけではなく、むしろ発注側までグルになったより悪性の高いものと評価されると考えられます。

　なお、入札の前段階の作業として、発注側は入札を行う際の上限価格である「予定価格」を決める必要がありますが、その際、その参考として入札参加が予定される業者から見積額をあらかじめ出してもらうことがあります。本件では、入札の際に高値でより多額の利益を得るため、幹事会社が各社から見積額の概算について連絡を受け、その平均額に一定の利益を上乗せした額を基準として各社の提出すべき見積額を決定して各社に連絡し、各社はこれに沿った見積りを発注側に提出していました。判決では、上記の落札予定業者の決め方とこの点をあわせて、「巧妙に仕組まれたきわめて計画性の高い犯行」との判断をしています。

### 先行業務、先行物件

　入札談合では、受注予定者を決める話合いのなかで、自社を受注予定者とすべきさまざまな事情が主張されます。そのなかには、上記のように発注前の段階で発注に向けたさまざまな協力をしたということが受注予定者決定の決め手になっているケースも少なくありません。こうした協力は「先行業務」と呼ばれる場合もあるようです。

　発注側が事業を予算化する段階でも、さまざまな専門的なノウハウが必要でしょうが、特に市町村などでは、そうした人材が不足している、あるいはいないということも考えられ、無償でノウハウを提供してくれる業者が必要になるのかもしれません。しかし、そのような事情のもとであっても、入札談合が違法であることに変わりはありません。

　なかには、入札前に発注官庁の指示で入札の対象となる工事や業務をさせられ、後でかたちだけ入札を行うというケースもあるようです。発注官庁としては、いまさら別の業者が受注したら困ってしまいます。そうした発注官庁の事情を忖度して、すでに工事や業務を行った業者が落札するようにすれば、これも入札談合に当たります。違法とされても発注側は助けてくれませんし、助けられません。

　発注のためのいろいろな作業を無償で業者にやってもらえるということに安住していると、発注官庁の職員は努力しなくてすみますから、発注側の専門性が育たないという悪循環も予想されます。また、入札が間に合わないほど早急な対応が必要ということが説明できる場合には、競争によらない特命随意契約も可能ですが、後から競争入札にしたことにできると、そうした説明能力も育たないでしょう。

## Q31 発注側からの天の声

発注側から「今度の工事は○○社に決めたから」といわれた場合、弱い立場の入札参加者は、その意向に反して受注したら大変なことになります。入札談合を規制する前に、こうした天の声を規制すべきではないですか

### Point

そのような発注側の行為はいわゆる「官製談合防止法」で規制され、関与した発注側の職員は、高額の損害賠償、厳しい懲戒処分、さらには検察、警察の捜査対象となって刑事罰を受ける可能性があります。

### 解説

#### なぜ、業者ばかり処分するのか

発注者側の行為は、入札談合等関与行為防止法、通称「官製談合防止法」で規制されます。同法は平成15年1月に施行されましたが、その前から、国は会計法、地方公共団体は地方自治法により、競争的な調達を義務づけられています。また、公共入札の公正を害する行為は、刑事罰の対象になっています（刑法96条の6）。職員の所得では払いきれないような高額な損害賠償の可能性もあります。競争的な調達、公正な入札を阻害した職員には厳しい懲戒処分があってしかるべきでしょう。

にもかかわらず、発注側の職員によって、だれに落札させたいかを

業者側に伝えたり、予定価格を業者側にもらしたりする行為が行われていました。半ば恒常的に、広く行われていたとも考えられます。内心では、まずいのではと思いながらも、業界側の反発をおそれ、あるいは業界関係に再就職した行政OBの立場を考慮し、「必要悪だ」と思って行っていたのかもしれません。

　一方で、独占禁止法の規制対象は、事業者とその団体です。入札談合に発注側の人間が深く関与しているような場合でも、当局の摘発を受け、課徴金を払わされるのは業者側だけで、役所の人間にはなんのお咎めもありませんでした。業者の立場からいえば、役所がそういう意向なのに、それを無視して競争で仕事を取りに行けば、役所の怒りを買い、後でどんな不利益があるかわからないと思うでしょう。

　多くの入札談合事件が摘発されるなかで、なぜ業者ばかり処分するのか、発注側にも責任があるのだから不公平ではないかという声も多く出ました。公正取引委員会としては、発注側の入札談合への関与が認められた場合には、違反行為の再発を防ぐ観点から事件の処理の際に発注側に改善要請を行い、その旨を公表していましたが、あくまでも要請にとどまっていました。

## 官製談合防止法

　このようななかで、国会として有効な対応が必要とされ、上記の法律が議員立法によりできました。同法の概要は以下のとおりです。
(1)　公正取引委員会による措置請求
　　公正取引委員会は、事件調査の結果、発注側（国、地方公共団体のほか、これらが２分の１以上出資する法人や高速道路会社などの特殊法人を含む）の職員が以下の行為を行っていたと認めるときは、発注側のトップに改善措置要求ができる。

①　談合を行うようなんらかのかたちの指示
②　だれが受注すべきかについての意向の表明
③　予定価格など発注に関係する秘密情報の漏えい
④　特定の発注物件について指名業者を調整するなど談合をやりやすくする行為

　　この改善措置要求を受けた場合には、必要な調査を行い、調査結果と講じた改善措置の公表、公正取引委員会への通知をしなければならない。
(2)　職員に対する賠償請求と懲戒事由の調査

　　発注側のトップは、上記①〜④の行為を行った職員の賠償責任の有無を調査し、必要な措置をとらなければならない。また、同職員に対し、免職、停職、減給などの懲戒処分ができるか調査し、その結果を公表しなければならない。
(3)　入札等の公正を害した職員に対する処罰

　　職員が、談合をそそのかしたり、予定価格など入札についての秘密事項を教えたりするなど、入札等の公正を害したときは5年以下の懲役または250万円以下の罰金。

　公正取引委員会は、同法が施行された平成15年1月に初めて同法に基づく改善措置要求を行ったのを皮切りに、これまでに、国土交通省、防衛省航空自衛隊、日本道路公団、鉄道・運輸機構、県、市などに対し、合計10回を超える改善措置要求とその公表を行っています。これを受けて、関係企業への再就職の自粛、発注担当者の配置の見直し、研修の徹底などの改善措置がとられています。高額な損害賠償請求や懲戒免職を含めた懲戒処分もとられています。また、上記(3)は、公正取引委員会の事件調査とは別に、検察、警察の捜査の対象となるもので、すでに多くの刑事罰が科されています。

## Q32 発注官庁が競争を期待していない

発注官庁が入札にあたって、どの社が受注すべきかについて意向を示す場合は、これに従わないわけにはいきません。発注者自身が競争を求めていないのですから、そもそも競争は想定されておらず、競争制限には当たらないですか

### Point

発注者が競争入札にかける以上、発注者としては競争を求めていることになります。発注側の一部の職員が競争を求めていないとしても、発注者として競争を求めていないことにはなりません。そのような職員の要請に従わない自由は奪われているとはいえず、職員の要請に沿うためであったとしても、入札談合の違法性が否定されることになりません。

### 解説

発注官庁の担当者がそのような意向を示すことは入札談合等関与行為防止法や競争調達を定める法令（会計法ないし地方自治法）に違反します。そのような違法な要請を受けた場合であっても、それに従わない自由は奪われているわけではありません。制度上、法令上は競争が求められているのであり、入札談合をすれば独占禁止法の措置の対象となります。たとえば、賄賂を求められ事業を進めるうえでやむをえなかったとしても贈賄すれば違法になるのと同様です。

一方、入札談合等関与行為防止法がより広く周知されるようになるなかで、同法違反を行った発注担当職員が懲戒免職処分を受けたり、

同法違反としての有罪判決を受けるケースも出てきています。

### 具体的なケース1

　平成19年6月、公正取引委員会は、大手ゼネコンなど60社が防衛施設庁発注の土木・建築工事について入札談合を行っていたとして、このうちの56社に排除措置命令、51社に課徴金納付命令を行いました。

　このうち課徴金納付命令のみを受けていた1社が命令の取消しを求めて審判で争いました。同社は、審判で、「防衛施設庁が受注すべき者を決めていたのであって、防衛施設庁からの意向を受けて60社が他の事業者と共同して受注予定者を決めていたという事実はなく、被審人が他の事業者と共同して受注予定者を決めていたという事実もない」と主張しました。

　これに対し、審決では、この点について、「入札手続がとられている以上、仮に防衛施設庁が受注予定者を決定して60社に対して意向を示したとしても、60社としては、それに従わない自由を完全に奪われているわけではなく、その意向を受け入れることが自らにとっても利益をもたらすものであるとの認識のもとにこれに沿って行動していたものであって、このように防衛施設庁から示された意向を受け入れ、これを受注予定者とすることをルールとして受注調整を行っていたことは、60社において受注予定者を決定していたことにほかならないというべきである」とし、同社の請求を棄却しました（平成20年7月29日公取委審決）。

### 具体的なケース2

　入札談合のケースではなくカルテルのケースですが、規制官庁の行政指導により競争の余地が失われていたとして争われたケースがあり

ます。

　平成23年12月、公正取引委員会は、新潟市などに所在するタクシー業者26社がタクシー運賃についてカルテルを行っていたとして、このうちの25社に排除措置命令および課徴金納付命令を行いました。

　このうちの15社がこれらの命令の取消しを求めて審判、裁判で争い、そのなかで、26社は、新潟運輸支局などの行政指導による強制または指示、要請もしくは主導のもとで自由に意思決定をすることができない状況にあり、自由競争の余地が失われていたから、正当化理由があり、違法ではない旨主張しました。

　これに対し、判決では、本件のカルテルを強制するような行政指導があったとは認められないとしてその主張を退けました（平成28年9月2日東京高裁判決）。

　規制当局がタクシー運賃について本件のカルテルで決めたような内容をタクシー会社に強制しようとする場合は、法令に基づいて行う必要があり、これを行わず行政指導で強制しようとすることは違法な行政指導といえます。規制当局は、通常、強制と受け止められないように気をつけ、一方、規制される側は、収益改善のメリットがあり、指導をありがたく、かつ重く受け止める可能性があります。

　仮になんらかの強制と受け止められるような行政指導があったとしても、これに従わない自由が奪われているとはいえず、カルテルを行えば独占禁止法による措置の対象となります。

## Q33 他社の見積りの取りまとめ

自治体の発注担当者から、「手続上、他社の見積りも必要なので出してほしい」といわれ、当社から同業他社に頼んで、当社より少し高めの見積りをつくってもらい提出していますが、問題ありませんか。民間企業の発注担当者から同様の依頼があった場合はどうですか

### Point

発注者が国、自治体の場合であっても、民間企業の場合であっても、そのような行為は関係法令、通達、あるいは社内規定に違反するおそれがあります。また、協力した側も入札談合として問題になる危険性があります。発注担当者に不利益が及びかねないことを説明し、協力できない旨を説明する必要があるでしょう。

### 解説

#### 競争調達違反

発注担当者が他社の見積書もあわせて提出するように求めるということは、複数の企業から見積書をとり、そのなかでいちばん価格の低いところに発注する、いわゆる競争見積りを行うことが義務づけられているからです。国の場合は会計法、地方自治体の場合は地方自治法で競争的な調達が義務づけられており、発注金額の大きさなどによって一般競争入札、指名競争入札、指名見積り合せなど方式は異なりますが、競争的な調達になっています。

そうしたルールがあるなかで、実際には1社からまとめて見積書をとるということは、競争的な調達が期待できなくなりますので、このルールに反することになります。

## 官製談合

　発注担当者が行うべき競争見積りのための業務を単に業者側に肩代わりしてもらう場合には、「お宅に発注するから、他社のもっと高めの見積りもそろえてもってきて」ということを意味することになるおそれがあります。他社からみれば、本来、発注官庁から見積依頼があるはずなのに、競争業者から見積りの作成を求められる場合には、「発注官庁がここに見積りの取りまとめを頼んだということは、発注官庁としても、ここに発注したいのだな。その意向に逆らってもろくなことはないし、当社がお願いする場合もある。協力しておかなくては」と考え、「いくらで出しておきますか」と聞くことになります。聞かれたほうは、当然、自分の見積りよりも少し高めの価格をお願いすることになるでしょう。金額欄などを空欄にして、会社名の記載と会社印のある、いわば白地の見積書をあらかじめ何社分か用意するということも聞いたことがあります。

　このような行動は、「発注担当者から見積書の取りまとめを求められた業者を受注予定者として決定し、他の業者は、受注予定者の見積価格より高めの見積りを行うことによって（あるいはあらかじめ白地の見積書を相互に融通することによって）、受注予定者が受注できるよう協力する」という入札談合の基本合意があったことになるでしょう。

　発注担当者が法令違反、通達違反に問われるだけでなく、見積書を出した側も入札談合として独占禁止法違反に問われる可能性がありま

す。

　そして、発注担当者は、上記の違反に加えて、そうした入札談合をさせるようにしたということで、入札談合等関与行為防止法に違反することとなる可能性があります。発注担当者の公務員としての立場を尊重する観点からも、「ご要請に従うと発注担当者ご自身が法令等に違反してご迷惑をかけることとなっても困るので、避けたい」旨説明したほうがよいと考えられます。

### 民間発注の場合

　民間企業の発注担当者から同様の依頼があった場合も、基本的には同じです。民間発注については、基本的に競争調達をすべき法的義務はありません。ただし、民間発注であっても、他社の見積書が必要ということは、発注する企業として競争調達、競争発注が義務づけられているためと考えられます。発注担当者のそのような行為は、企業の社内規定に違反するおそれがあります。また、民間発注でも国や地方自治体の補助金を受けて行う事業の場合は、補助金交付要綱などで競争調達が義務づけられている場合があります。この場合には、そうしたルールに違反することとなり、場合によっては補助金の返還を求められることも考えられます。

　入札談合等関与行為防止法の適用はありませんが、談合を助長する行為でもあり、企業上層部の知るところとなれば、担当者が処分を受ける可能性もあります。協力した側が民需についての入札談合に問われる可能性も否定できません。官公庁発注の場合と同様に、発注担当者にリスクを説明し、他社の見積りまでは自社のコンプライアンス上対応できないことを丁寧に説明する必要があるでしょう。

## Q34 談合を続けるリスク

入札談合はできればやめたいと思っています。しかし、うちの業界では以前から入札談合を続けており、当社だけやめるといったら、何か不利益なことが起きるのではと心配です。どうしたらいいですか

### Point

独占禁止法違反の疑いで調査が開始された場合、調査に対応する関係者の苦労は少なくなく、また、違反が認定されたときのコストも大きいと考えられます。入札談合のない業界にしていくためにも、課徴金減免申請を行うことをお勧めします。入札談合に加わらなくなったからといって、いまどき、発注官庁も不利益な扱いはできないでしょう。

### 解説

#### 違反のリスク

入札談合を続けていますと、いつ立入検査に入られるかというリスクを背負って仕事をすることになります。一定の市場規模があったり、上場企業などある程度の規模の事業者がメンバーの場合は、刑事告発を目指した犯則事件調査が行われることも考えられます。

立入検査があると新聞、テレビなどで大きく報道されます。地元の新聞やテレビなどで、繰り返し報道される場合もあります。1年前後にわたって、事件によってはもっと長い間、調査が行われ、繰り返し

事情聴取のために呼び出されることになるでしょう。犯則事件調査の場合は、より精緻な事実確認が行われます。企業人として働き、通常の暮らしをしていた従業員、役員が出頭を求められ、事情聴取を受けることになります。会社の利益と良心の間で苦痛を感じることも多くあるでしょう。入札談合を続けていれば、これから入社してくる若者も将来そのような苦痛を味わうかもしれません。

　違反が認められれば、課徴金の納付を命じられます。入札談合を行っている期間も長くなっているでしょうから、課徴金はまるまる3年分かかります。大企業でしたら課徴金は、通常、違反対象物件3年分の契約合計額の10％です。中小企業でも4％です。むしろ、中小企業は、県発注物件や市発注物件など調査対象の発注物件に依存する比率も高く、課徴金の経営に与える影響がより大きくなることも考えられます。

　また、最近では、発注官庁との間で受注契約のなかに、独占禁止法違反があった場合の違約金が規定されることが通常となっており、しかも、その率は契約額の20％が普通ですので、課徴金の何倍ものダメージとなる可能性があります。

　このほか、多くの発注官庁などからの指名停止もあります。自治体によっては、その期間が12カ月など長期となっているところもあります。業種によっては、建設業法に基づく営業停止もあります。相当な額にのぼる課徴金や違約金を支払わなくてはいけないのに仕事がとれない事態になります。

## 脱　談　合

　入札談合中は、通常、1物件当りの利益は大きくなりますが、仕事を分け合うこととなるため、受注能力面で余剰を抱えることになりや

すいと考えられます。入札談合がなくなって、各社が一斉に競争になると、人や機械を遊ばせておくよりはということで、無理な低価格での受注競争が起きる場合もあります。経済学的には固定的な経費を上回るのであれば、全体として赤字でも受注したほうが合理的ですが、経営的には苦しくなります。課徴金や違約金の支払のために借入れを行っているときは、その返済に困るかもしれません。いわば、入札談合で比較的余裕があったこと以上のつけが一気に来ます。

　明日、1カ月後、1年後も大丈夫かもしれません。しかし、いつ大きな困難となって襲ってくるかもしれません。容易ではないでしょうが、これからの会社のためにも、そこで働く社員のためにも、入札談合から抜けることをお勧めします。1対多数となって他社から不利益を受けるおそれがあるなら、むしろ、入札談合自体が崩壊したほうがよいかもしれません。幸い、課徴金減免制度があり、調査開始前の1位の情報提供者であれば課徴金がかかりません。刑事罰の対象からも外れます。指名停止期間も半分になります。課徴金納付命令の対象にならない場合は課徴金対象物件の特定も行われず、違約金の対象となるか否かの認定がしにくくなるかもしれません。

　従来の入札談合事件のなかで、談合から抜けると指名してもらえなくなるのではないかと危惧していたという声も聞かれました。発注官庁の職員もグルになっているのではないかと思われる素地があったのかもしれません。しかし、いまは入札談合等関与行為防止法の周知徹底も進み、業界の声を聞いて入札談合に非協力的な業者を指名から外すような、きわめてリスクの高いことをする職員はいなくなっていると思われます。

## 入札談合に対する排除措置・課徴金

入札談合に対する排除措置命令では、具体的にどんなことが命じられますか。また、課徴金はどのように計算されますか

### Point

カルテルと同様の排除措置命令が行われます。課徴金については、公共工事などの入札談合の場合、通常、違反期間中に売上額ではなく、同期間中の契約額を合計した額に一定率をかけて算定されます。

### 解説

#### 排除措置命令

排除措置命令で命じられる措置の内容は、カルテルの場合の措置とほぼ同様で、以下のような内容です。

① 違反行為を取りやめていることの確認、今後同様の行為を行わないことについて、取締役会で決議すること
② ①に基づいてとった措置を他の談合当事者、発注官庁へ通知し、従業員に周知徹底すること
③ 今後同様の行為を行わないこと（将来の不作為）
④ 独占禁止法遵守のための行動指針の作成、その従業員に対する周知徹底、営業担当者に対する定期的な研修と法務担当者による定期的な監査（再発防止策）

ちなみに、カルテルも入札談合も排除措置命令のときには違反行為がなくなっているのが普通で、カルテルについては当事者間の合意が

消滅している、入札談合については違反行為を取りやめているという認定が多くみられます。

入札談合の場合、受注予定者決定の方法についての事業者間の基本合意自体が違反とされますが、立入検査などを契機に実際に個別物件ごとの話合いが行われなくなったことにより、基本合意自体もなくなっていると評価されているわけです。

一方、カルテルは、値上げなどの合意に基づいて各社がそれぞれ行動することとなりますので、たとえば値上げがすんだ後で公正取引委員会が立入検査をしたといっても合意自体がなくなったとはいえません。値上げ状況を報告し合う会合はなくなるかもしれませんが、通常でも、ある程度値上げが浸透すれば開催の必要がなくなるもので、そうした会合がなくなったからといって合意がなくなったとはいえません。しかし、立入検査があったり、場合によっては減免申請や価格の低下もあるなかで、もはや当事者間でけん制し合う合意が継続しているとみることはできないとして、合意が消滅していると認定されることもあります。

### 課徴金納付命令

入札談合に対する課徴金は、通常、違反認定期間中に違反対象物件について行った入札、見積り合せの契約額の合計額に一定率を乗じて算出されます。この期間中に入札、見積り合せがあったものであれば、期間後に契約になったものも含まれます。これは、法律的にいいますと、この契約の日をもって「実行としての事業活動がなくなった日」、すなわち課徴金対象となる実行期間の終期と認定され、その契約額は実行期間中の契約額となるためです。

実行期間が3年を超えるときには、直近の3年間、すなわち終期か

らさかのぼって3年間が課徴金対象になります。

　原則としては、実行期間中の売上げ、すなわち同期間中に引き渡した商品、役務の対価の額の合計額に一定率を乗じて計算しますが、この額と同期間中に契約した額の合計額に著しい差異を生じる事情があるときは、契約した額の合計額で計算することとされており、入札談合の場合は、契約から引渡しまで期間を要することが多く、後者のほうが通常です。

　一定率は、工事の場合やメーカーからの物品納入の場合でしたら、原則の率である10％（中小企業は4％）が適用され、卸売業者からの物品納入の場合は2％（同1％）が適用されます。早期離脱軽減、累犯加重などの算定率の例外については、Q23に記載のとおりです。

　課徴金対象物件に該当するかどうかの判断にあたっては、個々の物件ごとに談合の経緯が明らかにされる必要はなく、入札談合の基本合意の対象であることが認められれば、特段の反証がない限り課徴金の対象とされます。また、ある物件で受注予定者が2社まで絞り込めたが、2社間で話合いがつかず、両者のたたき合いになったような物件でも、競争制限効果が及んだとして課徴金の対象になります。

　違反行為がなくなってから（その後、違反行為による受注物件の契約があった場合はその契約の日から）5年経過しますと、課徴金納付命令を行うことはできなくなります。平成28年9月6日に課徴金納付命令のあった東日本高速道路㈱東北支社発注の舗装工事入札談合事件では、その5年前の平成23年9月20日に違反認定対象工事のすべての入札が終了し、その翌日以降違反行為は行われていないと認定されています。いわば、課徴金納付命令ができるぎりぎりのタイミングだったといえます。

# 第 4 章

# コンプライアンス

## Q36 コンプライアンスプログラム

排除措置命令で命じられる独占禁止法順守のための行動指針とはどのようなものですか

### Point

独占禁止法遵守に向けた経営トップによるリーダーシップ、社内体制の整備、違反行為の未然防止のための対策の策定、内部チェック体制の整備などを内容とするものです。一般的につくられている行動指針の単なるコピーをつくりましたということではなく、各社の実態に応じたものとし、作成した後も、常に生きた行動指針になるようにしていく必要があります。

### 解説

独占禁止法遵守のための行動指針は、独占禁止法コンプライアンスプログラム、競争法コンプライアンスプログラムなどと呼ばれます。

その具体的内容は、個々の企業の直面する問題に応じてさまざまと思いますが、次のような内容が一般的です。その内容のうち、制度的なものなど早期に内容を決定できるものについては、このようにしたということを記載することになるかと思いますし、今後実施するものについては、今後このようにするという方針を記載することになります。

#### 経営トップによる強力かつ継続的なリーダーシップ

違反行為にかかわっている個々の役員、従業員は、目先の利益を重

視せざるをえない、上司からの指示がある、諸先輩も含め継続的に行ってきたなどのため、違反行為をやめる判断をしにくい面があります。このため、経営トップがリーダーシップを発揮し、以下の点を社内あるいは企業グループ内に強力かつ継続的に目にみえるかたちで発信する必要があります。

① 競争法（海外の独占禁止法も対象に考えるときは、これらをまとめて「競争法」と呼ぶ。）に違反する行為をしないと得られないような売上げ、利益は不要であること
② 競争法違反がもたらす法的な不利益（当局の調査への対応や民事的なリスクも含む）、事業活動上の不利益は重大であり、こうした不利益から企業および個人を守る必要があること
③ すべての役員、従業員が競争法を遵守し、違反行為を防止、発見し、違反行為に対して可能な限りすみやかに対処する必要があること

### コンプライアンス実施体制の整備

① 担当役員の指名……コンプライアンスに関する意思決定の迅速化や取締役会などの経営意思決定機関における取組みの徹底のために必要です。
② 競争法コンプライアンス担当部署の設置……関連する情報の集積・管理、社内研修、社内、グループ内からの相談対応、競争法に関する監査、コンプライアンスプログラムの見直し、有事対処マニュアルの作成などを担当します。

### 違反行為の未然防止

違反行為の未然防止のための対策としては以下のものがあります。

① 同業他社との接触の原則禁止、事前承認、事後報告制度……販売部門における同業他社とのメール、電話、会合などによる接触を原則禁止する。ただしやむをえない理由があるときの事前承認制度、接触があったときの報告制度を設ける。
② 社内懲戒ルールと内部通報制度……競争法違反行為への関与が懲戒の対象となること、一方で有効、迅速な社内調査のため、正直に事実を述べた者に対し懲戒を軽減することを規定し、社内、グループ内に周知する。また、同行為を内部通報制度の対象とし、早期発見を図る。
③ 競争法コンプライアンス・マニュアルの策定……禁止される行為、違反につながりやすい行為、違反があった場合の不利益、早期対応の必要性などについて、具体的な販売等の現場に即して、わかりやすくまとめ、社内、グループ内に周知する。
④ 実効性ある社内研修の実施……取引や企業活動の実態に即した、わかりやすい内容の研修を実施する。

### 違反行為の確認と早期発見のための方策

競争法上の疑いがあるときの事実確認とその前の段階での早期発見のための方策としては以下のものがあります。
① 競争法監査の実施……競争法上の問題が疑われる場合には、コンプライアンス担当部署が事実関係を確認する。また、重点的に監査を行う事案、事業部門などを選別し、定期的および必要に応じて随時、アンケート調査、デジタルフォレンジックなどによるメールチェック、文書のチェック、ヒヤリングなどの方法により競争法違反に関する監査を実施する。
② 内部通報制度の整備……競争法違反行為、そのおそれのある行

為、競争法コンプライアンス・マニュアルに反する疑いのある行為に接した場合に、コンプライアンス担当部署または会社が指定する外部委託先に相談または通報すべき旨を規定し、具体的な利用方法を役員、従業員に周知する。また、こうした相談、通報がしやすい環境づくりに努める。

## Q37 内部通報手続とコンプライアンス

社内で異動があり、前任者から引き継ぎを受けましたが、そのなかにどう考えてもカルテルに当たるものがあります。どうしたらよいですか

### Point

　黙って見過ごしたり、そのまま引き継いで自分もかかわると、自分が社内規定に違反するおそれがあります。上司と相談すべきでしょう。しかし、上司も関係している可能性があります。社内に内部通報窓口が定められている場合には、そこに相談してもよいでしょう。

　このような声を吸い上げて、企業のリスクを最小限にするためには、会社のトップが率先して、実効性のあるコンプライアンス体制を築く必要があります。

### 解説

#### 上司への報告

　カルテルの疑いのある行為を知ったのに、上司にもだれにも報告しないで、しかも、そのような行為を引き継いで行ったとなると、そのことが社内規定で問題にされるおそれがあります。

　一般的に、業務に関して何か問題を発見したときに、まず報告、相談する相手方は直属の上司でしょう。しかし、前任者は、他社との連絡について上司に報告している可能性があります。あるいは、上司からの指示で各社の同じクラスの者と連絡をとっている可能性もありま

す。そうしたことは、引き継ぎを受けた資料からもわかるかもしれません。カルテルの場合は、その部門の営業成績をよくするために行われている可能性が高いと考えられます。この点は、通常のセクハラやパワハラなどのコンプライアンス違反とは異なる点です。上司としては、名目的には「会社の利益のため」、より実質的には「部門の成績をよくするため」、カルテル的な行為について報告を受けながら黙認し、あるいはより積極的にそのような行為を行うよう指示している可能性が考えられます。

そのような場合、「カルテルの疑いがある行為があります」という報告を受けた上司は、どのように反応すると考えられるでしょうか。「困ったことをいってくるなあ」「そんなこと自分の判断でできないのか」と思い、かつ、明確な表現は避けつつも、会社の利益のためうまく対応するようにいうかもしれません。

### 内部通報

独占禁止法違反の疑いのある行為について企業内で内部通報があった場合も、公益通報者保護法の対象になります。通報したことにより解雇その他の不利益な取扱いを行うことは、同法により禁止されています。しかし、ある程度、通報と不利益な取扱いの因果関係が明確な場合を除き、通常のボーナスや昇給の査定、あるいは人事異動のなかで、他の事情を理由に不利益な取扱いがあっても、本当は通報したことによるものだということを証明することは困難でしょう。上司に一応は報告したが、それ以上強くいうこともできず、結局状況は変わらないということも考えられます。

## コンプライアンス

　一方で、そうしたカルテル行為は、ごく短期的には会社の利益、担当部門の成績につながり、関係者に対するよい評価につながるでしょうが、より中長期的には会社の大きな不利益につながるおそれがあります。社内で問題意識があったときに適切に対応していれば、課徴金減免申請も行い、課徴金の免除も受けられていたかもしれません。取引先からの損害賠償や違約金もより抑えられていたかもしれません。過去に独占禁止法違反で処分を受けている場合には、より厳しい処分を受ける可能性もあります。

　会社として、法令違反などの問題に適切に対応するためには、コンプライアンス対応を行う専門の部門を設けて、ここに内部通報するよう役員、従業員に周知し、奨励する必要があります。内部の人間にいいにくいときは、外部の弁護士などに通報対応をお願いして、ここも含めて通報窓口とすることも考えられます。また、通報を待つだけでなく、アンケート調査などで積極的に情報収集することも大切です。

　このような通報窓口やアンケート調査などを形骸化させないためには、会社のトップが率先して、このような取組みの重要性を役員、従業員に訴えていく必要があります。「口では法令遵守、コンプライアンスといっているが、実際には成績を最優先にしている」「カルテル問題など会社の不祥事表面化は迷惑だろう」と部下に思われたら、コンプライアンス対応は実現しません。「上は建前上そういっているだけで、清濁あわせ飲んで少々のリスクをとっていかなくてはいけない」という「部下の忖度」を許さない強い態度が必要です。

## Q38 競争業者との接触の原則禁止

　入札談合を防止するため、競争業者との接触は原則禁止にしなくてはいけないと聞きましたが、次のような場合も禁止ですか
① 　当社と一部商品の販売で競合しているが、別の商品の取引関係がある場合
② 　ある工事の入札で落札し、相指名業者だった会社に工事の一部を下請施工させるため、その相指名業者と連絡をとる必要がある場合
③ 　競争業者から電話がかかってきた場合
④ 　競争業者も出席が予想される会合に出席する場合

### Point

　ある企業と、ある取引では競争関係にあっても、別の取引では取引関係がある場合、その取引関係上、必要な範囲でその企業と連絡を行うことは、もちろん問題ありません。

　そのような必要がないときに、自身の職務のうえで競合関係にある相手方から連絡があったときは、連絡に対応できないとすべきでしょう。

　また、取引先が開催する会合や公的な会合で競争業者も出席が予想される会合についても、出席すること自体は問題ありませんが、その際、競争業者との間で独占禁止法上問題となるようなやりとりを行わないようにする必要があります。

## 解説

### 別の取引関係がある場合

　ある分野で競争関係のある事業者であっても、別の分野では取引関係にある、または取引関係が期待できる場合、そのために必要な範囲で接触することはまったく問題ありません。

　ただし、そのような接触のなかで、仮に、納入が競合する取引先に対する取引条件について話をする場合には、カルテルにつながるおそれが強く、しないようにすべきです。相手がそうした話題を出しても、それにはお応えできない旨伝える必要があります。独占禁止法違反を防止し、不要な疑いを受けるのを避ける観点からは、そうしたやりとりの内容について記録を残し、上司またはしかるべきコンプライアンス部門に事後報告をすることとしておいたほうがよいでしょう。

　一般的には、競争関係にある事業者が数多くある場合に、そのうちの特定の競争業者と接触したとしても、通常、カルテルは成立しません。その２社で競争制限しても、他社が有利になるだけでは、カルテルは成立しにくいと考えられます。しかし、カルテルを疑われないためにも、また、カルテルにつながらないようにするためにも、競合関係にあることがらについての話題は避けることが適切です。

### 下請発注のため

　競争業者に下請発注する場合も、基本的には上記と考え方は同じです。ただし、相指名業者が自社の落札に協力する見返りとして相指名業者に下請発注するという場合は、協力する旨の合意自体が違法となります。相指名業者に下請発注する場合は、そのような疑いをもたれ

る可能性がありますので、その下請発注の必要性、理由について明確で十分な説明ができるようにしておく必要があります。

なお、発注者によっては相指名業者への下請発注を制限している場合がありますので、この点を確認する必要があります。

### 電話がかかってきた場合

電話の発信人がわからない場合、当然ですが、電話に出ることは禁止されません。

電話に出たら、相手方が自身の職務上、競合関係にあり、かつ、上記①、②のような取引関係上の連絡の必要性がないという場合は、電話も含め競争業者との接触ができない旨を相手方に伝え、やりとりの内容について上司またはしかるべきコンプライアンス部門に事後報告をすることとしておいたほうがよいでしょう。

発信先の電話番号から競争業者からの電話だということがわかる場合、1度目は電話に出ざるをえないとしても、上記と同様の対応が適切でしょう。厳しいと思われるかもしれませんが、いろいろなやりとりのなかで、相手の依頼を断れないような人間関係ができる懸念があり、原則的な対応をとる必要があります。なお、これらの場合も、その業者と取引関係にあり、その関係上電話に出る必要がある場合は、もちろん問題ありません。

### 会合出席の場合

いままで、カルテル的なやりとりの多かった、あるいはそれ以外の目的がなかったような会合には出席しないようにすべきです。

取引先が開催する会合や公的な会合で競争業者も出席が予想される会合についても、出席すること自体は問題ありませんが、その際に競

争事業者との間でカルテルを疑われるようなやりとりを行わないようにする必要があります。また、念のため、会合への出席や会合でのやりとりの概要について上司またはしかるべきコンプライアンス部門に報告をすることとしておいたほうがよいでしょう。

## Q39 競争業者との業務提携

当社はある材料のメーカーで業界ではシェア1位です。しかし、近年、需要が減少し、工場から遠距離にあるユーザーについては運送コストがかさみ利益が出ません。シェア2位の会社も同じような状況にあります。そこで同社と相互OEM契約を結び、互いに工場から遠い地域のユーザー向けには、近くに工場のある相手方の会社から仕入れて販売することとしたいと思います。競争業者とこのような協力をするのは独占禁止法上問題とならないですか

### Point

競争を制限しようという意図ではなく、コスト削減など経営上の観点からの業務提携は、通常、独占禁止法上問題となるものではないと考えられます。公正取引委員会のホームページに記載の相談事例も参考になりますし、同委員会の事前相談の利用も考えられます。

### 解説

#### 相互OEM

人口減少や高齢化などにより市場が縮小傾向にあるなかで、生産、販売体制の見直しを行う必要に迫られ、競争業者間で協力できる点は協力したいというニーズが今後とも生じることが考えられます。

合弁など資本関係の変動、事業の譲受けなどを伴う場合には、企業結合として検討する必要がありますが、これらを伴わない業務提携

は、通常、カルテルに該当しないかどうか、すなわち競争の実質的制限になるかどうかで判断されます。

競争業者間で競争的な活動を互いに制限し合う場合はカルテルに該当します。質問のようなケースでは、両社で相互OEMを了解したのだから、「OEM品を販売することとした地域では、自社の工場の製品を販売してはいけない」、あるいは「相互OEMすることとした地域では、互いに相手方の客先に営業をかけてはいけない」「OEM品は一定価格以上で販売する」など製造や販売についての義務を課す場合には、競争制限として問題になります。

しかし、単に、「この地域では自社製品を販売するのではなく、貴社製造のOEM品を販売したい」ということを相互に認識し、通常の卸売業者からの注文に応えるように競争業者からの注文に応じてOEM品を互いに供給することは、競争を制限するものではなく、問題となりません。

ただし、競争業者との協力関係を通じて話しやすくなり、他の商品・サービスについてのカルテルにつながらないようにする必要があります。

上記は、地域的な相互OEMですが、多数の品揃えの商品をすべて開発、製造することはコスト的にあわないので、一部の商品については自社製造をやめ、競合先の製品を自社ブランドで販売したいというような相互OEMも考えられます。この場合も上記で述べたような義務を課さない限り、通常、問題になりません。

### 相談事例集

「公正取引委員会　相談事例集」で検索すると各年度の相談事例集が出てきますが、その下の「行為類型別」のなかの「業務提携に関す

るもの」を閉くと各年度の業務提携についての相談が掲載されており参考になります。これをみると、一部、販売が開始されていない製品についての質問に対して回答を留保したものがありますが、基本的にはすべて問題ないというものです。業務提携のかたちで価格競争を抑えたい、顧客の取り合いをやめたいという場合は問題になりますが、製造、販売、仕入れの合理化を図りたい、一方で競争すべきところは競争していきたいということであれば、そのための業務提携は独占禁止法上問題となるものではないと考えられます。

　合併などの企業結合の場合は、競争を制限しようという意図がなくても、競争単位が減ってしまい競争制限につながることがあります。しかし、これ以外の通常の業務提携の場合は、それぞれ独立して経営の維持を図る必要がありますから、通常、経営の自由度をあまり制約されない範囲で協業が行われると考えられ、競争を制限しようという意図がある場合でなければ競争制限にはつながりにくいとも考えられます。

　相談事例のなかには、自社では製造を取りやめ、競争業者からOEM供給を受けることについて独占禁止法上問題ないというケースもあります。これは実質的な競争単位が減る話ですが、競争業者間で競争を制限するためにここまでの判断はしにくいと考えられ、需要が減少するなかで販売面での経営資源は生かそうという経営上の観点からの自主的な判断だったと思われます。

　相談事例集に掲載するケースは、実際に相談があったもののごく一部です。業務提携にあたって心配がある場合には、公正取引委員会の取引部相談指導室または最寄りの地方事務所に相談されるといいでしょう。

# 第 5 章

# 再　　販

## Q40 再販売価格の拘束──販売業者間のカルテル

当社の取引先小売店から当社の製品について「近所の店の安売りはなんとかならないか」といわれて困っています。その安売り店に苦情を伝えるのは問題ありませんか

### Point

そのような行為は、この程度なら問題ないだろうと思っても、次第に拘束的な内容となって、再販売価格の拘束の問題を生じるおそれがあります。この種の事件は、取引先からの苦情への対応から始まっているものが少なくありません。

### 解説

#### いつの間にか再販拘束

自社の得意先である小売店から、このような苦情を受けることは少なくないと思われます。取引先からすると、なんとか厳しい価格競争を回避したいでしょうし、メーカーないし販売会社であれば、なんとかしてもらえるのではないかと期待を抱くことも無理からぬことかもしれません。これまでの取引を通じてなんらかの人間関係ができているなかで「何もできません」という対応がしにくいことも考えられます。

この点について、もう少し詳しくみてみましょう。
① 取引先にとっては、競争相手である他の販売業者の安値販売は大きな脅威である。

②　なんとか回避したいと思っても、販売業者は数が多く、いろいろな業者がいるなかで、独占禁止法上の問題は別としても同業者間でカルテル的な解決は困難である。
③　一方、供給元は、要請に応じなければ最終的には供給を止めたり、取引条件を悪化させたりできる立場にある、少なくとも取引先からは、そう思われる。
④　そこで、事態の解決を図るよう供給元に強くお願いすることとなる。
⑤　お願いされた担当者にとっては、お願いをしてくる販売業者は普段からお世話になっている取引先であり、多くの場合、安値販売をしている取引先よりは重要な取引先であったりする。
⑥　お願いされた担当者としては、要請を受けて、何もできないというわけにはいかず、強制をするつもりではないものの、なんとか事態を解決すべく、お願いベースで安売りをやめてもらえるよう、遠回しにお願いすることとなる。
⑦　安値販売業者がすぐに言うことを聞かない場合には、取引先販売業者からのなんとかしてほしいという要請は続くこととなり、もう少し強く安売りの中止をお願いせざるをえないこととなる。
⑧　そのような繰り返しの要請のなかで、相手方が「従わざるをえないな」と思って従うことになりやすい。
⑨　仮に、安値販売業者がお願いを受け入れた場合、別の販売業者の安売りがあれば、当然、「うちはいわれたとおり価格を守っているが、あそこに安値で取引先をとられて困っている。なんとかしてほしい」という要請を受けることとなり、なんとかしなければという責任感をより強く感じることとなる。
⑩　そのような流れのなかで、相手が言うことを聞かなければ、次第

Q40　再販売価格の拘束──販売業者間のカルテル

に強い対応をする事態となりやすく、もともとは「お願い程度なら」「この程度なら拘束ではないだろう」というつもりであっても、独占禁止法上、明確な違反行為となりかねない。

同業者間で行う競争回避はカルテルに該当しますが、同業者間で実現できないカルテルを、実質的には、供給者の強い立場を背景に、むしろより効果的に主催することとなってしまうのです。要は、はじめの段階から、「かかわれないのです」という立場を明確に表明せざるをえないのです。

### 明らかに赤字販売では

それでは、販売業者が仕入れ価格以下で販売しているような場合は、どう考えたらよいでしょうか。明らかに赤字販売なのに何もできないのか、という疑問が生じうると思います。「明らかに赤字販売」と思われる販売が行われる原因としては、以下の点が考えられます。
① その部分だけでは赤字であっても、付帯的なビジネスがあり、全体としては採算がとれる。
② あと少しで大きな額の数量リベートが得られるので、少々赤字でも数量を稼ぎたい。
③ 業者間転売で安く購入でき、赤字ではない。
④ 一部の商品について赤字でも、来客した消費者がついでに買い物をすることが期待され、全体としては利益につながる。
⑤ 売られたケンカは買うしかない。合理性を無視した意地の張り合い。
⑥ 赤字販売の商品は十分に用意できないまま広告で宣伝している。

このうち④か⑤なら、不当廉売、⑥なら景品表示法上のおとり広告の可能性があります。

明らかに赤字販売と考えられる場合に、このような独占禁止法の不当廉売規制について説明するということにとどまるのであれば、問題ないと考えられます。

## Q41 「再販売価格の拘束」に当たらないのでは？

取引先が販売する価格について一定の価格を守ってくれたら何かメリットを提供しますよというだけなら、いやなら応じなければよいので拘束には当たらず、また、お願いするだけなら「再販売価格の拘束」にならないのではないですか

### Point

経済的には、守ってくれたらメリットを提供するということは、守らなかったらデメリットを提供することと同じです。なんらかの手段により、一定の価格を守るという取引条件ないし要請の実効性が確保されていれば、「再販売価格の拘束」に当たります。

また、「お願い」のかたちでもそうした実効性がある場合には同様の問題がありますし、当初は実効性がなくても、次第にそうした実効性をもつことになりかねないので注意が必要です。

### 解説

#### メリット提供なら

不公正な取引方法として禁止される「再販売価格の拘束」とは、正当な理由なく、自己の供給する商品をだれかが販売（すなわち再販売）するときの自由な価格決定を拘束する条件をつけて、その商品を供給することです。たとえば、メーカーが直接の取引先である卸に対してその卸売価格について働きかける場合のほか、メーカーが間接的に取引関係のある小売業者に直接働きかける場合も対象になります。ま

た、卸に対して小売業者の販売価格に働きかけるようにさせる場合も対象になります。

　拘束する条件をつけて供給するという場合、典型的には、その取引条件に従うことが契約上の義務として定められている場合が思い浮かびますが、そのような場合だけではなく、それに従わない場合には経済上なんらかの不利益を伴うことにより、現実にその実効性が確保されている場合にも該当するとされています（昭和50年7月10日和光堂最高裁判決）。

　取引先が再販売する価格について、たとえば、「この価格以上で販売していただけたら」という条件で「仕切価格を〇〇％引きにします」あるいは「〇〇円のリベートを出します」とするような場合でも、拘束に該当します。

　そのような申出は、実質的には、「この価格以上で販売していただけ」なかったら、そうでない場合と比べ取引条件が悪くなるということであり、これにより、そうした要請の実効性が確保されている場合には、再販売価格について「拘束の条件をつけて」いることとなります。守ればメリットがあるということで、販売業者が喜んで受け入れる場合であっても、「拘束」に該当し、販売業者間の自由な価格競争が阻害されることになります。

### 単なるお願いなら

　また、「メーカー希望小売価格」という表現が許されているわけですから、希望するだけなら、お願いするだけならよいだろうと考えられるかもしれません。販売業者に対して、拘束に至らない範囲で、「メーカー希望小売価格で販売してください」あるいは「メーカー希望小売価格の〇〇％引き以上で販売してください」とお願いするだけ

なら、「再販売価格の拘束」にならないだろうと考える人もいるかもしれません。

　しかし、表現はお願いであっても、相手方がそのお願いを聞いたほうが得だ、聞かないと損になるかもと意識するような状況があれば、実効性のある「拘束」になります。

　また、そのような実効性を伴っていない場合でも、「お願い」をしていると、いつの間にか実効性をもった「拘束」につながりかねません。

　たとえば、複数の販売業者に同様のお願いをした場合、お願いどおりの価格以下で販売する業者がいると、お願いどおりにした販売業者は顧客を奪われることになります。「うちはまじめにメーカーさんのいうとおりにして、あの店にお客さんをいっぱいとられてしまった。あの安売りを何とかしてほしい」といわれると、なかなかもっともな話であり、まったくむげにもしにくくなります。そこで、安売りをしている店に行って「いろいろ苦情も来ているので、安売りをやめてほしい」として、結果的に安売りをやめさせることにつながりやすく、「再販売価格の拘束」の問題を生じるおそれがあります。言うことを聞かないので、繰り返しお願いして相手が圧力と感じたり、「今後の取引も考えたい」など今後の不利益について示唆するようなことをいったりすると、「再販売価格の拘束」に該当してしまいます。

　実際にいくらで売るかは販売業者の自由だということをきちんと伝えないと、意図していないのに違法行為を行ってしまうおそれがあります。

## 安値広告をやめてもらえるか？

取引先の価格拘束がいけないということですが、せめてチラシに載せる価格はいくら以下にしないでほしいとか、価格を表示するのはやめてほしいというのはよいですか

### Point

販売価格をチラシに載せるなど広告表示をすることは、小売業者間の競争の重要な手段であり、これを制限、禁止することは、小売業者間の価格競争を阻害します。法律的には、不公正な取引方法の1つである拘束条件付取引（相手方の事業活動を不当に拘束する条件をつけて、当該相手方と取引すること）に該当し、独占禁止法19条に違反することになります。

### 解説

#### 流通・取引慣行ガイドライン

公正取引委員会は、平成3年7月に公表した流通・取引慣行ガイドラインにおいて、価格表示を制限したり、させないようにすることは原則違法としています。同ガイドラインでは次のように述べています。

「販売方法の一つである広告・表示の方法について、次のような制限を行うことは、事業者が市場の状況に応じて自己の販売価格を自主的に決定するという事業者の事業活動において最も基本的な事項に関与する行為であるため、前記第1「再販売価格維持行為」において述

べた考え方に準じて、通常、価格競争が阻害されるおそれがあり、原則として不公正な取引方法に該当し、違法となる（一般指定12項）。

［１］　事業者が小売業者に対して、店頭、チラシ等で表示する価格について制限し、又は価格を明示した広告を行うことを禁止すること

［２］　事業者が自己の取引先である雑誌、新聞等の広告媒体に対して、安売り広告や価格を明示した広告の掲載を拒否させること」

「実際に販売価格をいくらにするかについては、まったく制限していない」としても、店頭や広告などで価格を表示することは価格競争の重要な手段であり、これを制限することは再販売価格の拘束（＝再販売価格維持行為）と同様の競争阻害効果があります。

なお、再販売価格の拘束でも、拘束条件付取引でも、独占禁止法違反で排除を受けるという点では同じですが、再販売価格の拘束は、排除措置命令を受けて10年以内に再び調査を受けて違反と認定されると課徴金の対象になります。その意味では、たとえばネットでの価格表示を制限するなど、事実上、一定の価格以下での販売がなくなってしまうような場合には、単に価格表示を制限したということではなく、むしろ、課徴金納付命令の対象となりうる再販売価格の拘束として違反認定されることも考えられます。

### 具体的なケース

平成５年３月、公正取引委員会は、わが国を代表する家電メーカーである松下電器（現在のパナソニック）、日立、ソニー、東芝の各販売子会社に対し、取引先量販店の価格表示を制限した行為が独占禁止法19条（不公正な取引方法の禁止）に違反するとして排除審決をしました。

各社は、家電製品の販売にあたり、
① 取引先量販店に一定の価格を下回る販売を行わないよう要請するとともに、
② 新聞折込広告などの内容を事前に確認し、その価格を下回る価格表示を行わないようにさせ、
③ これを下回る価格での販売が行われていることが、自らの監視や他の小売業者からの苦情により判明した場合には、これをやめさせる

などの方法により、一定の価格を下回る価格表示をさせないようにしていました。審決では、こうした行為は、不公正な取引方法の１つである拘束条件付取引（相手方の事業活動を不当に拘束する条件をつけて、当該相手方と取引すること）に該当するとされました。

家電業界では、ずっと以前の昭和46年に松下電器が再販売価格の拘束をしていたとして公正取引委員会から審決を受けており、再販売価格の拘束が独占禁止法に違反するということはよく認識していたと思われますが、再販売価格の拘束とほとんど同じような効果をもつ行為が、業界で広く行われてきたことになります。これらのいずれの事件も、価格競争を避けたい周辺小売店の要請を受けて行われた面がありますが、このような要請に応えようとすれば、結局は競争阻害的な行為になってしまいます。

なお、各社は、前記のガイドライン公表を受けて、上記の行為を取りやめましたが、本件の審決によれば、昭和63年に公正取引委員会が業界団体を通じて、各社が行っていた店頭などでの表示価格の推奨行為を中止するよう要望したにもかかわらず、実質的な改善措置は講じられず、また、違反行為を取りやめた際に、その旨の周知徹底がないなど違反行為の排除措置としては不十分なものでした。

## Q43 ブランドイメージ戦略の再販

当社は、ブランドイメージ戦略の一環で価格維持政策をとっていますが、正当な理由がある場合は違反にならないはずであり、問題にならないのではないですか

### Point

メーカーや輸入総代理店などが、小売業者などに対して、その販売価格を拘束する行為は、原則として独占禁止法に違反します。ブランドイメージを高めるためということは、このような行為を正当化するものとは評価されません。このような行為は、小売業者間、販売業者間の価格競争を大きく阻害するもので、こうした業者間のカルテルと同様の効果を生じます。

### 解説

#### 正当な理由

独占禁止法で規制される再販売価格の拘束は、「正当な理由がないのに」ということが要件になっています。この「正当な理由」は、競争秩序の維持とは直接関係のない事業経営上あるいは取引上の観点からみて合理性ないし必要性があるかどうかなど、単に通常の意味において正当にみえるかどうかではなく、もっぱら公正な競争秩序維持の見地から判断されるとされています（前掲和光堂最高裁判決）。そして、「正当な理由」とは、「当該拘束条件が相手方の事業活動における自由な競争を阻害するおそれがないことをいうもの」であるとされて

います（同判決）。

　ハマナカ株式会社に対する事件の審判で、同社は「大多数の中小の小売業者が生き残る」ため、また「産業としての、文化としての手芸手編み業を維持し、手芸手編み業界全体を守る」ために必要であると主張しましたが、このことは、小売業者の事業活動における「自由な競争を阻害するおそれがないこと」をいうものとは解されず、競争秩序の維持とは直接関係のない観点からの合理性ないし必要性を主張しているもので、「正当な理由」があるとする根拠とはいえないとされました（平成22年6月9日公取委審決）。

## ブランド戦略としての価格維持

　ブランド力の高い商品は、一般に高い価格で販売されています。しかし、当然ですが、高い価格で販売すればブランド力が高まるわけではありません。卸価格を引き上げれば、通常は小売価格も引き上がるでしょうが、需要と供給の関係を考えると、値ごろ感を失ったり、競合品と比べて割高となったりして売上げが減少することが予想されます。

　それでは、ブランドイメージ戦略の一環で行われる価格維持政策とはどのようなものなのでしょうか。それは、小売業者が互いに価格競争するのを禁止、制限することにより、高いマージンを保証し、それにより小売業者が他の同種の商品に比べてよりよい商品としての積極的な販売を行うことを促す販売政策ではないでしょうか。具体的には、その商品の推奨販売（消費者へのお勧め）、店頭ディスプレーなどでの優先的な取扱いが期待されます。

　どこの店舗でも高い小売価格が維持されていて、かつ、小売業者が高いマージンを得られる場合、少し値引き販売すれば、売上げが大き

く伸びて大きな利益が得られる可能性があります。これはカルテル破りと同じです。安値販売業者に横流しをして利益を得ることも生じうるでしょう。このようなことを許してしまうと、結局は、価格競争が起きて、高いマージンは保証できなくなり、小売業者の積極的、優先的な販売が期待できなくなります。このため、メーカーや輸入総代理店などにとっては、こうした安値販売や横流しを規制して「価格維持政策」の徹底を図る必要が生じてきます。

　このような販売政策の対象となるのは、よりイメージが優先される商品で、こうした販売により、少々ほかよりも割高であっても購入につながるようなものと考えられます。ある意味で、こうしたイメージは、経済の豊かさの1つであって、人々に幸せを提供するものですから、それ自体は否定されるべきものではありません。商品自体をよりよいものにしたり、広告宣伝に力を入れたり、販売業者に対して競争阻害的でない一定の販売方法を要請することを通じて、商品イメージ、ブランド力を高めることは、それ自体は適法です。

　公正取引委員会が公表している流通・取引慣行ガイドラインでは、上記の「正当な理由」は、それによりブランド間競争が実際に促進され、商品の需要が増大し、消費者の利益が図られ、しかもその競争促進的な効果が、再販売価格の拘束以外のより競争制限的でない他の方法によっては生じえないものであるような場合に必要な範囲や期間に限り認められるとしています。しかし、ブランドイメージを高めるためというだけでは、このような条件を満たすとはいえないと考えられます。

## Q44 再販売拘束で違法とならない場合

当社（メーカー）は卸業者を通して大手小売業者に納入しており、卸には日々の受発注と物流をお願いしています。納入価格については当社とその小売業者の間で商談をして決めており、そこで決まった価格で納入するよう卸に指示していますが、問題ありませんか

### Point

公正取引委員会が公表しているガイドラインでも、「真正の委託販売」と並んで、販売価格の指示をしても違反にならないケースの1つとされています。このほか、大手の小売業者に対抗して、卸売業者が中小の小売業者の共同セールを行い、統一価格でチラシなどで広告することも問題とはならないと考えられます。

### 解説

#### 流通・取引慣行ガイドライン

公正取引委員会が公表している流通・取引慣行ガイドラインでは、再販売価格の拘束として違法とならない2つのケースを掲げています。

具体的には、次のような場合であって、受託者ないし卸売業者が単なる取次として機能していて、実質的には本人が直接販売していると認められる場合には、受託者ないし卸売業者に対して価格を指示しても、通常、違法とはならないとしています。

① 委託販売の場合であって、受託者は、受託商品の保管、代金回収

等についての善良な管理者としての注意義務の範囲を超えて商品が滅失・き損した場合や商品が売れ残った場合の危険負担を負うことはないなど、その取引が委託者の危険負担と計算において行われている場合

② メーカーと小売業者（またはユーザー）との間で直接価格について交渉し、納入価格が決定される取引において、卸売業者に対し、その価格で当該小売業者（またはユーザー）に納入するよう指示する場合であって、卸売業者が物流および代金回収の責任を負い、その履行に対する手数料分を受け取ることとなっている場合など、実質的にみてメーカーが直接販売していると認められる場合

### 真正の委託販売

質問のケースは、上記②に該当しますが、まず、①から説明します。

①は「真正の委託販売」と呼ばれます。「売れ残った場合などに返品が認められるのだから広い意味で委託販売であり、違反にならない」といった誤解が生じないよう、「真正の」という言葉が使われています。

たしかに、委託販売の受託者が、売上代金から自己の手数料と必要経費を差し引いた額を委託者に引き渡すときは、そもそも受託者はその商品の購入者ではなく、「再販売」の要件に当たらないとも考えられますし、勝手に値引きされて売上代金が減らされては委託者も困るでしょう。

ただし、受託者が自己の採算を考えて、販売手数料分の一部を購入者にキックバックすることも考えられます。委託者がこうした行為まで禁止する場合、「再販売価格の拘束」には当たらなくても、取引の

相手方の事業活動を不当に拘束する条件をつけて取引したとして、不公正な取引方法の「拘束条件付取引」に該当して違反となる可能性があります。ただし、同ガイドラインで、再販売価格の拘束の説明のなかですが「通常、違法とはならない」としていますので、突然、法的措置ということはないのではないかと思われます。

### 直接価格交渉

上記②も問題とならないのは当然と考えられます。たとえば、メーカーと大手小売業者の間で、あるいはトラック・メーカーと大手運送業者が直接価格交渉するのは、個々の卸売業者や販売店と価格交渉するよりも、大量購入による低価格が期待できるからであり、むしろ競争促進的であるといえます。卸売業者間や販売店間の価格競争を抑えようという側面はありません。

仮に、このようなときに卸売業者や販売店に価格指示できないと、商談が成り立ちません。この場合、納入価格についての指示は競争秩序の維持の観点からいっても「正当な理由」があるものと考えられます。

### 中小の共同チラシ

上記の２つのケースのほか、次のような場合も問題ないと考えられます。

大手の販売業者に対抗するため、卸売業者が中小の小売業者に声をかけて共同のセール企画を行い、一定の価格でチラシなどで広告を打つ場合です。卸が主導してチラシ価格で販売させるかたちになり、再販売価格の拘束に当たらないかという懸念をもたれるかもしれませんが、むしろ競争促進的な行為ですし、これも競争秩序の維持の観点か

Q44 再販売拘束で違法とならない場合

ら正当な理由があるものと考えられます。なお、この場合でも、個々の顧客との間ではさらに値引き交渉があるかもしれませんし、その結果値引きがあってもセール企画上困ることはないと思いますが、そうした表示価格以下での販売を禁止しない旨、あらかじめ参加小売業者に明らかにしておいたほうがよいと考えられます。

## Q45 再販売価格の調査

今後の販売政策を検討するうえで、当社の製品を取り扱っている販売業者がどのような価格で販売しているかについて調査したいのですが、問題ありませんか

### Point

自社製品の安値販売を防止したいという思いで、安値販売をけん制するために行う場合には、再販売価格の拘束の問題を生じます。そのような目的がまったくない場合には、通常そうした問題はありません。調査にあたっては、販売業者のほうにそうした目的の調査と誤解されないようなやり方でするように気をつける必要があります。

### 解説

#### 流通・取引慣行ガイドライン

公正取引委員会が公表している流通・取引慣行ガイドラインでは、流通段階における自社製品の販売価格の調査に関して、次の場合には不公正な取引方法の１つである「再販売価格の拘束」に当たるとしています。

「事業者の示した価格で販売しているかどうかを調べるため、販売価格の報告徴収、店頭でのパトロール、派遣店員による価格監視、帳簿等の書類閲覧等の行為を行うことによって事業者の示した価格で販売するようにさせている場合」

ここでは、「事業者の示した価格で販売しているかどうかを調べる

ため」という意図・目的が述べられています。再販売価格についての自社の要請に反するような値引き販売が行われていないかどうかチェックするためということが通常想定されます。このような意図・目的があるかどうかを当局が認定するのは大変かもしれませんが、当事者にとってはわかりやすいと思われます。

　また、調査の効果についても、「事業者の示した価格で販売するようにさせている場合」としています。これは、再販売価格の拘束は法律の規定上、「販売価格の自由な決定を拘束すること」が要件となっており、これに該当する場合ということになります。

　同ガイドラインのこの部分は従来から変わっていませんが、一部業界から「結果として調査そのものが違法と認識されている実態がある」として「製品事故対応や使用環境確認など、消費者メリットにつながる点をふまえ、流通調査そのものは合法であることを明確にすべき」との改正要望があり、これに応えるかたちで以下の記載が平成27年3月に同ガイドラインに付け足されました。

　「事業者が単に自社の商品を取り扱う流通業者の実際の販売価格、販売先等の調査（「流通調査」）を行うことは、当該事業者の示した価格で販売しない場合に当該流通業者に対して出荷停止等の経済上の不利益を課す、又は課す旨を通知・示唆する等の流通業者の販売価格に関する制限を伴うものでない限り、通常、問題とはならない」

　この記載は、先ほどの引用部分と類似していますが、調査自体がいけないという誤解があったのであれば、その誤解を解消するうえで適切と考えられます。なお、企業の法務担当部門からすると、社内における価格調査が再販売価格を維持するために行われる危険性が高く、リスクを避ける観点から価格調査自体を行わないようにさせる傾向があった可能性も考えられ、このような誤解につながったのかもしれま

せん。

### 価格調査をする場合

　自社の商品が小売市場でどのような価格で販売されているかは、販売戦略上重要な情報となることが考えられます。その調査にあたっては、自社の示した価格で販売しているかどうかのチェックと受け取られないように細心の注意を払う必要があります。そのように受け取られるおそれがある場合は、できれば第三者の調査機関などを用いて調査を行い、個々の販売業者についての個別の情報を遮断したかたちで販売戦略に生かすことも考えられます。

　また、たとえば、自社の特約店が入札や見積りなどで受注できなかった場合、自社からその特約店に対する価格が高いためだったのかなど、今後の価格戦略に生かすため、特約店に対して顧客にいくらを提示したかを確認したいということも考えらえます。

　このような価格の確認は値引き販売を抑制するためのものではなく、質問の趣旨が相手方に正確に伝わっている場合には、むしろ競争促進につながるものですので、独占禁止法上問題ありません。相手方に質問の趣旨が伝わっている場合には、「安値を出していないでしょうね」というプレッシャーにつながることはないと考えられます。むしろ、自社の卸価格に比べて特約店の提示価格が高過ぎて、もう少し提示価格を抑えてもらいたい場合もあると思います。仮に、そのような要請を行ったとしても、競争を阻害するものではなく、むしろ競争促進的であり、独占禁止法上問題となるものではないと考えられます。

## Q46 ジョイントベンチャーに対する価格指示

当社は別の1社とそれぞれ50％ずつ出資して、ある製品の共同販売会社を設立し、その製品については一括して同社を通じて販売することにしています。その際、当社の製品の販売価格については当社からなんらかの指示を行いたいと思います。再販売価格の拘束として違反になりますか

### Point

一般的に、再販売価格の拘束は、同じブランドの製品を販売する複数の販売業者に対して行われる場合には、その販売業者同士による、そのブランドについての価格競争を阻害することになります。しかし、ご質問のケースでは、販売価格について拘束を受けるのは共同販売会社1社だけであり、同社は他社ブランドとの競争には直面していても、貴社のブランド同士の競争には直面していません。つまり、いわゆるブランド内の競争を阻害するというものではなく、再販売価格の拘束として違反にはならないと考えられます。

### 解説

#### 公正取引委員会の相談事例

公正取引委員会が平成13年3月に公表した相談事例集に類似したケースが記載されています。相談の内容は、おおむね以下のようなことを計画しているが、独占禁止法上問題ないかというものです。

① A社とB社は共同で開発した新製品の販売に際して、50％ずつ出

資してＣ社を設立し、新製品のわが国における特許権をＣ社に帰属させる。
② 　Ｃ社は、その特許権をＡ社にライセンスする。
③ 　Ａ社は新製品の製造を行い、Ｃ社に全量販売する。
④ 　Ｃ社は全購入量をＡ社の100％出資の子会社であるＤ社に販売するとともに、Ｄ社に対し小売店向け販売価格を指示する。

　これに対し、公正取引委員会は、新製品の販売に関するＣ社の意思決定とＡ社の意思決定の間に実質的な差はなく、Ａ社、Ｃ社、Ｄ社間の取引は実質的に同一企業内の行為に準ずるものと認められるとして、上記④の販売価格を指示する行為は独占禁止法上問題ないとしました（Ａ社とＢ社は競争関係にありますが、合計のシェアが高くないことなどから、カルテルの観点からも問題ないとしている）。

　流通・取引慣行ガイドラインでは、親会社とその100％出資子会社との親子会社間の取引および同子会社同士の取引は原則として不公正な取引方法の規制を受けないとしています。親会社の株式所有比率が100％に満たない子会社（原則として株式所有比率が50％超）との取引または同子会社同士の取引も、その取引が実質的に同一企業内の行為に準ずるものと認められるときには、原則として不公正な取引方法の規制を受けないとしています。

　上記のケースでは、Ａ社のＣ社に対する株式所有比率は50％ですが、Ａ社、Ｃ社、Ｄ社間の取引は実質的には上記④に準ずるものとして判断されたと考えられます。

### ブランド内競争

　しかし、よく考えますと、Ｄ社は新製品を全量購入して販売しますので、Ｄ社からみて新製品を販売する者同士の競争には直面していま

せん。すなわち、本件の価格指示は、新製品についてのブランド内競争を阻害することにならず、独占禁止法上問題とならないと考えられます。

ちなみに、同じブランドの製品を複数の販売業者を通じて販売するときは、その販売業者間の競争が期待でき、再販売価格の拘束はそうした競争すなわちブランド内競争を阻害しますので独占禁止法上問題となります。同ガイドラインで「流通業者の販売価格を拘束する場合には、流通業者間の価格競争を減少・消滅させることになることから、このような行為は原則として不公正な取引方法として違法となる」としていますが、この「流通業者間の価格競争」とは、ブランド内の競争と考えられます。

1社のみに対してであっても、価格という重要な競争要素について自由な決定を拘束するもので、他のブランドとの競争を阻害するのではないかという指摘が生じることも考えられますが、他のブランドとの競争上、価格面での対応が必要なときに、一方的に価格を指示して競争しにくくすれば、それはすなわち価格指示をした者にとって不利益につながりますので、そうしたことは想定しにくく、通常、競争を阻害するものとはいえないと考えられます。

## ジョイントベンチャーに対する価格指示

本件の質問についてですが、共同販売会社に一括して販売することとしており、その販売会社に価格指示をしてもブランド内競争が阻害されることはない、すなわち違法とはならないと考えられます。なお、ジョイントベンチャー自体が企業結合の点から問題があるどうかについては、問題になるケースは多くないと考えられますが、別途検討する必要があります。

# 第 6 章

# 流通・取引慣行

## Q47 自己の競争者との取引の制限

当社は業界のなかでは中堅どころであり、従来から当社の取引先販売店には当社の製品を専門的に販売し競争品は扱わない、いわゆる専売店になってもらっています。ただ、こうした販売方法が独占禁止法で問題になる場合があると聞いたのですが、どのような場合ですか

### Point

貴社が主だった販売店の多くを専売店にしている、あるいは同業者も販売店を専売店にしていて、これ以外の競争業者や新規参入者が流通ルートを確保することができない、困難という場合以外は、問題ありません。貴社の製品のシェアが20％以下の場合は、通常、問題とならないとされています。

### 解説

#### 流通・取引慣行ガイドライン

取引先の代理店や流通業者などに対して、マーケティングの一環として自社製品の競争品を取り扱わないこととする、いわゆる専売店契約は、自社製品の販売に力を入れてもらい、販売促進を図るという意味で競争促進的な面があります。しかし、このような制限を行う企業の市場における地位などによっては、既存の競争者の事業活動を阻害したり、新規参入者にとっての参入障壁を高めたりする状況をもたらす可能性があります。

ご質問の行為は、行為のかたちとしてはこれに当たりそうですが、どのような場合が「不当に」と判断されるのでしょうか。この点については、流通・取引慣行ガイドラインで考え方が示されています。
　同ガイドラインでは、市場における有力な事業者が、
① 　取引先に対し自己（自己と密接な関係にある事業者を含む。以下②、③も同じ）の競争者と取引しないよう拘束する条件をつけて取引する行為
② 　取引先に自己の競争者との取引を拒絶させる行為
③ 　取引先に対し、自己の商品と競争関係にある商品の取扱いを制限する条件をつけて取引する行為
を行うことにより、市場閉鎖効果が生じる場合には、その行為は不公正な取引方法に該当し、違法となるとしています。
　上記①から③までの行為は似ていますが、①は競争者と取引しないことが取引の条件になっている場合で、不公正な取引方法の「排他条件付取引」に該当することになります。上記②は、そうした条件性は明確ではないが、競争者と取引しないようにさせる場合で、不公正な取引方法のうちの「その他の取引拒絶」に該当することになります（「その他の」というのは、共同の取引拒絶、いわゆる共同ボイコットと区別してそのように呼ばれる）。③は、競争者と取引しないということではなく、競争品の取扱いのみを制限する場合で、「拘束条件付取引」に該当します。

### セーフハーバー

　「市場における有力な事業者」とは、簡単にいうと、その事業者によるそのような行為によって市場閉鎖効果を生じさせるほど、有力な事業者ということになります。同ガイドラインでは、その市場におけ

るシェアが20％を超えることが一応の目安とされ、20％以下の場合には、通常、公正な競争を阻害するおそれはなく、違法とはならないとされています。もちろん20％を超えても市場閉鎖効果が生じなければ違法とはなりません。

## 市場閉鎖効果

「市場閉鎖効果が生じる場合」とは、①新規参入者や既存の競争者にとって、ほかにかわりうる取引先を容易に確保することができなくなり、②新規参入者や既存の競争者が排除されたり、その取引機会が減少するような状態をもたらすおそれが生じる場合です。

たとえば、そのような行為を行うA社の商品が販売業者にとって品揃え上欠かせない、あるいは、競争者の商品では供給が限られていて、それに頼れない場合には、多くの販売業者はA社との取引を優先し、競争者が排除されるおそれはより大きくなり、市場閉鎖効果が生じやすくなります。そのような行為を行う期間が長期間にわたるほど、行為の相手方の数が多いほど、競争者にとってその相手方との取引が重要であるほど、そうでない場合と比較して、市場閉鎖効果が生じる可能性が高くなります。

A社だけでなくB社もC社もというように、複数の企業がそれぞれ同様の行為を行う場合には、一企業のみが行う場合と比べ、市場全体として市場閉鎖効果が生じる可能性が高くなります。いわば、みんなで専売店契約を結んでいると、それ以外の企業にとっては販売ルートがほかに見つけられにくくなってしまうということです。他社の行動のいかんによって自社の行為が問題になったり、ならなかったりするわけですが、競争に与える影響をみるうえで、市場の実態がどのようになっているかをみる必要があるということです。

## Q48 販売地域の制限

　当社は、全国的な販売網を築いていく過程で、地域別に販売業者は1社というかたちにしてきており、その地域での販売に専念してもらっています。最近、ユーザーが別の地域の販売業者に見積りをとるなど、販売地域の枠を超えた取引の動きが出てきており、販売業者のなかから商権侵害として苦情が出ています。このように各社が販売地域を超えた取引を行わないよう各販売業者にいうことは、独占禁止法上問題とならないですか

### Point

　ユーザーが別の地域の販売業者からも見積りをとるのは、通常、価格面でより有利なところがないか調べるためであり、販売業者ごとに販売地域を設定しているときに、**地域外の顧客からの求めに応じた販売を制限することは、価格競争を阻害するおそれがあり、独占禁止法違反上問題となる可能性が高いです。**

### 解説

　メーカーなど製品の発売元が、自社製品の販売網やアフターサービス体制を築いていくなかで、一定の独占的な販売地域を割り当て、ユーザーへの売り込みなど販売促進に努めてもらうことは、特に新規参入の企業などが事業展開を図っていくための重要な手段となる場合があり、他社の製品との間の競争、いわゆるブランド間競争を促進する面があります。

　一方で、そうした販売地域の割当てが行われている場合、その製品

を販売する販売業者の間の競争、いわゆるブランド内競争が制約される面があります。

### 厳格な地域制限

　公正取引委員会が公表している流通・取引慣行ガイドラインでは、市場における有力な事業者が流通業者に対して一定の地域を割り当て、地域外での販売を制限し、これによって価格維持効果が生じる場合には、不公正な取引方法に該当し、違法となる（拘束条件付取引）としています。なお、こうした制限は、後で述べる「責任地域制」や「販売拠点制」と比べ制限の程度が強いことから、同ガイドライン上で「厳格な地域制限」と呼んでいます。

　ここで、「市場における有力な事業者」と認められるかどうかについては、Q47でも述べたように、その市場におけるシェアが20％を超えることが一応の目安とされ、20％以下の場合には、通常、公正な競争を阻害するおそれはなく、違法とはならないとされています。

　シェアが20％を超えるような企業は、すでにその業界で販売体制を築いており、このような販売地域の制限を通じて事業展開を図るという競争促進効果はすでに大きくなく、むしろ、その企業の製品を販売する販売業者同士の競争が制約されることによる競争へのマイナスのほうが大きくなりやすいと考えられます。

　同ガイドラインでは、市場が寡占的であったり、ブランドごとの製品差別化が進んでいて、ブランド間競争が十分に機能しにくい状況のもとで、市場における有力な事業者によって厳格な地域制限が行われると、そのブランドの商品をめぐる価格競争が阻害され、価格維持効果が生じることとなるとしています。また、複数の事業者がそれぞれ並行的にこのような制限を行う場合は、1事業者のみが行う場合と比

べ、市場全体として価格維持効果が生じる可能性が高くなるとしています。

### 地域外顧客への受動的販売の制限

同ガイドラインでは、事業者が流通業者に対して、一定の地域を割り当て、地域外の顧客からの求めに応じた販売を制限すること（地域外顧客への受動的販売の制限）は、これによって価格維持効果が生じる場合には、不公正な取引方法に該当し、違法となる（拘束条件付取引）としています。

ここでは、「市場における有力事業者」が行う場合に限定されていません。厳格な地域制限と比較して、地域外の顧客からの求めに応じた販売をも制限している分、ブランド内競争を制限する効果が大きいと考えられます。特に、販売業者から「別の地域の販売業者が安値を提示するので困る。」というような苦情を受けて、こうした制限を行う場合は、価格維持効果が認定されやすいと考えられます。

### 責任地域制と販売拠点制

一方で、同ガイドラインでは、次のような行為は、上記で違法となるとされる行為に該当することとならない限り、通常、これによって価格維持効果が生じることはなく、違法とはならないとしています。

① 事業者が流通業者に対して、一定の地域を主たる責任地域として定め、その地域内において積極的な販売活動を行うことを義務づけること（責任地域制）

② 事業者が流通業者に対して、店舗等の販売拠点の設置場所を一定地域内に限定したり、販売拠点の設置場所を指定すること（販売拠点制）

## Q49 流通業者に対する取引先、取引方法の制限

取引先の流通業者に対する制限として、ほかに気をつけておくべき点はありますか

### Point

流通業者間で顧客のとり合いをしないよう制限し、あるいは、安売り業者に商品を横流ししないよう仲間取引を制限する場合には、問題となる可能性が高いといえます。販売方法の制限については、多くの場合問題となりませんが、そうした制限を守っていないことを口実として実は値引き販売をさせないようにする場合には、やはり問題になります。

### 解説

#### 流通業者の取引先に関する制限

すでに述べた厳格な販売地域の制限は、地域ごとに販売活動を行う流通業者を基本的に1社に限定するものですが、この小売業者にはこの卸売業者だけが販売するというように、小売業者ごとに販売活動を行う流通業者を1社に限定する行為、いわゆる「帳合取引の義務づけ」も流通業者間の競争を阻害する面があります。

流通・取引慣行ガイドラインでは、こうした行為によって価格維持効果が生じる場合は不公正な取引方法に該当し違法（拘束条件付取引）としています。

厳格な販売地域の制限では、市場における有力な事業者が行う場合

に違法となるとしていますが、帳合取引の義務づけについては、その場合に限られないことになります。この「有力な事業者」が要件とされていない点では、「地域外顧客への受動的販売の制限」と同じ扱いとなっています。

この点について同ガイドラインでは、帳合取引の義務づけを行うと、他の卸売業者の帳合先の小売業者から取引の申出があってもその申出に応じてはならないこととなり、これは「地域外顧客への受動的販売の制限」と同様の行為であるとしています。

間接的な取引先ごとに卸売業者を1社に限定する行為としては、このユーザーにはこの卸売業者だけが販売することにするというケースも考えられますが、同様に、これによって価格維持効果が生じる場合には不公正な取引方法に該当すると考えられます。

なお、メーカーが小売業者やユーザーと直接価格交渉を行い、実際の受発注対応や配送を行わせるため、特定の卸売業者を商流の間に入れる行為は、上記の行為には当てはまりません。

### 仲間取引の禁止、安値販売業者への販売禁止

同ガイドラインでは、事業者が流通業者に対して商品の横流しをしないよう指示する、いわゆる「仲間取引の禁止」は、これによって価格維持効果が生じる場合には不公正な取引方法に該当し違法（拘束条件付取引）としています。特に、これが、安値販売業者に商品が流れないようにするために行われる場合には、通常、価格競争を阻害するおそれがあり、原則として不公正な取引方法に該当し違法としています。

また、事業者が卸売業者に対して、安値販売を行うことを理由に小売業者へ販売しないようにさせることは、通常、価格競争を阻害する

おそれがあり、原則として不公正な取引方法に該当し違法（その他の取引拒絶または拘束条件付取引）としています。

### 選択的流通

ただし、同ガイドラインでは、次の条件を満たす一定の基準を設定し、その基準を満たす流通業者を通してのみ販売し、その結果、基準を満たさない安売り業者がその商品を扱えないこととなっても、通常、問題とはならないとしています。
① その基準が、商品の品質の保持、適切な使用の確保など消費者の利益の観点からそれなりの合理的な理由に基づくものと認められる。
② その商品の取扱いを希望する他の流通業者に対しても同等の基準が適用される。

### 小売業者の販売方法に関する制限

同ガイドラインでは、事業者が小売業者に対して、商品の説明販売や商品の一定の品質管理、自社商品専用の販売コーナーや棚場の設置を指示するなど販売方法（販売価格、販売地域、販売先に関するもの以外）を制限しても、次の条件を満たす場合は、それ自体は独占禁止法上問題となるものではないとしています。
① 商品の安全性の確保、品質の保持、商標の信用の維持等、その商品の適切な販売のためのそれなりの合理的な理由が認められる。
② 他の小売業者に対しても同等の条件が課せられている。

上記の選択的流通と販売方法の制限について、いずれも他の流通業者に対する同等の基準、条件の適用が必要とされています。他の流通業者が必ずしも基準を満たしていなかったり、指示された販売方法を

きちんととっていなかったりするなかで、たまたま安売り店がそうした基準、条件を満たさないから商品を流さないといっても説得力はなく、実質的には安売りが理由になっていると判断されるおそれがあると考えられます。

## Q50 インターネット販売の制限

当社は電子機器のメーカーです。最近、取引先小売業者のなかにインターネットで当社の製品を販売する者が出てきており、その価格は通常の店頭価格に比べるとかなり安く、従来から販売いただいている複数の取引先小売業者から苦情が出ています。以前、商品の説明販売の義務づけは独占禁止法違反にならないと聞いたので、当社の製品についても販売に際しては対面で操作方法について説明するよう義務づけ、インターネットでの販売はご遠慮願うこととしたいと思いますが、問題ないですか

### Point

価格競争を回避したい取引先小売業者の要請を受けて、そうした対面説明販売の義務づけを行う場合には、拘束条件付取引として独占禁止法違反となる可能性が高いと考えられます。

### 解説

#### 販売方法の制限

Q49でも述べましたように、流通・取引慣行ガイドラインでは、事業者が小売業者に対して商品の説明販売を義務づけるなど販売方法を制限することは、商品の安全性の確保、品質の保持、商標の信用の維持等、その商品の適切な販売のためのそれなりの合理的な理由が認められ、かつ、他の小売業者に対しても同等の条件が課せられている場合には、それ自体は独占禁止法上問題となるものではないとされてい

ます。

　対面での説明販売を求めることとしたいとのことですが、いままで対面説明販売の義務づけは徹底されていたのでしょうか。新製品については特段の対面説明販売が必要というそれなりの合理的な理由があれば別ですが、従来品とそう大きく変わらないときに、いままで対面説明販売を求めていないのに、今後は求めたいとするのであれば、合理的な理由は認められにくいと考えるべきでしょう。ここで、「それなりの合理的な理由」とは、当事者がぜひそれを徹底させたいと思うそれなりの合理性でよく、競争秩序維持の観点から判断される合理性、すなわち独占禁止法の規定で用いられている「正当な理由」との用語とは異なると考えられます。

　公正取引委員会が公表している平成26年度の相談事例集にほぼ同様の事例が紹介されており、その事例では、相談者はこれまで小売業者に対して電子機器の操作方法の説明を求めておらず、一般消費者からも操作に関する問合せがほとんどないこと、インターネットで店舗より安く販売されていることから、その電子機器の販売価格が維持されるおそれがあり、拘束条件付取引に該当し、独占禁止法上問題となるとしています。

　仮に新製品だからといっても、店頭で特段の説明は不要と思う小売業者もいるでしょうし、消費者に「説明書をみればわかるのではないか」などの印象をもたれ、詳しい説明はしにくいことも考えられます。メーカーとしては、説明販売がぜひ必要なもので、その徹底を図っているということでないと、「他の小売業者に対しても同等の条件が課せられている」という実態にはならないことも考えられます。

　むしろ、インターネットのほうが動画による説明を行ったうえでなければ購入に進めないようにすることも可能で、説明義務の徹底が図

Q50　インターネット販売の制限　169

られやすいとも考えられます。いずれにしろ、他の小売業者の苦情を受けて、あるいは本音ベースではインターネットでの安値販売はやめさせたいということであれば、独占禁止法違反とされるおそれは高いといえます。

### 違反とならなかったケース

　商品の対面販売の義務づけが独占禁止法違反にならなかったケースとしては、資生堂の販売会社と小売業者との間の民事訴訟事件があります。この事件で、小売業者Aは販売会社Bによる対面販売の義務づけは独占禁止法違反と主張しましたが、判決は次のようにこの主張を退けています（平成10年12月18日最高裁判決）。

① 　本件行為は、最適な条件で化粧品を使用して美容効果を高めたいとの顧客の要求に応え、あるいは肌荒れ等の皮膚のトラブルを防ぐ配慮をすることによって顧客に満足感を与え、資生堂化粧品に対する顧客の信頼（いわゆるブランドイメージ）を保持することを目的にしている。

② 　化粧品という商品の特性から顧客の信頼を保持することが化粧品市場における競争力に影響することは自明であり、Bが対面販売という販売方法をとることにはそれなりの合理性があると考えられる。

③ 　Bは他の取引先にも契約で本件と同様の義務を課しており、実際にも相当数の資生堂化粧品が対面販売により販売されていることからすれば、Aに対してこれを義務づけることは、相手方の事業活動を不当に拘束する条件をつけた取引に当たるものということはできないと解される。

## Q51 総代理店契約

総代理店契約を結ぶうえで、独占禁止法上留意すべき点はどのようなことですか

### Point

流通・取引慣行ガイドラインでは、総代理店契約についても述べており、基本的な考え方は流通一般について述べた考え方と同じですが、総代理店契約にみられがちな条項に着目した考え方が述べられています。

### 解説

#### 流通・取引慣行ガイドライン

同ガイドラインでは、国内または海外の企業が国内の別の企業に自社製品の日本国内における一手販売権を付与する契約についても独占禁止法上の考え方を説明しています。一手販売権を付与される企業は総発売元、輸入総代理店などと呼ばれますが、同ガイドラインでは、これらをまとめて「総代理店」、一手販売権を付与している企業を「供給業者」、これらの間の契約を「総代理店契約」と呼んで説明しています。

総代理店契約は、国内ですでに販売網を築いている企業を利用することにより、国内の販売市場に参入するコストや参入に伴うリスクの軽減を図ることができるという利点があり、そうした点で競争促進的な面があります。

同ガイドラインでは、供給業者が供給対象の商品に関して、
① 　総代理店の販売価格を制限する行為
② 　契約期間中において、総代理店の競争品の取扱いを制限する行為
③ 　総代理店の取引先または販売方法を制限する行為
④ 　総代理店にその販売先の販売業者の販売価格、競争品の取扱い、国内における販売地域、取引先、または販売方法を制限するようにさせる行為

については、それぞれ、同ガイドラインで流通一般について述べている考え方、たとえば①については再販売価格の拘束は原則違法との考え方が適用されるとしています。

## ガイドラインの読み方

しかし、このうち①と③については、総代理店は国内での一手販売権をもっているわけですから、総代理店と他の販売業者と間のブランド内競争（同じブランドの製品の販売をめぐる競争）を阻害する事態は、通常、想定されにくいと考えられます。

また、②については、総代理店1社だけに競争品の取扱い制限を行うことになりますので、通常は市場閉鎖効果、すなわち、競争業者がほかに販売ルートを見出すことが困難になるおそれは生じにくいと考えられます。その1社を抑えられたら、競争業者は国内市場に参入することが困難という特別な場合に問題になると考えられます。同ガイドラインでは、契約期間中において、すでに総代理店が取り扱っている競争品の取扱いを制限するものでない場合は、原則として独占禁止法上問題とはならないとしています。

上記の④については、違反になるような行為を供給業者が総代理店に行わせる場合には、供給業者も違反になるということになります。

### 契約終了後の競争品の取扱い制限

また、供給業者が契約終了後において総代理店の競争品の取扱いを制限することは、総代理店の事業活動を拘束して、市場への参入を妨げることとなるものであり、秘密情報（販売ノウハウを含む）の流用防止その他正当な理由があり、かつ、それに必要な範囲内で制限するものである場合を除き、原則として独占禁止法上問題となるとしています。

競争品の取扱制限をすると、競争者が他に販売ルートを見出すことが困難になる可能性がありますが、そうした制限があるときの市場閉鎖効果は、契約期間中と契約終了後で変わらないと考えられます。契約期間中と契約終了後で扱いが大きく異なっている理由については同ガイドラインで言及していませんが、契約終了後は総代理店契約による競争促進的な面がなくなる一方、総代理店だった企業の事業活動を拘束するという点で、一定の競争阻害効果のみが残ることになるためとも考えられます。

### 問題とならない行為

また、同ガイドラインでは、以下のような行為については原則として独占禁止法上問題とはならないとしています。
① 供給業者が総代理店に対し、許諾地域（総代理店に一手販売権が付与される地域）外において契約対象商品を自ら積極的に販売しない義務を課すこと
② 総代理店が供給業者に対し、許諾地域外におけるその供給業者の直接の取引先が契約対象商品を許諾地域において自ら積極的に販売しないようにさせること

③ 供給業者が総代理店に対し、契約対象商品を自己またはその指定する者からのみ購入する義務を課すこと
④ 供給業者が総代理店に対し、契約対象商品の最低購入数量・金額または最低販売数量・金額を設定し、もしくは契約対象商品を販売するため最善の努力をする義務を課すこと

## Q52 並行輸入妨害

当社は、ブランド品を海外の取引先から並行輸入して国内で販売していますが、日本国内の輸入総代理店からの妨害で取引が困難になっています。なんとかならないですか

### Point

安い並行輸入品が出回ると、いわゆる正規輸入品は並行輸入品との競争圧力にさらされることになります。輸入総代理店がこうした競争を回避して商品の価格維持を図るために並行輸入を妨害する行為は独占禁止法上問題となります。

公正取引委員会に相談し、妨害を受けていると考える根拠、できれば具体的な資料を提示するなどして、対応を要請することが考えられます。

### 解説

#### 並行輸入による競争促進

メーカーなど一定のブランドの商品の供給業者(以下「供給業者」という)が商品を国際的に販売する場合、国ないし地域ごとに輸入総代理店を設け、一手販売権を与えることにより、その国ないし地域の実情に応じて、その商品のブランド価値を高めるための広告・宣伝活動、販売網の構築、アフターサービス体制の整備などを担ってもらう場合があります。

このとき、国・地域ごとの価格水準は、それぞれの所得水準、商品

の人気の度合い、為替レートの変動などによって異なることがよくみられます。このような価格差によっては、価格の低い国・地域から価格の高い国・地域にその商品を移動するだけで利益が得られる場合があります。

　このような場合でも、通常、輸入総代理店は一手販売権を与えられた地域（以下「許諾地域」という）の外でその商品を自ら積極的に販売することはできません。供給業者がそうした義務を課しても、Q51で説明したように独占禁止法上問題ありません。しかし、第三者が別の国の輸入総代理店の取引先から購入して輸入するなど、輸入総代理店とは別のルートでその商品を輸入することがあり、これは「並行輸入」と呼ばれます。

　並行輸入は一般に価格競争を促進する効果をもち、価格を維持するためにこれを阻害する場合には独占禁止法上問題が生じます。

### 並行輸入の不当阻害

　流通・取引慣行ガイドラインでは、輸入総代理店の以下のような行為は、総代理店制度が機能するために必要な範囲を超えた行為であり、商品の価格を維持するために行われる場合には、不公正な取引方法に該当し違法となるとしています。

① 並行輸入業者が供給業者の海外における取引先に購入申込みをした場合に、その取引先に対し、並行輸入業者への販売を中止するようにさせること（ただし、供給業者に対して、その直接の取引先が許諾地域において自ら積極的に販売しないようにさせることは問題ない）

② 並行輸入品の製品番号などによりその入手経路を探知し、これを供給業者ないしその海外における取引先に通知するなどして、その取引先に並行輸入業者への販売を中止するようにさせること

③　並行輸入品を取り扱わないことを条件として国内の販売業者と取引するなど、販売業者に対し並行輸入品を取り扱わないようにさせること
④　取引先卸売業者に対し、並行輸入品を取り扱う小売業者には契約対象商品を販売しないようにさせること
⑤　並行輸入品を取り扱う事業者に対し、十分な根拠なしにその並行輸入品を偽物扱いし、商標権の侵害としてその販売の中止を求めること（訴えられれば信用失墜のおそれがあるとして並行輸入品の取扱いを避ける要因となる）
⑥　総代理店やその取引先販売業者以外では並行輸入品の修理が著しく困難な場合や、これら以外の者から修理に必要な補修部品を入手することが著しく困難な場合に、自己の取扱商品でないことのみを理由に修理や補修部品の供給を拒否したり、販売業者に修理や補修部品の供給を拒否するようにさせること
⑦　取引先広告媒体に対して、正当な理由なく並行輸入品の広告を掲載しないようにさせるなど、並行輸入品の広告宣伝活動を妨害すること

### 並行輸入の不当阻害とならない場合

　もちろん、並行輸入品と称する商品が偽物である場合には、商標権侵害を理由にその販売を差し止めることができます。また、同ガイドラインでは、次のような場合で商標の信用を保持するために必要な措置をとることは、原則として独占禁止法上問題とはならないとしています。
①　商品仕様や品質が異なる商標品であるにもかかわらず、虚偽の出所表示をするなどにより一般消費者に総代理店が取り扱う商品と同

一であると誤認されるおそれがある場合
②　並行輸入の品質が劣化して消費者の健康・安全性を害することなどにより総代理店の取り扱う商品の信用が損なわれることとなる場合

## Q53 流通・取引慣行ガイドラインの平成29年改正

流通・取引慣行ガイドラインについては、これまでこれに準拠して法令遵守に努めてきたところですが、平成29年にこのガイドラインが大きく変わったということを聞きました。どのように変わったのですか

### Point

このガイドラインは、平成の初めの頃の日米構造協議をふまえて作成、公表されたものです。今回、全体の構成や用語の整理を含め、全体として、よりわかりやすく、見やすいものに改正されていますが、従来からの考え方を大きく変えた点はみられません。

### 解説

#### ガイドラインで禁止？

流通・取引慣行ガイドラインは、平成元年から平成2年6月まで行われた日米構造協議を受けて、検討、作成が行われ、平成3年7月に公表されました。その後、何回か改正がありましたが、今回、このガイドラインが大幅に改正され、平成29年6月に公表されました。

よく「ガイドラインで禁止されている」という言葉を聞きますが、ガイドラインは法令そのものではなく、法令の解釈や法令の運用方針を示すものです。したがって、ガイドラインは、もちろん裁判所の判断を拘束するものではありません。しかし、その内容が説得力のあるものであれば、裁判所としても法令の解釈上参考とするものと考えら

れます。

## ガイドラインの作成

　日米構造協議は、米国の対日貿易赤字が拡大するなかで、日米の貿易摩擦解消のために行われたものです。日米の双方の構造問題が議題となりましたが、議論の中心は日本の構造問題で、とりわけ日本の流通、排他的な取引慣行、系列関係に重点が置かれました。米国側としては、日本の流通慣行が外国製品を含めた流通アクセスを阻害しているのではないか、また、系列関係にある企業間取引が優先され、系列外の企業が排除されているのではないかという問題意識がありました。

　この議論の結果、対応策の一環として、流通に関しては流通取引における公正な取引が阻害されることのないよう独占禁止法の運用をできるだけ具体的かつ明確に示したガイドラインを作成する、系列に関しては企業間取引の継続性と排他性についてのガイドラインを作成することになり、これらを一本化したかたちで流通・取引慣行ガイドラインが作成されました。なお、このほか独占禁止法の制度や執行体制の強化も行うこととなりました。

## 今回の改正

　このうち、企業間取引の継続性と排他性については、ガイドライン作成時点で具体的な事件になったものが少なく、想定事例を基にしたガイドラインとならざるをえませんでしたが、今回の改正では、以下の項目が、これまで問題となった審判決例や相談事例がないことなどから削除されました。

ア　「不当な相互取引」（相互取引：お宅から買っているんだから当社の

製品を買ってくださいよというように、2社間で双方向の売買が関連づけられている取引）
イ 「継続的な取引関係を背景とするその他の競争阻害行為」
ウ 「取引先事業者の株式の取得・所有と競争阻害」

　また、今回の改正では、全体の構成の整理や用語の整理が行われたほか、主要な点として、以下のような改正が行われました。よりわかりやすく、みやすいものとなっていますが、従来からの考え方を大きく変えた点はみられません。これは法律自体が変わっていないなかでは当然のことかもしれません。

① 抱き合わせ販売について、ガイドライン制定後、措置事例や相談事例が複数あることから、新たに記載する。
② 垂直的制限行為は、競争阻害効果に加え、新商品の販売が促進されたり、新規参入が容易になったり、品質やサービスが向上したりするといった競争促進効果も考慮する旨を記載する。
③ インターネットを利用した取引は、実店舗の場合と比べ、より広い地域やさまざまな顧客と取引することができるため、事業者にとっても顧客にとっても有用な手段であること、インターネットを利用した取引か実店舗を利用した取引かでその考え方を異にするものではないことを明記する。
④ 必要に応じて各行為類型において、インターネット取引に係る具体例を追記する。
⑤ プラットフォーム事業者に係る考え方を追記する（適法・違法性判断にあたっての基本的な考え方は同じであること、考慮事項としてネットワーク効果等も含まれることを明記）。
⑥ 審判決例や相談事例については、可能な限り事業者の理解の助けになるようなものを追加する。

## Q54 不当な利益による顧客誘引

不公正な取引方法として、不当な利益により顧客を誘引することが禁止されていますが、相手方の利益になることを提案し、提供することにより自分の顧客になっていただこうということは、取引の基本です。いったいどのような場合が不当なのですか

### Point

不当な利益による顧客誘引として問題となるケースはかなり限られており、別の法律で規制されるようになったものもあります。顧客のために利益となることをして、ある日突然違法といわれても困りますが、これまで問題になったケース以外で、事前の問題指摘もなく突然、法的措置を受けるということは基本的にないと考えられます。

### 解説

「正常な商慣習に照らして不当な利益」による顧客誘引として法的措置の対象となったものとしては次のものがあり、件数的にもきわめて限られています。

① 購入者に抽選で現金100万円を提供（昭和30年排除審決）
② 自己のみと取引する者に仕入れ価格以下で販売させ、その差額を提供（昭和35年排除審決）
③ エアコン購入者にカラーテレビなど高額の商品を提供（昭和43年排除審決）
④ 大口顧客との取引関係の維持、拡大のため、一部の大口顧客に対し、損失を補てん（平成3年排除審決、Q55参照）

このうち、①と③は景品表示法による規制のなかに、④は証券取引法（現在の金融商品取引法）による規制のなかに取り込まれています。

### 景品提供

抽選などで高額の金銭、商品が当たる懸賞付販売は、合理的な期待値（懸賞額×当たる確率）以上に期待感を抱かせ、商品そのものの品質や価格による競争をゆがめるおそれが大きいと考えられます。宝くじの期待値は販売価格を大きく下回りますが多数の人が買うように、懸賞は合理性を超えた期待感を抱かせ、販売促進に用いられやすい面があります。

上記①の事件の100万円という懸賞額は明らかに高額と考えられますが、当時、違法の線引きが明確ではありませんでした。このため、業種別に景品付販売が不公正な取引方法として指定され、その後、景品表示法（昭和37年制定）に基づき具体的な制限内容が定められることとなりました。現在は、商品額の20倍または10万円のいずれか低い額が懸賞による景品の上限です。

上記③の事件は、約34万円から47万円のエアコン1台につき約17万円のカラーテレビなどを提供していたというものです。当時、エアコンの販売では景品が提供される場合でもおおむね5,000円どまりであったとされており、これを大幅に上回ります。ただ、これはエアコンとカラーテレビをセットで販売したものともいえ、どのような点をもって「不当」といえるかは難しいとも考えられます。その後、景品表示法でこのような購入者全員に提供する景品（いわゆる総付け景品あるいはベタ付け景品）も規制されるようになり、現在は、商品額の2割（これが200円未満になるときは200円）が上限とされています。

### 取引妨害の手段となったもの

　上記②は市場での「せり」を行う独占的な卸売業者によるケースで、競争業者を排除するため、自己とのみ取引する者に、せりによる仕入れ価格以下で販売させ、赤字分の額を提供することとしていました。競争業者と取引すると不利にさせ、競争業者と取引しないようにさせるための手段として行われたものと考えられ、不当廉売または不公正な取引方法の1つである「競争者に対する取引妨害」に該当しうる行為と考えられます。

### 損失補てん

　上記④の事件は、「投資家が自己の判断と責任で投資をするという証券投資における自己責任原則に反し、証券取引の公正性を阻害するものであって、証券業における正常な商慣習に反するもの」とされたものです。事件の以前から損失補てんを契約の条件にすることは当時の証券業法で規制されており、事後的な補てんに対しても問題が指摘されていました。

### 購入決定関係者への利益提供

　このほか、公正取引委員会は、平成28年7月、教科書会社9社が教科書の採択に関与する可能性のある教員その他の関係者に金銭、懇親会での酒類・料理、中元・歳暮などを提供することにより、「不当な利益による顧客誘引」に該当する行為を行っていた疑いがあるとして警告・公表しました。取引先の一部関係者に利益提供する行為も、商品・役務の価格、品質による競争をゆがめるものと考えられます。なお、こうした行為は平成18年6月まで、いわゆる教科書特殊指定によ

り不公正な取引方法とされており、同指定廃止の際に、同指定に該当する行為は一般指定の不公正な取引方法に該当するものとされています。

## Q55 損失補てんが独占禁止法違反？

以前に証券会社が大口の顧客に対して損失の補てんをして独占禁止法違反になったと聞きましたが、独占禁止法で取り締まるような話なのですか

### Point

証券投資における自己責任原則に反し、証券取引の公正性を阻害するもので、証券業における正常な商慣習に反するものとして、不当利益顧客誘引に当たるとされました。こうした行為は、刑事罰や課徴金が課されるものではなく、問題があれば事後的に排除しようという法体系になっています。

### 解説

#### 独占禁止法の適用

平成3年12月に公正取引委員会は、大手証券会社4社が行っていた顧客に対する損失補てんが不公正な取引方法の「不当な利益による顧客誘引」に当たるとして、4社に対して排除審決を行いました。

この不当利益顧客誘引は、「正常な商慣習に照らして不当な利益をもって、競争者の顧客を自己と取引するように誘引すること」と規定されており、事業者向け景品提供などに適用例がありますが、損失補てんに適用されるということは従来はだれも考えていなかったと思います。

排除審決では、おおむね次のような事実認定をしています。

① 4社は、昭和60年頃から投資顧問契約がついていない特定金銭信託（営業特金）を中心とした有価証券の売買等による資金運用（営業特金等）の拡大に努めてきたところ、
　ア　昭和62年10月の株価暴落を契機として、営業特金等に損失を生じるなどの影響が現れた
　イ　大蔵省（当時）から損失補てん等を厳に慎む等の指導を受け、平成2年1月頃から営業特金等の運用の実情について総点検し、その適正化を図ってきたが、同月以降、株価が下落し、一部顧客から苦情が聞かれるようになった
　ウ　平成2年4月以降においても株価が好転せず、一部顧客からの苦情等もあったことから、それぞれ、取引上重要な一部の顧客に対して、取引の維持、拡大のため、損失補てん等を行うこととし、これを実施した。
② 4社は、平成3年3月末までに各社総額250億円から600億円の損矢補てん等を行い、その大部分は前記①の行為による。

　当時の営業特金では、実質的には証券会社の営業マンに売買を一任し、株価暴落までは、営業マンは株式などの有価証券の売買を行って手数料を稼ぎ、また、株価バブルで運用益もあがり顧客も潤っていたようです。証券会社が、実質売買を一任されていたなかで、自分たちに積み上がった利益の一部を用いて損失を被った顧客に対し補てんをし、取引の継続、拡大を図ったのであれば、証券業についての法規制の対象になるか否かはともかく、通常の取引に照らすと悪性は感じられにくく、少なくとも当事者は独占禁止法上問題になるとの認識はなかったと思われます。なお、この排除審決があった直前の平成3年10月に証券取引法（現在の金融商品取引法）が改正され、同法で損失補てんが禁止されることとなりました。

### 関係者の責任

4社のうち野村證券の取締役らに対して、違法な損失補てんによって会社に損害を与えたとして株主代表訴訟が起こされました。判決では、当時、損失補てんが独占禁止法に違反するとの認識を有しなかったことにはやむをえない事情があり、過失があったともいえないとして、損害賠償責任は否定されました（平成12年7月7日最高裁判決）。

不公正な取引方法は、刑事罰の対象にはなっておらず（確定した排除措置命令に違反した場合は別）、一部例外を除き、課徴金対象ともなっていません。これは、多様で変化の激しい経済社会においてどのような行為が不公正な取引方法として排除すべきかあらかじめ判断できないことも多く、問題があった場合には、まずは制裁的なことは別として、行政的な排除措置のみを講じようという法体系になっているということです。

### RICO法

ちなみに、平成27年5月、国際サッカー連盟（FIFA）の副会長2人を含む7人がスイスで逮捕され、FIFAや企業の関係者14人が米国で起訴されました。ワールドカップの誘致や放映権などの決定にあたってFIFAの役員が巨額の賄賂を受け、米国のRICO法に違反するという容疑です。RICO法は、マフィアなどの犯罪組織を効果的に取り締まるためにできた法律で、関係者はまさかこの法律で捕まるとは思っていなかったと思います。ただ、この場合は明らかに不正と思われる行為です。具体的な法令を想定して、これを遵守することは重要ですが、それだけにとどまらず、社会の要請に応える観点から不正と思われる行為をしないことが必要になります。

## Q56 抱き合わせ販売

当社は銀行ですが、M&Aを検討している企業に対して、当行から必要な資金を融資するとともに、当社の子会社からM&Aに関するアドバイスや株式の公開買付けなどのサービスをあわせて提供したいと考えています。抱き合わせ販売になってしまいますか

### Point

2つの商品やサービスをあわせて提供しているからといって「抱き合わせ販売」となるものではありません。購入を強制しているのか、セットで提供することでより付加価値の高いものになっているのか、競争にどのような影響があるのかをみる必要があります。

### 解説

#### 金融のガイドライン

公正取引委員会は、銀行、信託、証券、保険の各業務の相互参入についてのガイドライン、「金融機関の業態区分の緩和及び業務範囲の拡大に伴う不公正な取引方法について」を公表しています。

近年、金融の規制緩和、自由化が進み、これらの業態間の相互参入が可能となってきていますが、なかでも銀行は融資業務を通じて多くの企業に対して大きな影響力をもっており、このような自由化のなかで、銀行がそうした影響力を用いて証券その他の業態での事業展開を図る場合には、金融市場における公正な競争が阻害される可能性があ

ります。同ガイドラインは、こうした問題の発生を未然に防止する観点からいろいろなケースを想定して、どのような行為が不公正な取引方法として独占禁止法上問題となるかについてまとめたものです。

同ガイドラインの記載ぶりは未然防止に重きを置いたかたちとなっており、その読み方によっては事業活動に対して過度に抑制的になってしまうことも考えられます。ご質問のケースに関連する同ガイドライン中の記載としては、以下のものがあります。

「金融機関が、企業に対する融資を行うに当たり、自己の子会社の取り扱う有価証券の購入等を要請し、これに従うことを事実上余儀なくさせること。(抱き合わせ販売等)」

### 余儀なくさせる

近年は、企業の資金需要が減退するなかで、多くの場合、ほかにも貸付を行いたい金融機関があり、貸付の際に他の証券関係の業務の取引を要請したからといって、直ちに「余儀なくさせる」こととなる実態にはないと考えられます。M&Aのための資金貸付と各種のアドバイスや株式の公開買付けなどのサービス提供がセットで行われる場合であっても、これらが一体的に提供されることにより付加価値が生じるようなものである場合には、独占禁止法違反となるような「抱き合わせ販売」に当たるものとはいえないと考えられます。

### 抱き合わせ販売の具体的なケース

抱き合わせ販売として独占禁止法違反となるものとしては、次の2つが考えられており、金融業の事例はありませんが、実際の法的措置のケースはこれらに限られています。

① Aという商品・役務の分野で独占的あるいはきわめて有力な事業

者が、Bという商品・役務を抱き合わせ販売し、Aを購入したい人の多くが同事業者からBを購入せざるをえないようにすること
② 人気商品に不人気な商品を抱き合わせて販売

　上記①は、B分野における価格、品質による公正な競争が阻害されることになります。日本マイクロソフト社が市場シェア１位の表計算ソフトにワープロソフトやスケジュール管理ソフトを抱き合わせて販売して独占禁止法違反とされたケースがあります（平成10年12月排除審決）。このような抱き合わせ販売は私的独占にも該当する可能性のある行為です。

　上記②としては、人気ゲームソフトの販売に際して、一部の販売業者が他の不人気なゲームソフトを抱き合わせて販売して独占禁止法違反とされたケースがあります（平成４年２月28日公取委審決）。なお、このケースについては、その人気ゲームソフトの人気が沸騰していて、ある意味ではメーカー希望小売価格を超えたプレミアム価値がついており、不人気で売れ残っているゲームソフトを抱き合わせることで、事実上、プレミアム価値に応じた販売を行ったとも考えられます。

　販売業者としては、むしろ、商道徳的にメーカー希望小売価格を超えた価格での販売はしにくかったのかもしれませんが、仮にプレミアム価値に応じた価格で販売したということであれば、独占禁止法上は問題にならなかったと考えられます。ただ、メーカー希望小売価格分のお金を握りしめて買いに来た小さな消費者に「ぼうや、ほかのゲームソフトも一緒じゃないと買えないよ」とか「これだけのお金じゃ買えないよ」という場面を想像すると、独占禁止法は別としても、何かひどいなという気がします。

## Q57 確約制度で措置が免除される？

独占禁止法違反の疑いで調査を受けた後でも、企業側が自主的に排除措置をとれば、排除措置命令も受けず、課徴金もかからない制度が導入されたと聞きましたが、本当ですか

### Point

環太平洋パートナーシップ協定（以下「TPP協定」という）の締結に向けて、平成28年12月に各種の法改正が行われました。独占禁止法の改正も行われ、いわゆる確約制度が導入されました。この制度は、独占禁止法違反の疑いで調査を受けた後、一定の要件で企業側が公正取引委員会に改善計画を出して認められれば、法的措置を受けないというものです。ただし、改正法が施行されるのはTPP協定がわが国で効力を生じた日とされ、平成29年12月段階では、施行がいつになるか見通しはついていません。

### 解説

#### 制度の内容

TPP協定では、参加各国の企業が域内でより共通した競争法（各国の独占禁止法はまとめて「競争法」と呼ばれる）のもとで活動できるよう競争政策のハーモナイゼーション（協調・調和）についても規定しています。この競争政策に関する規定のなかに、「協定参加国は、自国の競争当局に対し、競争法違反の疑いがあったときに、その当局と企業の合意により自主的に解決する権限を与える」旨の規定があり、

今回の独占禁止法改正は、この規定に基づくものです。このような制度は、すでに欧米のほか、中国、韓国でも導入されています。

今回導入された日本の確約制度は次のような内容です。

① 事件調査開始後、確約制度の手続に乗せるどうかを公正取引委員会が判断。公正取引委員会は、競争促進を図るうえで必要と認めるときは、独占禁止法に違反する疑いのある行為の概要、下記②の認定申請ができることなどを関係企業または事業者団体に通知する。

② 通知を受けた企業または団体がこの制度を利用しようとするときは、違反の疑いのある行為の排除のための措置や実施期限などを定めた排除措置計画を作成し、同計画を通知の日から60日以内に公正取引委員会に提出して、計画の認定を申請する。

③ 公正取引委員会は、排除措置計画が、排除措置として十分であり、確実に実施されると見込まれると判断するときは、計画を認定する。認定を受けた企業や団体は、排除措置命令や課徴金納付命令を受けないことになる。

④ 認定後でも、公正取引委員会は、排除措置計画に従って排除措置が実施されていないと認めるとき、あるいは、虚偽もしくは不正の事実に基づいて認定を受けたときは、認定を取り消す。

⑤ 排除措置計画の申請がない場合あるいは認定を取り消した場合には、公正取引委員会は通常のとおり、調査を継続し、排除措置命令、課徴金納付命令に進むことになる。また、通常は違反行為終了から5年たつとこれらの命令はできないが、認定の取消しの決定があった場合は、この5年が経過していても取消決定の日から2年間は命令の対象になる。

### 制度の運用

　法律の規定上、対象行為は、私的独占、不当な取引制限（各種のカルテル、談合）、事業者団体の行為、企業結合、不公正な取引方法など広範にわたっています。しかし、平成28年12月の公正取引委員会の公表文では、「価格カルテル、入札談合等は対象外」としており、運用上対象にしない方針を示しています。この「等」のなかには、数量カルテルなど課徴金の対象となるようなカルテルが含まれると考えられます。

　今回の確約制度はTPPの効力が発生してからの実施になりますが、すでに類似した法運用がみられます。公正取引委員会は、アマゾンジャパンに対し独占禁止法違反の疑いがあるとして審査を行ってきました。同社の運営する電子モールの出品者に対して価格などの面で他の販売経路での販売と同等かそれ以上に有利な条件で出品することを同社が義務づけていることが、出品者の事業活動を不当に拘束しているという疑いです。これに対し、同社から自発的な措置をすみやかに講じるとの申出があり、その内容を検討したところ、違反の疑いを解消するものと認められたとして、公正取引委員会は、平成29年6月、本件審査を終了する旨公表しました。

　なお、EUの欧州委員会は平成25年に米国のマイクロソフト社に対し欧州委員会との合意に違反したとして、5億6,100万ユーロ（約683億円）の制裁金を科しましたが、上記の確約制度には計画に反した場合のペナルティーはありません。その意味では、現在でも確約制度と同様のことが法律の運用上できるわけですが、法的な安定性や手続の透明性という点からは法制化が望ましいと考えられます。

# 第 7 章

# 不当廉売

## Q58　1円入札

ある自治体の入札がありますが、その発注がとれるとほぼ自動的に大きな利益の出る仕事が受注できることになるので、今回の入札は無料でもとりたい。たとえば、1円で入札しても不当廉売などで問題になりませんか

### Point

1つの取引が他の取引と事実上一体となっている場合、取引全体の採算がとれていれば通常は不当廉売として問題とはならないと考えられます。1回目の購入に対しては試供品的にきわめて安価に設定するということはよくあることです。著しい安値入札があった場合、むしろ、公的な発注の仕方に問題があることも多く、トータルでみて発注者にとって最も有利な発注方法を検討すべきかもしれません。

### 解説

価格1円での入札などの著しい安値入札については、これまで独占禁止法違反とされたことはありませんが、警告・公表や厳重注意・公表が行われたケースが多くあります。一方、最近の2件を含め、違反事実なしとして公表されたケースもいくつかみられます。

#### 問題とされたケース

平成元年11月、公正取引委員会は、地方自治体発注のコンピュータ・システムの開発・設計業務の入札に1円で応札した富士通とNECに対し、著しい安値入札を繰り返し行う場合には不当廉売に該

当するおそれがあるとして厳重注意を行いました。より詳細なシステム設計業務やコンピュータ本体について自社と取引するよう誘引することともなり、不公正な取引方法の1つである「不当な利益による顧客誘引」につながるおそれもあるとしています。

　また、公正取引委員会は、平成13年11月から14年4月にかけて、日立製作所、富士通、NTTデータが、文書管理システムや情報システムの入札で著しい安値で応札し、競争事業者の事業活動を困難にするおそれを生じさせた疑いがあるとして各社に対して警告しています。平成17年12月には、ヤフーに対して、財務省発注の金貨売却のためのインターネット・オークションの運営補助業務について著しい安値（1円）で応札したとして同様の理由で警告しています。

　しかし、システムの開発・設計業務に関しては、当初納入する基本設計などの内容を、その後の詳細設計の発注の際に自社にとって有利となるようなものにすることも可能でしょうし、各種システムをいったん納入すると、その後のシステム変更の際には、他の企業では対応困難なため自社が単独随意契約で利益の高い業務が請け負えるということも考えられます。また、他の自治体などその他多くの需要者にも同様のシステムのニーズが期待できるときには、タダでもいいから、まず、発注者と協力して新たなシステム開発をしたいということも考えられます。

　いずれにしても、何かの見返りが期待できるのでなければ、通常、著しい安値での応札はしないでしょう。その後の大きなビジネスチャンスが期待でき、そのためには、最初の業務を受注する必要があるというときは、他社にとられないようにするためにも1円で入札することが合理的な行動になります。そのようなビジネスチャンスを生かそうという企業行動は競争促進的なものともいえます。一方、発注者側

についていえば、経済的には、マイナスの入札価格も認めたほうが合理的かもしれませんし、トータルでより競争的な入札の方法を検討すべきとも考えられます。

### 問題とされなかったケース

　違反は認められないとして公表されたケースもあります。

　平成9年8月にあった岡山市教育委員会発注の複写機購入の入札で、複写機本体としてみれば明らかにコスト割れ価格での受注でしたが、その受注業者はあわせてその複写機のメンテナンスを随意契約で受注していたため、公正取引委員会は、直ちに不当廉売とは認められないものだったとしました。

　平成17年12月にあった日本郵政公社発注の資産管理事務委託業務の1円入札の件でも、同業務を受託した場合、受注者はその費用を上回る手数料などの収入を見込んでおり、公正取引委員会は、これを考慮すると費用を下回る価格で供給するものとはいえないとして、不当廉売には該当しないとしました。

　平成24年2月から25年2月にかけてあった林野庁発注の衛星携帯電話の1円入札の件でも、その受注者は通信サービスを随意契約で供給することが見込まれる状況のもとで入札があり、公正取引委員会は、その収入を考慮すると費用を下回る価格で供給するものとはいえないとして、不当廉売には該当しないとしました。

　また、上記の3件いずれにおいても、より競争的な入札となるよう発注者に要請、指摘しています。

## Q59 不当廉売

どのようなときに不当廉売として問題になるのですか

### Point

　商品・役務を正当な理由なく供給費用を著しく下回る価格で継続して販売し、他の事業者の事業活動を困難にさせるおそれがあるものは不当廉売として規制されます。公正取引委員会から警告や注意を受けるケースは少なくありませんが、法的措置がとられるケースはごく少ないといえます。

### 解説

#### 問題とならない廉売

　独占禁止法では不当廉売を規制しています。

　低価格での販売があると、競争業者は大きな影響を受けますので、不当廉売として規制すべきという強い要請がなされる場合があります。

　一方で、価格の安さを競うことは競争の需要な要素です。廉売規制が行き過ぎると、独占禁止法の目的である競争促進に反することになります。それではどのような安売りを独占禁止法によって排除すべきなのでしょうか。いくら迷惑な安売りが行われていても、コストダウンにより低価格が実現しているなら、独占禁止法上問題にする理由はありません。

　コスト割れ販売であっても直ちに問題にはなりません。需給関係で

市況自体が下がっている場合もあります。市況価格で販売すると、コストのうち固定費の全部は賄えないが、変動費は上回っているという場合には、その価格でも販売するほうが経営上合理的です。季節商品で売れ残りのおそれが高いなど、仕入価格割れでも販売したほうが得な場合もあるでしょう。また、競争業者の事業活動を困難にするようなものでない場合には、法律で規制する必要もないでしょう。

### 問題となる廉売

　独占禁止法上問題にすべき典型的なものは、独占的なシェアをもつ企業が資本力にものをいわせて広範で継続的なコスト割れ販売を行い、競争業者を排除する行為です。競争業者を排除した後で価格を引き上げて元がとれる場合には、こうした行為が生じるおそれがあります。参入が容易な事業でこのような行為を行っても、価格を引き上げるとすぐに参入されてシェアをとられてしまいますので、大規模な設備が必要な事業など、いわゆる参入障壁の高い事業で生じることが考えられます。このような行為は、競争の実質的制限に至れば私的独占に該当しますが、競争業者が排除されてからではなく、その行為のごく初期の段階から規制する必要があります。

　こうした特別な場合以外は、売れば売るだけ損をするようなコスト割れ販売は通常は行われません。ただ、対抗して安売りをしているなかで、時として合理性を欠いたコスト割れ販売が継続し、企業努力を通じた公正な競争を阻害してしまうケースがあります。

　このため、独占禁止法の条文（2条9項3号）で、「正当な理由がないのに、商品又は役務をその供給に要する費用を著しく下回る対価で継続して供給することであつて、他の事業者の事業活動を困難にさせるおそれがあるもの」を不公正な取引方法として規定しています。こ

のほか、公正取引委員会の告示で「不当に商品又は役務を低い対価で供給し、他の事業者の事業活動を困難にさせるおそれがあること」を不公正な取引方法として指定しています。前者は、「法定不当廉売」、後者は「指定不当廉売」と呼ばれます。以前は、これらはあわせて告示で指定されていましたが、平成21年の独占禁止法改正の際に、前者のみが課徴金の対象として法律の条文に規定されることになりました。

課徴金額は対象売上げの3％（小売りの場合は2％、卸は1％）ですが、法定不当廉売が認定されたときに、その事件の調査開始前10年以内に法定不当廉売で排除措置命令を受け、その命令が確定している場合が対象です。

### 具体的なケース

これまでに不当廉売として独占禁止法違反とされたのは次の3つのケースです。

① 千葉県松戸地区の牛乳廉売事件（昭和57年5月、スーパー2名に排除審決）
② 和歌山県田辺地区のガソリン廉売事件（平成18年5月、1名に排除措置命令、1名に警告）
③ 栃木県小山市のガソリン廉売事件（平成19年11月、2名に排除措置命令）

これらはいずれも対抗的な廉売が行き過ぎて、コスト割れの販売が継続したものです。①は周辺の牛乳専売店、②、③は周辺のガソリンスタンドという、いずれも特定の商品を専門的に販売している競争業者の事業活動が困難になるおそれが認定されました。

このほか、不当廉売については、公正取引委員会は、警告、注意な

どで廉売の拡大の未然防止を図っており、対象は、酒類、ガソリン・軽油、家電など、専業的な小売店のある業種が中心です。

## Q60 当社製品が不当廉売

当社の製品がとんでもない安値で販売されています。周辺の販売業者からも苦情が多く寄せられ、困っています。明らかに赤字販売であり、独占禁止法の不当廉売に該当すると考えられます。やめるようにいってもよいですか

### Point

一般に、販売業者の販売価格に関与する場合、特にその価格が安過ぎるとして関与する場合は、再販売価格の拘束として、関与した側が独占禁止法上問題となるリスクがあります。そうした安売りは、ケースによっては不当廉売やおとり広告に該当することも考えられ、公正取引委員会ないし消費者庁に情報提供することも方策として考えられます。

### 解説

#### 安売りの原因

販売業者がメーカーの通常の卸値と比較しても、明らかに赤字販売と考えられるときは、どう考えたらよいでしょうか。周辺の販売業者からの苦情ももっともと思われるでしょうし、明らかに赤字販売なのに何もいえないのか、という疑問が生じうると思います。

このような販売が行われる原因としては、以下の点が考えられます。

① 季節品の処分のため、あるいは新型品の発売が間近に迫っている

ことなどによる在庫処分のため。
② 単体では赤字であっても、ほぼ自動的に付帯的なビジネスが期待できるため。
③ あと少しで大きな額の数量リベートが得られるので、少々赤字でも数量を稼ぎたいため。
④ 業者間転売で安く購入でき、赤字ではないため。
⑤ 売られたケンカは買うしかない。合理性を無視した意地の張り合いのため。
⑥ 赤字販売になるが集客目的で大きく広告しているため。

赤字販売は当事者にとっても避けたいことであり、なぜそのような行為が発生しているのか原因を知ることが重要です。

通常、上記①、②、③のように、「なるほど」と思える場合もあります。このような場合は「合理的な理由」があると考えられ、通常、不当廉売の問題とはならないでしょう。なお、①の場合であれば、質問者の立場の人は状況がわかるので、そもそも質問していないのかもしれません。

特に上記③の場合は、メーカーの販売政策の設定の仕方の問題であって、販売業者にとっては十分採算を考えた合理的なものと考えられます。

上記④も背景にはメーカー側のリベート政策や販売政策の問題があるかもしれませんし、少なくとも、安売り業者にとっては十分採算を考えた合理的なものとも考えられます。

### 不当廉売、おとり広告

上記⑤の場合は、合理性があるものとは考えられませんが、本当にそうなのか確認することは困難です。公正取引委員会に申告して解決

を図るということも選択肢として考えられます。また、⑥の場合も、不当廉売に該当する可能性があります。ただし、いずれの場合も、他の事業者の事業活動に与える影響が大きい場合に問題になります。

独占禁止法では、合理的な理由なく仕入れ価格を下回る価格で継続的に販売し、他の事業者の事業活動を困難にするおそれのある行為を不当廉売として規制しています。このような行為があった場合も、法律に基づいて当局が慎重な調査を行ったうえで違法性を評価することとなりますので、個々の事業者が自己の判断で自力救済的に「違法な行為をやめさせる」というのは、法律上認められていません。当局がみて明らかに不当廉売に該当する場合なら、メーカーが安売り業者に問題指摘しても独占禁止法上問題となる可能性は低いとも考えられますが、リスクのある行為であることは間違いありません。

また、独占禁止法の不当廉売規制について説明する、すなわち、コストを大きく割るような販売を続けているということであれば不当廉売として独占禁止法に違反するおそれがあるということを説明するということも考えられます。ただし、あくまでも制度の説明にとどめ、安売りをやめるようにとの圧力にならないよう気をつける必要があります。説明を受けて相手方がどうするかは自主的に判断すべきことであり、取引先の販売価格をいくらにすべきかについてはいっさい、かかわることは考えていないことを伝える必要があるでしょう。

上記⑥のなかには、十分な販売準備をしておらず、実際には他の商品の購入を勧める場合もありえます。これは景品表示法で禁止するおとり広告のおそれがあり、消費者庁などに情報提供することも考えられます。

来店時にほかの商品をついでに購入してくれることが期待できるということも考えられます。その場合でも、継続的に行われ、他の事業

活動を困難にするおそれがあるときは不当廉売に該当する可能性がありますので、公正取引委員会に情報提供することが考えられます。

# 第 8 章

# 優越的地位の濫用

## Q61 優越的地位の濫用で調査

当社は地域で数十店舗を展開する地域スーパーですが、「おせち料理」などの販売にあたって取引先の納入業者にご協力をいただいていたところ、公正取引委員会から優越的地位の濫用の疑いで調査が入りました。今後どのようなことになるのですか

### Point

排除措置命令と多額な課徴金納付命令が行われ、企業名、違反の内容が公表されるケースと、違反につながるおそれがあるとして「注意」が行われ、公表はされないというケースの二通りがあります。

### 解説

#### 注意か法的措置か

調査が、「お話を伺いたい」として事情聴取で開始されたのか、ある日突然の立入検査で開始されたのかで、通常、今後の展開は大きく異なることが予想されます。

優越的地位の濫用行為は不公正な取引方法として禁止されており、これに違反した場合は、排除措置命令と課徴金納付命令の対象になります。この行為が課徴金対象になったのは、平成21年の法改正以降で、これまでに課徴金が命じられた事件は数件あります。課徴金額は数億円から数十億円の規模になっています。

しかし、こうした法的な措置を講じるためには、課徴金額の算定や関係者からの訴訟に備えた詳細な事実認定が必要で、調査のために多

くの人員を長期間充てる必要があります。一方、公正取引委員会は、関係者から優越的地位の濫用に関するさまざまな申告（情報提供）を受けたり、優越的地位の濫用に関する各種の実態調査などを通じて、直ちに法的措置を目指した調査にはなじまないものの、数多くの優越的地位の濫用に関係する情報に接します。こうした情報に接した場合には、違反行為の抑止ないし迅速な是正を図るため、公正取引委員会は、関係者に違反につながるおそれがあるとして注意を行い、改善を図っています。注意の場合には、企業名は公表されず、課徴金もありません。こうした注意は年間に数十件にのぼり、取引の改善に大きな効果を与えていると考えられます。

近年は、優越的地位の濫用行為に関しても、コンプライアンスの観点から違法行為を行わないように社員教育を行っているケースは少なくないと考えられますが、販売の現場などでは、それぞれの部門の営業成績をよくするため、納入業者など取引先に対して問題の生じかねない要請を行うことがあります。公正取引委員会による注意であっても、これを通じて、社内でそのような問題が生じていることを認識し、より大きな違反事件につながらないよう社内で注意喚起する機会とすることが期待されます。

排除措置命令、課徴金納付命令といった法的措置を目指す場合には、なるべく多くの具体的な証拠を収集する必要がありますので、通常、ある日突然の立入検査を行い、調査を開始しますが、「お話を伺いたい」として事情聴取で調査が開始された場合は、通常は、「注意」をメドとした調査と考えられます。

**法的措置**

排除措置命令などの法的措置がとられる場合は、企業名、違反の内

容も公表され、また、違反をしていたこと、今後同様の行為を行わないことなどの排除措置を行う必要があり、企業の社会的評価が低下するおそれがあります。

　また、課徴金が課される場合、その額は、違法行為の対象となった取引先との取引額の合計に１％を乗じて計算されます。この算定率は、カルテル、入札談合の場合と比べて大きくありませんが、課徴金額は以下の点から比較的大きな額になる可能性があります。
① 認定された最初の濫用行為の時点から、濫用行為を行わないこととなった時点（通常、公正取引委員会の立入検査を受けて、その行為を今後行わない旨の周知を行った時点）までの期間に、ある取引先に対し１回でも濫用行為があると、その取引先とのその期間（この期間が３年を超えるときは、その期間のうちの直近の３年間）の取引額全額が課徴金対象となること
② 濫用行為は、一時的というよりも長期間にわたって行われることが多いこと
③ カルテルのように特定の商品の売上げではなく、企業の仕入額全体のかなりの部分が課徴金算定対象となりやすいこと

　なお、これまで商品の購入強制、従業員の派遣要請、協賛金の要請など複数の行為類型の違反がみられた場合でも、違反行為類型ごとに別の違反行為として別々に課徴金を計算して合計（この場合、たとえば全取引先に３つの行為類型の違反をしている場合には、全取引先との取引額合計の３％が課徴金額になる）はしておらず、１つの一連の違反行為として、全取引先との取引額合計に１％を乗じて課徴金を算出しています。

## Q62 優越的地位の濫用の具体例

具体的には、どのような行為が優越的地位の濫用とされているのですか

**Point**

公正取引委員会が公表している優越的地位濫用ガイドラインに詳しく記載されており、また、実際に違反とされ公表されている事件例も参考となります。

**解説**

### 独占禁止法の規定

独占禁止法上「自己の取引上の地位が相手方に優越していることを利用して、正常な商慣習に照らして不当に」、次のいずれかの行為をすることが違法とされています。

① 継続して取引する相手方（新たに継続して取引しようとする相手方を含む。以下同じ）に対して、その取引対象の商品・役務以外の商品・役務を購入させること。

② 継続して取引する相手方に対して、自己のために金銭、役務その他の経済上の利益を提供させること。

③ 取引対象商品の受領拒否・返品、代金支払の遅延・減額その他取引の相手方に不利益となるように取引の条件を設定、変更し、または取引を実施すること。

### 優越的地位濫用ガイドライン

　公正取引委員会が公表している優越的地位濫用ガイドラインによれば、たとえば、以下のような場合で、取引の相手方が今後の取引に与える影響を懸念して要請を受け入れざるをえないときは、優越的地位の濫用として問題となります。

① 　商品・役務の購入強制……取引の相手方が事業遂行上必要としない、または購入を希望していない商品・役務の購入を要請（発注する商品・役務の内容を均質にするため、その改善を図るため必要があるなど合理的な必要性から、製造に必要な原材料や役務の提供に必要な設備を購入させる場合は対象外）

② 　協賛金等の金銭の提供要請・従業員等の派遣要請……金銭の提供ないし従業員等の人員の派遣を要請する場合で、額、算出根拠、使途あるいはどのような条件で派遣するかなどについて取引の相手方との間で明確になっておらず、相手方にあらかじめ計算できない不利益を与えることとなる場合や、このような負担により相手方が得る直接の利益等から合理的と認められる範囲を超えた負担となり、相手方に不利益を与えることとなる場合（「直接の利益」とは納入商品の販売促進や消費者ニーズの動向の直接把握につながる場合など実際に生じる利益で、取引の継続が図れるといった利益は含まない）

③ 　受領拒否……取引の相手方から商品を購入する契約をした後に、正当な理由がないのに、商品の全部または一部の受領を拒否

④ 　不当返品……返品の条件が取引の相手方との間で明確になっておらず、相手方にあらかじめ計算できない不利益を与えることとなる返品、その他正当な理由がない返品（正常な商慣習の範囲内で、あらかじめ相手方との合意により返品の条件を定め、その条件に従って返品

する場合は対象外）

⑤ 代金支払の遅延・減額……正当な理由がないのに契約で定めた支払期日に契約で定めた対価を支払わない場合（あらかじめ相手方の同意を得て、かつ、対価の支払の遅延によって相手方に通常生ずべき損失を自己が負担する場合は対象外）

⑥ 不当な対価の決定……取引の相手方に一方的に著しく低い対価または著しく高い対価での取引を要請（需給関係や取引条件の違いを正当に反映したものである場合は対象外）

⑦ 不当なやり直し……正当な理由がないのに、取引の相手方から商品を受領した後または役務の提供を受けた後に、相手方に対し、やり直しを要請

### 違反の例

近年、量販店による納入業者への濫用事件に対する法的措置が何件かみられますが、違反とされた行為類型をみると、従業員等の派遣要請、オープンセールなどの際の協賛金の要請、紳士服、ケーキなどの物品の購入強制、自社が独自に定めた販売期限を経過したことによる返品、自己都合で割引販売した額の代金からの減額、返品条件を定めない自己都合による返品などです。

このほか、フランチャイズの本部による加盟店に対する濫用事件もあります。公正取引委員会は、平成21年6月、セブン-イレブン・ジャパンが加盟店のコンビニエンスストアに対し優越的地位濫用を行っているとして、同社に対し排除措置命令を行いました。

対象となった行為は、①加盟店が売れ残りなどで商品を廃棄するとその仕入れコスト分が加盟店の負担となり、一方、その分、加盟店の利益が減少しても本部に支払うロイヤリティーは減少しない仕組みの

もとで、②品質が劣化しやすい食品や飲料の見切り販売を行いまたは行おうとしている加盟店に対し、見切り販売の取りやめを余儀なくさせ、③もって加盟店が自らの経営判断に基づいて廃棄による負担を軽減する機会を失わせているというものでした。

## Q63 当社が優越的地位？

当社は地域で店舗を展開するスーパーですが、納入業者の多くは全国的な業者、ないしはその販売子会社で、全体の売上高は当社より多いです。とても当社のほうが取引上優越した地位にあるとはいえず、優越的地位の濫用の問題は生じないと思いますが、どうなのですか

### Point

貴社が、取引の相手方に著しく不利益を与えるような要請を行い、相手方がこれを受け入れている事実が認められる場合、特段の事情がない限り、相手方にとって貴社との取引が必要かつ重要であり、相手方は貴社との取引の継続を図るうえで要請を受け入れざるをえなかったと推認され、貴社が相手方に対して取引上優越していると認定されることになります。取引の相手方の売上高あるいは相手方の企業グループ全体の売上高が貴社の売上高を上回っていても、それだけではこの推認を覆す「特段の事情」とはいえないと考えられます。

### 解説

#### 優越的地位濫用ガイドライン

優越的地位の濫用とは、取引上の優越的な地位を利用して、取引の相手方に対して、正常な商慣習に照らして不当な不利益を与えることです。であれば、仮に「正常な商慣習に照らして不当な不利益」を与えたかどうかは別として、「当社はその取引先に対して取引上優越的

な地位にはない」といえれば、違反とは認定されないはずだと考える人が出てくるでしょう。

この点について、公正取引委員会が公表している優越的地位濫用ガイドラインでは、A社が取引先であるB社に対して取引上優越した地位にあるとは、B社にとってA社との取引の継続が困難になると事業経営上大きな支障が生じるため、A社がB社にとって著しく不利益な要請等を行っても、B社がこれを受け入れざるをえないような場合であるとしています。

また、公正取引委員会は、平成27年に日本トイザらスに対して行った審決のなかで、優越的地位について同ガイドラインと同様の解釈を示したうえで、「甲が濫用行為を行い、乙がこれを受け入れている事実が認められる場合、これは、乙が当該濫用行為を受け入れることについて特段の事情がない限り、乙にとって甲との取引が必要かつ重要であることを推認させるとともに、『甲が乙にとって著しく不利益な要請等を行っても、乙がこれを受け入れざるを得ないような場合』にあったことの現実化として評価できるものというべき」としています（平成27年6月4日公取委審決）。

### トートロジー？

これに対して、独占禁止法の規定上、優越的地位と不当な不利益の2つが要件になっているのに、不当な不利益の要件が満たされるともう一方の優越的地位の要件が満たされるような解釈は論理的ではなく、トートロジー（同義語の反復）だ、別個の独立した要件として解釈すべきだという人も出てくるでしょう。

しかし、こうした主張は、法律の規定の経緯や法律の目的に照らせば、妥当でないことがわかります。

優越的地位の濫用を含め不公正な取引方法とされる行為の一部は、今は独占禁止法に定義規定があります。しかし、以前は、不公正な取引方法は、すべて公正取引委員会が指定するかたちをとっていました。独占禁止法上、いくつかの行為類型に該当する行為であって、公正な競争を阻害するおそれがあるもののうち、公正取引委員会が指定するものが「不公正な取引方法」とされました。このいくつかの行為類型のなかに、「自己の取引上の地位を不当に利用して相手方と取引すること」という行為類型があり、優越的地位の濫用は、この行為類型に該当するものとして指定されました。

　このような不公正な取引方法の指定が最初に行われたのは昭和28年で、その時から優越的地位の濫用の規定があり、「自己の取引上の地位が相手方に対して優越していることを利用して」という表現が用いられていました。

　その昭和28年の指定の際、法律で規定する「取引上の地位を不当に利用して相手方と取引する」行為のうち、その「取引上の地位」がなんらかに限定された場合にだけ違法にしようとしたという経緯はまったくありません。公正で自由な競争の促進という独占禁止法の趣旨に照らしても、なんらかの限定を加える理由は認められません。そもそも、そのような不利益を与えうる取引上の地位は、当然に取引上優越した地位であり、よりわかりやすいよう「取引上の地位を利用して」と同じ趣旨で「取引上の地位が相手方に優越していることを利用して」という表現を用いたにすぎないと考えられます。現行法の規定は、その指定の表現を引き継いで法定化したものです。

第8章　優越的地位の濫用

Q63　当社が優越的地位？

## Q64 取引条件の一環ではないか？

優越的地位の濫用といっても、いろいろな要請をしたり、それを受け入れたりすることは、取引条件の一環ともいえるもので、他人に迷惑をかけるようなことではないので、当事者の交渉に任せるべきではないですか

### Point

優越的地位の濫用規制は、重要な取引先から要請され他社も応じているものを断りにくいという立場、心情を利用して、取引先に対し、正常な商慣習とはいえないようないろいろなかたちの利益の提供を要請し、そのような行為を行わない場合と比べて競争上有利になる行為を規制しようとするものです。

### 解説

#### 濫用行為の要因

納入業者がスーパーから「おせち料理」など商品の購入を求められたり、従業員の派遣要請を受けても、いやだったら断ればよいではないか、取引が切られたり、減らされたりするのをおそれて、やむをえず買ったということかもしれないが、ビジネスとして受け入れないより受け入れたほうが得と判断しているのではないか、という考え方も当然ありうるでしょう。

あるいは、取引先の納入業者が必要のない「おせち料理」を購入すると、その分コストアップとなり、結局は購入要請のあったスーパー

に対する納入価格に上乗せされるのではないかとも考えられます。上乗せされないのであれば、もしかしたら納入価格の引下げ余地があったのかもしれません。そうであるなら、「おせち料理」を購入させて違反になるよりは、その分、納入価格自体の値下げ交渉をしたほうがよいことになります。

　では、なぜ、「おせち料理」などの商品の購入要請や従業員の派遣要請のような事態が生じるのでしょうか。

　納入価格がぎりぎりの価格交渉の末に決まっているのであれば、これ以上の値下げはむずかしいでしょうが、泣く泣く、納入業者が利益を削って「おせち料理」を買ってくれて、あるいはやむをえず従業員を派遣してくれて、スーパー側の利益が図れるのかもしれません。または、スーパー全体としては納入業者との長期的な信頼関係を図るうえで、そのような購入要請をしないほうがよくても、担当者にとっては、これまでの取引関係を梃子にして、一時的であっても売上げを達成したほうが、社内的な評価がよいのかもしれません。

### 個人も負担

　あるいは、納入業者の社員が個人として負担を強いられている可能性もあります。購入要請を受けた商品・役務を、結局、納入業者の社員が個人的に買わされるというかたちで被害を被っているのかもしれません。休日や勤務時間外に派遣要請を受け、部下に頼みにくいような場合は、中間管理職が自ら手伝いに行かなければならない場合もあるでしょうが、管理職ということで、超過勤務手当の対象外となっていることも考えられます。

　できれば避けたいが、購入していただいている重要な取引先から要請があり他社も応じているなかで、ドライに断りにくいという、ある

意味きわめて日本人的な心情、対応につけ込まれているのかもしれません。会社が負担する場合でも個人が負担する場合でも、要請を行う側としては、納入業者との価格交渉では達成できない利益が得られるのかもしれません。優越的濫用規制は、このような手段を講じた者が競争上有利になることを規制しようとするものです。

### 具体的なケース

平成21年3月、公正取引委員会は地方の百貨店に対して優越的地位の濫用を行ったとして排除措置命令を行いました。百貨店の売場には、納入業者の従業員がその納入商品の販売業務を行うため派遣され常駐していました。百貨店は、定期的に開催する販売企画に際して、あらかじめ店舗ごとに設定した販売目標金額を達成するため、納入業者とその従業員に対し、販売企画の対象となる商品を購入するよう要請しました。要請を受けた納入業者とその従業員の多くは、納入業者が百貨店との取引を継続して行う立場上、こうした要請に応じざるをえない状況にあり、要請のあった商品を購入していました。

排除措置命令では、商品を購入させていた相手方として納入業者とその従業員の両方であったことを認定して、「納入業者に……購入させていた」としています。納入業者が代金を払っている場合は取引の相手方に対する購入強制として問題となりますが、その従業員が代金を払っているなら、従業員は取引の相手方ではないため、取引の相手方に対する購入強制に当たらず、問題にならないという判断はしていないということです。むしろ、社会的には、取引先の納入業者の従業員個人に負担させていたというほうがより問題と受け止められるかもしれません。

# 第 9 章

# 企 業 結 合

## Q65 企業結合の規制

合併や株式取得などについてはどのような規制になっていますか

### Point

合併や株式取得などによる企業結合は、一定の取引分野における競争を実質的に制限することとなる場合などに独占禁止法違反になります。一定の企業結合は、公正取引委員会への届出が必要となり、適法かどうか審査を受けることになります。

### 解説

規制対象

ある製品のメーカーが2社のときに、その2社が合併してしまうと、その製品についての競争がなくなり、値上げもしやすくなるでしょう。もう少しメーカー数が多いときにも、合併により高いシェアとなり、対抗できる競争者がごく少数になるような場合は、メーカー間の競争が下火になってしまうおそれがあります。このような問題は、合併だけではなく、株式所有や役員兼任などでも生じます。

独占禁止法は、以下による企業結合が「一定の取引分野における競争を実質的に制限することとなる」場合と「不公正な取引方法により」行われる場合に、これを禁止しています。

① 会社の株式(合名会社等の持分を含む)の保有(10条)
② 役員兼任(13条)

③　会社以外の者の株式の保有（14条）
④　会社の合併（15条）
⑤　共同新設分割もしくは吸収分割（15条の2）
⑥　共同株式移転（15条の3）
⑦　事業譲受け等（16条）

「共同新設分割」は、複数の会社がそれぞれ事業の一部を切り離し、共同して設立した新会社に事業を承継するもの、「吸収分割」は会社の事業の一部を切り離して既存の他の会社に承継させるもので、いずれも事業を統合するものです。また、「共同株式移転」は、たとえば、会社Aと会社Bが共同して持ち株会社Cを設立し、各社の株主に、Cが新規に発行する株式とAまたはBの株式を交換してもらい、AとBがCの子会社になるものです。

これらの企業結合は、たとえば、合併の当事者のうちの1社の国内売上合計が200億円を超え、他の1社が同じく50億円を超える場合など一定の場合に、公正取引委員会への計画の届出が必要です。株式の保有については取得時だけです。また、②と③は届出の対象外です。

## 公正取引委員会の審査

届出の後、公正取引委員会の審査があります。会社が企業結合計画の届出書を委員会に提出し、受理されると、原則、届出受理の日から30日を経過するまでは、その企業結合を行うことができません（この期間を「禁止期間」という）。

委員会は、この禁止期間内に、①独占禁止法上問題がないと判断し、排除措置命令を行わない旨の通知をするか、または、②さらに詳細な審査が必要であるとして、審査のための報告、情報または資料の提出の要請を行います。審査が30日かからず終了し、①の通知があっ

た場合には、その翌日からその企業結合は実行できます。

②の場合、委員会が排除措置命令の事前通知をすることができる期間は、届出受理の日から120日経過した日（すべての報告等を受理した日から90日経過した日のほうが後の場合は、その日）までです（計画に虚偽記載があった場合などは除く）。この期間内に、独占禁止法上問題がないと判断された場合にも、排除措置命令を行わない旨の通知をします。なお、①の通知または②の要請を行うまでの審査は「第1次審査」、②の要請後の審査は「第2次審査」と呼ばれます。

第2次審査の結果、企業結合により、以下のように一定の取引分野における市場構造が非競争的に変化して、結合の当事会社が単独または他の会社との間で、ある程度自由に価格、品質、数量、その他各般の条件を左右することができる状態が容易に現出しうるとみられる場合には、その取引分野における競争を実質的に制限することとなり、禁止されます。

① 競争業者の生産・販売能力が小さいなどのため、当事会社が価格を引き上げた場合に、競争業者が価格を据え置いて売上げを拡大したり、需要者が購入先を競争業者に振り替えることが困難な場合
② 業者数の減少、市場構造、商品の特性などから、競争業者間で互いの行動を高い確度で予測することができるようになり、競争的な行動をとって対抗するよりも、非競争的な行動をとることが競争者同士の利益となる場合

なお、法律的には、届出対象外でも違反要件に該当すれば違反ですが、通常、問題となることはなく、届出のあったものでも第2次審査に進むものはごくわずかで、仮に第2次審査でなんらかの問題がみられても、通常、当事会社により問題解消措置がとられ解決しています。

## Q66 競争を実質的に制限することとなる場合

「一定の取引分野における競争を実質的に制限することとなる場合」ということがいまひとつよくわかりませんが、どういうことなのですか

### Point

一定の取引分野に2社しかいないときに、その2社が合併する場合には、競争がなくなりますので、競争が実質的に制限されることは明白ですが、ほかにも競争業者があり、このような競争の実質的制限がすぐに生じるといえないような場合でも、競争の実質的制限が容易に生じうると判断される場合には、「競争を実質的に制限することとなる」として規制対象になります。

### 解説

#### 企業結合以外の規定

私的独占、不当な取引制限（カルテル、入札談合）は、おおむね以下のように定義されており、いずれも「一定の取引分野における競争を実質的に制限する」と違反になります。

① 私的独占……事業者が他の事業者の事業活動を排除し、または支配することにより、一定の取引分野における競争を実質的に制限すること
② 不当な取引制限……事業者が他の事業者と共同して対価を決定する等、相互にその事業活動を拘束し、一定の取引分野における競争

を実質的に制限すること

この「実質的に制限する」とは、どの程度の制限なのでしょうか。独占禁止法は第二次世界大戦終戦後の連合国による占領下の昭和22年に制定され、制定時からこの表現が使われています。もともとは、「substantial」という英語を「実質的」と訳したそうですが、わかりやすくいえば、「相当程度制限する」「かなり制限する」といったところでしょうか。競争を促進するという法律の目的からすると、少々は競争を制限してもいいですよということではなく、競争を制限する効果をもっていたとしてもその効果が無視しうる程度ものまでは問題にしないということではないかとも考えられます。

### 判　　例

個別の事件の判例で競争の実質的制限についての考え方が示されています。

昭和26年の東宝スバル東京高裁判決は、企業結合（具体的には事業の賃借）について争われた事件の判決で、そのなかで次のように述べられています。

「競争を実質的に制限するとは、競争自体が減少して、特定の事業者又は事業者団体がその意思で、ある程度自由に、価格、品質、数量、その他各般の条件を左右することによって、市場を支配することができる形態が現れているか、または少なくとも現れようとする程度に至っている状態をいう」

また、昭和28年の東宝新東宝東京高裁判決は、不当な取引制限に当たるかどうか争われた事件の判決ですが、ここでは上記のうち、「市場を支配すること」までは同じで、その後「をもたらすことをいう」と続けており、市場支配という弊害の発生を要件にしています。

平成24年2月の多摩談合事件最高裁判決では、競争の実質制限とは「市場が有する競争機能を損なうこと」とされ、入札談合については「その当事者である事業者らがその意思で当該入札市場における落札者及び落札価格をある程度自由に左右することができる状態をもたらすことをいう」としています。

### 企業結合ガイドライン

　公正取引委員会が公表している企業結合ガイドラインでは、競争の実質的制限については不当な取引制限についての判決である東宝新東宝の判決を引用しつつ、「一定の取引分野における競争を実質的に制限することとなる」の「こととなる」に着目して考え方を述べています。すなわち、「こととなる」とは蓋然性を意味する言葉で、競争の実質的制限が必然でなくても容易に生じうる状況がもたらされれば、これに該当するとしています。企業結合についての判決である東宝スバルの判決に近い考え方といえます

　ある会社が値上げしても、通常、別の会社はある程度価格を据え置いて売上げを拡大し、利益を増大させるという戦略をとりうるので、業界全体としては同一歩調になりにくくなります。しかし、市場構造、商品の特性、取引慣行などによっては、企業結合により競争者数がごく少数になると、各社が互いの行動を高い確度で予測することができるようになる場合があり、このような場合は状況が違ってきます。

　ある会社の値上げに対して、別の会社が価格を据え置いて売上げを拡大しようとしても、他社に容易にそれを知られ、すぐに対抗されると、思うような売上拡大につながらず、結局、各社にとって価格据置きよりも協調的に値上げしたほうが利益となります。このような場合

は「競争を実質的に制限することとなる」と判断されることとなります。

## Q67 問題とならない企業結合

当社は業界の中堅どころで、同じ業界の下位の企業を吸収合併したいと考えています。合併しても中堅の規模で、独占禁止法の問題になることはないと思いますが、これくらいなら問題ないという線引きはありますか

### Point

一定規模以上の合併、株式所有などの企業結合については公正取引委員会への事前届け出が義務づけられていますが、そのなかで独占禁止法上問題となるのはごくわずかです。同委員会が公表している企業結合ガイドラインでは、取引分野ごとの各社のシェアがわかれば、あらかじめこのような場合は通常問題とならないということがわかる計算方式が示されています。

### 解説

#### セーフハーバー基準

企業結合は、①水平型の企業結合：競争業者間の企業結合、②垂直型の企業結合：原材料メーカーと製品メーカー、製品メーカーと販売業者など、取引段階が異なる同士の企業結合と③その他の企業結合に分けられます。

このうち、競争に影響を与えやすいのは、①の水平型企業結合です。一方、②や③の企業結合は、一定の取引分野における事業者の数が減少しませんので、通常は競争を実質的に制限することとなるもの

ではありません。しかし、たとえばシェアの大きな原材料メーカーとシェアの大きな製品メーカーが企業結合すると、他の原材料メーカーは販売先を得にくくなる、他の製品メーカーは主要な原材料の供給を受けにくくなるということも考えられます。シェアの大きな製品メーカーとシェアの大きな販売業者が企業結合すると、他の製品メーカーが主要な流通チャネルを失うということも考えられます。このような場合には、競争に与える影響は大きくなります。

　公正取引委員会が公表している企業結合ガイドラインでは、このような企業結合の類型別に、独占禁止法上問題になる心配のないセーフハーバー基準、つまり安全地帯の基準を規定しています。当然、この基準を超えたら違反になるという基準ではありません。

### 水平型結合の場合

　具体的には、水平型企業結合の場合、企業結合後が次の①から③のいずれかに該当する場合には、一定の取引分野における競争を実質的に制限することとなるとは通常考えられないとしています。

① 企業結合後のHHI（ハーフィンダール・ハーシュマン指数）が1,500以下である場合
② 企業結合後のHHIが1,500超2,500以下で、かつ、HHIの増分が250以下である場合
③ 企業結合後のHHIが2,500を超え、かつ、HHIの増分が150以下である場合

HHIは、取引分野ごとにみて少数の企業に市場シェアが集中している度合いを示すもので、各企業の市場シェア（％）の2乗の合計です。たとえば、各企業の市場シェアが、35％、25％、18％、12％、10％の場合、HHIは、$35^2 + 25^2 + 18^2 + 12^2 + 10^2 = 1225 + 625 + 324 +$

144 + 100 = 2418となります。

　仮に、4位と5位が合併しますと、12 + 10で22％のシェアとなります（合併以外の企業結合の場合も合算する）。上記の式の144 + 100（= 244）の部分が22×22（= 484）となり、HHIの増分は484 − 244 = 240、HHIは2418 + 240 = 2658となります。この場合、上記の①から③のいずれにも該当しないことになります。合併により3位になりますが、一般的には、まだ強力な競争者がいるとみられ、直ちに競争が実質的に制限されることはないかと思いますが、セーフハーバーには該当しないので、市場構造などを個別にみていくということになります。

　なお、取引分野を大きくとると大きなシェアではないが、細かにみると、分野によってはシェアが高くなることもあります。実際には、そうした細かな分野ごとに競争が行われていることが多いので、そうした分野ごとに市場シェアが算定され、競争への影響が検討されます。

### 垂直型結合その他の場合

　一方、垂直型企業結合とその他の結合（ガイドラインでは「混合型企業結合」と呼んでいる）については、企業結合後が次の①または②に該当する場合には、一定の取引分野における競争を実質的に制限することとなるとは通常考えられないとしています。
① 　関係するすべての一定の取引分野において、合併後の当事者のグループとしての市場シェアが10％以下である場合
② 　関係するすべての一定の取引分野において、企業結合後のHHIが2,500以下の場合であって、合併後の当事者のグループとしての市場シェアが25％以下である場合

## Q68 競争力強化のための大型合併

世界の大企業と戦っていくためには、日本企業同士の消耗戦をやめて合併して規模を拡大する必要があります。日本の競争力を高めるためにも大型合併をどんどん認めるべきではないですか

### Point

そもそも国際競争力強化になるのかという問題がありますが、独占禁止法はあくまでも競争への影響から企業結合の可否を判断することとしており、国際競争力強化自体は判断要素ではありません。立法論としても、現行の独占禁止法が規制しているのは顧客、消費者に損失を与える可能性の高い企業結合であり、このような企業結合を認めるような法改正を行うべき正当な理由は考えにくいと思われます。

### 解説

#### 立法論

独占禁止法の規定上、国際競争力が増すかどうか自体は、その合併の合法性と関係ありません。その合併によって一定の取引分野における競争が実質的に制限されることとなる場合には違法になります。

「だったら、そんな法律がおかしい」という議論もありえますが、これは現行法での判断とは離れて、どのような制度にすべきかという立法論の問題になります。

合併などにより競争の実質的制限が生じると、カルテルを行った場合と同様に企業側には独占利潤が発生し、顧客や消費者は損失を被り

ます。また、合併の場合は、市場構造自体が変化してしまいますので、なんらかの技術革新などにより大きな競争要素が新たに出てこない限り、長期的に競争が不活発になって、企業側にはよくても、顧客、消費者は大きな不利益を受けます。

一方で、想定される合併のメリットは何でしょうか。

### 国内予選で消耗？

国内予選で疲弊して、海外との試合のときは疲れ果ててしまい、国際競争に勝てないという議論も聞かれます。体力を使うスポーツの試合を続けて行うような場合はたしかにそのような気もしますが、そもそも企業間の競争には「国内予選」などというものはありません。国内で優勝しなくても国際試合に出ていくことはできます。むしろ一般的には、ライバル選手が国内に多数いるほうが、切磋琢磨して国際試合の成績もよいのではないでしょうか。

試合の話はともかくとして、企業間の競争の場合、たしかに、国内で競争圧力が少なく、大きな利益を得ているほうが、その資金力を用いることにより国際競争にも挑みやすくなるでしょう。しかし、合併によって競争圧力が少なくなり、大きな利益が得られるようになるのであれば、それはカルテルの利益と同様まさしく独占利潤であり、一義的には企業側のメリットにすぎないと考えられます。その分、顧客、消費者に損失があっても、そうした合併を認めるよう法改正すべきという正当な理由とは考えられません。国際競争のために国が多額の補助金を出すべきという議論とあまり変わりません。むしろ、国内企業同士で統合し、労せずして独占利潤を得ている企業が、海外の厳しい競争に打ち勝つことを期待するほうがむずかしいと思われます。

### 重複投資の回避、規模のメリット

　合併によって、研究開発の重複が避けられ、巨額の研究開発が可能になる、大規模な工場投資ができるなど規模のメリットが生じることも考えられます。

　このような規模の経済性、生産設備の統合、工場の専門化、輸送費用の軽減、研究開発体制の効率化などのメリットについて、公正取引委員会は、企業結合が競争を実質的に制限することとなるか否かの審査にあたっての判断要素としていますが、あくまで、競争にプラスになるものであるか否かの観点からです。独占または独占に近い状況をもたらす企業結合については、このようなメリットの観点から正当化されることはほとんどないとしています（企業結合ガイドライン）。これは、現行法の説明ですから当然です。立法論として考えるとどうでしょうか。

　規模のメリットといっても、たとえば、ただ工場を大きくすればコストが低下するものでもありません。また、研究開発費の総額が大きければ、国内のいくつかの会社がしのぎを削って研究開発するよりもよい成果が出るというものでもないでしょう。巨大企業だから必ず競争力も高く利益が大きいといえないことは、最近の企業関係の報道をみても明らかでしょう。規模のメリットを追ううえでは海外企業との統合も考えられます。競争制限することとなっても、統合によるメリットが顧客、消費者の損失を上回り、かつ、その損失を許容すべきものとする説得力のある説明は困難と考えられます。立法論として議論するのであれば、犠牲になりかねない多くの顧客、消費者が納得できるような材料を用意すべきでしょう。

## Q69 地方銀行の合併

地方の銀行同士が体力強化のため合併しようとしていますが、公取委の審査が長引いてなかなか予定どおり進まないそうです。経済にとってマイナスではないですか

### Point

　地方銀行が厳しい経営環境のなかで、合併により経営を効率化し、企業体力を高めようとする動きが進んでいます。一方で、地域で貸出業務を行っている金融機関は地域ごとにみると、もともと数は多くなく、合併によって金融機関の間の競争が大きく制約され、資金の借り手、特に多くの地方の中小企業にとって不利益が発生する可能性もあります。このため、**必要なデータを集めたり、関係者の意見を聞くなどして、慎重な審査をする必要があります。**

### 解説

#### 銀行の再編

　わが国の金融業は長い間、いわゆる護送船団方式と呼ばれる保護的な政策のもとで厳しい競争から守られ、横並び、協調的な企業行動により高い収益を得てきました。しかし、その後、金融の自由化が進み、競争が活発化しています。また、特に地方では人口減少、高齢化、工場の海外移転、公共投資の減少が進み、企業や家計の資金需要が伸び悩んでおり、このような傾向は今後とも続くことが見込まれます。さらには超低金利が長期化し、銀行の収益力が低下しています。

このようななかで、近年、店舗統廃合等による経営の効率化、経営基盤の強化を目的として地方銀行の合併、再編が進んでいます。

## 地元中小企業にとって

　一方、わが国の中小企業は、企業数で99.7％、従業員数でも70％を占め、特に地方ではその割合はさらに高くなります。このような中小企業の多くは、地元に支店がある金融機関から借入れを行っています。

　預金業務については、郵便局や農協も行っており、最近ではコンビニエンスストアのATM展開も進んでいるなど競争事業者は多くあります。また、住宅ローンなどのいわゆる非事業性の貸出については、貸出条件があらかじめ明確で、借り手は比較的多くの金融機関を選択肢にできるかもしれません。

　しかし、企業の設備投資や運転資金のためのいわゆる事業性の貸出業務については、借り手の経営状況、資産状況の把握を通じた貸し手と借り手の間の長期の信頼関係が必要であり、地方でこうした業務を主に担っているのは、地方銀行、信用金庫などです。

　全国的にみると地方の金融機関の数は相当数にのぼりますが、1つの県内あるいは市町村内に店舗網をもって貸出業務を行っている金融機関は、もともと数が限られています。ある意味では、このような寡占的な構造のなかで地方の金融機関同士の競争圧力が低かったこと、さらには従来の協調的な企業行動意識も要因となって、一定の収益が確保され、再編の波が来るのが都市銀行よりも相当後になった可能性も考えられます。

　銀行の統合には当然さまざまな形態がありますので、そのこと自体は直ちに問題になりません。しかし、地域において貸出実績が上位の

金融機関同士が合併、企業統合して、地域の貸出業務においてきわめてシェアの高い金融機関が誕生するような場合、地域の中小企業にとって、事実上、ほかに借入先がなくなったり、有力な選択肢が見つからないということも考えられます。県内の中小企業にとって他県の地銀は長期の信頼関係がなく、それを前提とした貸出条件の適用が受けられず、信用金庫等は金利が高めであったり、大口の融資には応じられない場合もあります。人口減少が進むなかで他県の銀行が進出するということも期待しにくいでしょう。

　このような場合、金融機関同士の競争がなくなったり、金融機関の間に協調的な行動が容易に生じて、「一定の取引分野における競争が実質的に制限されることとなる」可能性が考えられます。金融機関がカルテルをしているのと同じ状況が生じかねないということです。統合により競争が制限されると、統合によって銀行に余力が生まれても、その余力を借り手に還元するインセンティブは機能しなくなります。

　公正取引委員会としては、企業統合を通じた競争力の強化は評価しつつも、企業統合を行った後では元に戻すことも困難ということもあり、必要なデータを集めたり、関係者の意見を聞くなどして、地域的な経済圏ごとに、競争に与える影響を慎重に審査する必要があると考えられます。

　銀行の体力強化を図るため、他県の地銀との広域連携を図っている例も多くあります。地域において金融機関同士の競争が活発に行われない状況になれば、その金融機関の経営にとってはプラスでしょうが、地域の中小企業、ひいては地域経済にとってマイナスになりかねません。

# 第10章

# 不当表示・過大景品

## Q70 不当表示の調査

不当表示が見つかった場合、どんな調査があるのですか

### Point

　消費者や競争業者からの情報提供などをきっかけとして、不当表示の疑いのある場合に調査が開始されます。調査は消費者庁、公正取引委員会の地方事務所などが行います。調査では、表示されていることが実際にはどうなのか調べることになり、表示物の提出や販売状況などについての報告も求められます。商品やサービスの性能や効果をアピールする表示については、その合理的な根拠資料の提出を求められる場合もあります。

### 解説

#### 調査の開始

　「○○ということで買ったけど、ぜんぜん効果がない」といった消費者からの苦情や、ある商品・サービスについて、それを販売している業者の競争業者からの指摘、専門的な商品知識をもった一般の人の指摘、あるいはその商品・サービスを提供している業者の内部の人のいわゆる内部告発などがきっかけとなって、不当表示ついての調査が開始されます。

　調査は多くの場合、電話で連絡があって始まります。不当表示の証拠になるのは、広告などの表示物と、表示されている内容の実際の状況を示すものということになります。このうち、表示物はすでに広く

配布されていたり、ネットにアップされているなど、調査する側も容易に入手できます。そもそも、入手できていないと不当表示の疑いも生じません。表示されている内容の実際の状況についても、商品の場合であれば、調査機関が実際に購入して検査機関に検査を依頼することもできます。サービスの場合も、多くの人が購入しており、実際の状況を偽ることは容易ではないでしょう。カルテルや談合は秘密裏に行われるので、調査の開始時には突然の立入検査を行って証拠の入手を行う必要がありますが、不当表示の事件は、実態を隠しにくいということもあり、突然の立入検査で始まるのは例外的と考えられます。

### 調査の主体

調査は、消費者庁表示対策課、公正取引委員会の地方事務所、あるいは都道府県の消費者担当部局が行います。

消費者庁は、消費者行政を一元的に行えるよう平成21年に発足した国の省庁です。景品表示法はそれまでは公正取引委員会が主管していましたが、消費者庁発足の際に消費者庁の主管になりました。消費者庁は、東京の千代田区霞が関にあり、地方に出先の事務所がないことから、関東甲信越以外の地区での事件の多くは、地方に出先機関のある公正取引委員会に調査を委任しています。この調査の結果、違反が認められた場合には消費者庁が「措置命令」を行います。公正取引委員会には、札幌、仙台、名古屋、大阪、福岡に地方事務所、広島、高松に地方事務所の支所があり、実際にはここが調査を担当することになります。沖縄地区については、内閣府沖縄総合事務局の公正取引室が公正取引員会の指揮のもとにあり、景品表示法の調査にあたります。なお、現在、消費者庁で景品表示法を担当する人の多くは、公正取引委員会からの出向者です。

Q70　不当表示の調査　241

このほかに、特定の業種で不当表示が多発した場合など、緊急かつ重点的に対応する必要がある場合は、その業種を所管する省庁に調査と行政処分をする権限を委任することができます。平成25年にホテルやレストランなどでメニュー表示と異なる食材を使用していた、いわゆる食材偽装事件が多発し、これに対する監視指導体制が十分でなかったことを受けて、このように景品表示法が改正されました。

### 調査の内容

　調査では、表示の対象となった商品やサービスの内容、取引条件の実態、表示の作成経緯などについてヒヤリングが行われることになります。また、関係企業に調査票を送付して、会社の概要のほか、同様の表示をどのような媒体を通じてどのような広がりで、どのような期間行ったのか、対象商品の売上額などについて報告を求められる場合もあります。「○○％引き」といっているが、普段の価格からそんなに値引きしていないのではないかといった二重価格表示の事件では、これまでの販売価格の推移などについても報告を求められることになると考えられます。

　また、景品表示法では、商品やサービスの効果や性能について、不当表示の疑いがあるときは、調査当局から、その表示の裏付けになる合理的な根拠を提出するよう求められます。

　こうした調査は、法的な強制力のない、いわゆる任意ベースで行われます。任意なら協力しないというケースは聞いたことがありませんが、任意の協力が得られない場合は、法律に基づき、報告命令や提出命令など強制力のある調査が行われることになります。この調査を妨害したような場合は、刑罰の対象になります。

## Q71 不当表示と認定されるとどうなるか？

不当表示と認定されると、どんなことになるのですか

### Point

不当表示と認定されると、場合によっては「措置命令」という行政処分が行われ、その内容が公表されます。命令では、自社の表示が不当表示に該当し、景品表示法に違反するものでしたということを一般消費者に周知することなどが命じられます。これに加えて課徴金の納付を命じられる可能性もあります。また、調査の結果、改善指導が行われ、その内容は非公表というケースも多くあります。

## 解説

### 行政指導

件数的には、調査の結果、「指導」・非公表として終了するケースが半分以上あります。

消費者庁の公表文によりますと、平成26年度から平成28年度までの3年間に消費者庁が処理した調査件数は1,199件ありますが、この間に「措置命令」が行われたものは、都道府県が行った4件を加えても74件です。調査が打ち切りとなったものも278件ありますが、「指導」が610件と過半を占めます。つまり、調査が開始されたら必ず法的措置、公表ということではなく、企業側に問題がある場合でも指導で終わるケースが多いということです。なお、措置命令の74件を含め事件のほとんどが表示関係のもので、景品関係はごくわずかです。

不当表示かどうかは、結局は、表示と実際の商品・サービスの内容、取引条件などを比較して、表示のほうがよいように書いているかどうかということであり、比較的法律適用の要件がはっきりしています。当局の調査に対して正直に事実関係を述べる企業が多いと考えられます。指導で終わった事件も、とことん調査すれば多くは法律上措置命令の対象となりうるのではとも思われます。

　しかし、そのために投入する人員などの行政コストは多大となります。一方、事件のなかには、誤認の程度や商品の販売額などからみて軽微な事案であり、また、調査に対する関係企業の対応などからみても、指導によって十分に再発防止が図れる事件も多いと考えられます。こうしたことから、指導で事件終結となる事案が多くなっていると考えられます。

　消費者庁の公表文では、指導について、「措置命令を行うに足る事実が認められなかった場合であっても、景品表示法に違反するおそれがあるときは、関係事業者に対し、是正措置をとるよう指導している」としており、事実認定の問題で指導としているように述べています。しかし、行政コストや事案の軽重を考慮すれば、調査開始の段階から、措置命令相当なのか、指導相当なのか、一応のメドを決めて調査にあたっていると考えるのが妥当でしょう。もちろん、調査を開始してみたら、意外と大きな事案だったとか、指導では改善ができないと判断して、より厳しい措置に変更されることも考えられます。

### 法的措置

　調査の結果、「措置命令」という行政処分を行おうという場合は、措置命令案が関係企業に送付され、反論や修正意見、その根拠となる資料、証拠などを出すチャンス、いわゆる弁明の機会が与えられま

す。この弁明の提出期限は通常 2 週間程度です。ただし、調査当局としても、調査中であっても最大限、事実認定などに間違いがないよう相手方の意見も聞くようにしていますし、企業も積極的に意見をいうことができますので、この弁明の機会に認定が大幅に変わるということは少ないと考えられます。

　この機会に意見や証拠が提出されなければ、当初の案のまま、提出された場合はこれもふまえて、措置命令が行われます。措置命令では、
① 違反認定の対象となる表示をまだ行っている場合には、これを取りやめること（ほとんどのケースでは、調査中に取りやめている）
② 自社の表示が不当表示に該当し、景品表示法に違反した旨を新聞の告知欄に掲載して一般消費者に周知徹底すること
③ 再発防止策を講じて、これを役員や従業員に周知徹底すること
④ 今後、同様の表示を行わないこと

などが命じられ、措置命令の際には、その内容が公表されます。消費者に正しい情報を提供するためにも公表は必要ですが、公表は企業にとっては大きなダメージです。場合によってはこれに加えて「課徴金納付命令」が行われます。

　これらの措置命令、課徴金納付命令に不服の場合には、訴訟を提起して争うことができます。確定した措置命令に従わない者（自然人）に対しては 2 年以下の懲役または300万円以下の罰金が科せられ、企業に対しても 3 億円以下の罰金が科されます。

Q71　不当表示と認定されるとどうなるか？

## Q72 来店の方にもれなく景品を出したい

来店の方にもれなく景品を出したいが、規制はどうなっていますか

### Point

少なくとも、お1人200円の景品が出せます。店舗で通常行われる取引額が最低でも1,000円を超える場合は、その最低額の2割の額の景品が出せます。お買上げの方を対象にする場合は、同様に、お買上額の2割または200円のいずれか大きい額の景品が出せます。

### 解説

#### 金額の制限

景品表示法では、どのような景品類の提供を制限するかについては内閣総理大臣が定めることとし、さらにその権限を消費者庁長官に委任しています。これに基づき消費者庁では、どのようなものが景品類に当たるのか、どの程度の景品類が禁止されるのかについて告示で定めています。

その告示で禁止される景品類には、購入または来店したらもれなくもらえる景品類、いわゆる「総付け景品」(「ベタ付け景品」とも呼ばれる) と抽選など懸賞でもらえる景品類の二通りがあります。

景品類の額は、購入したらもらえるときは取引額の20%まで、来店したらもれなくもらえるときはその店で通常行われる最低取引額の20%までOKです。さらに、そのように計算した額が200円以下のと

きは、200円までOKです。また、次のものは、制限の対象外です。
① 商品の販売、使用、または役務の提供のために必要な物品、サービス（家具の配送、講習の教材、交通の不便な場所にある旅館の送迎サービス、エアコンの取付工事、劇場内で配布する筋書等を書いたパンフレットなど）
② 見本その他宣伝用の物品、サービス（食品や日用品の小型の見本・試供品、食品売場の試食品、化粧品売場でのメイクアップサービス、スポーツスクールの1日無料体験。お試しということが明確に表示されている最小取引単位のもの、社名入りのカレンダーやメモ帳など）
③ 提供する企業から購入するときに使える割引券（一定率を割り引くもののほか、一定額を値引きするもの。また、他の企業からの購入にも共同して使える割引券も含む）
④ 開店セール、創業セール等の企画で提供する物品、サービス

ダイレクトメールを送り、それに応じて来店した顧客にもれなく景品類を提供するときは、ダイレクトメールに記載した商品、役務の最低額が上記の「最低取引額」になります。景品類の提供をメーカーや卸売業者が行うときの「取引額」は、その卸価格ではなく、景品企画対象地域での通常の小売価格が基準になります。

## 景品類の定義

景品類とは、「顧客を誘引するための手段として、方法のいかんを問わず、事業者が自己の供給する商品又は役務の取引に附随して相手方に提供する物品、金銭その他の経済上の利益」とされ、「ただし、正常な商慣習に照らして値引又はアフターサービスと認められる経済上の利益及び正常な商慣習に照らして当該取引に係る商品又は役務に附属すると認められる経済上の利益は、含まない」とされています。

親睦や謝恩のため、容器の回収促進のため、アンケート用紙の回収促進のためということであっても、「顧客を誘引するための手段」と認められる場合は対象になりますし、取引の継続、維持のためであっても、「顧客を誘引するための手段」に含まれます。

　ある取引において2つ以上の商品・役務が提供される場合でも、「ハンバーガー・ドリンクセット○○円」のように2つ以上組み合わせて販売していることが明らかな場合やパック旅行のように組み合わせて1つの商品・役務になっている場合は、通常、「取引に附随」する提供に当たりません。ただし、購入者を対象に「○○無料」と表示している場合の○○の提供は、「取引に附随」する提供に当たるとされています。

　また、次のような場合は、通常、「正常な商慣習に照らして値引きと認められる経済上の利益」に当たり、そもそも景品類とされません。

① 販売する商品・役務自体または別の商品・役務の値引き、割戻し（×個以上お買上げの方○○円引き、お買上金額の○％キャッシュバック、背広お買上げの方その場でコート○○％引きなど）。

② 販売した商品・役務と同一または実質的に同一の商品・役務を無料で提供すること（CD3枚買ったらもう1枚進呈、背広1着お買上げでスペアズボン無料、ドリンク3杯お買上げで1杯無料券サービス、クリーニングスタンプ○○個でワイシャツ1枚分サービス、○○マイル搭乗の方に××行航空券進呈など）。ただし、ジャケットお買上げでスペアズボン無料、ハンバーガーを買ったらフライドポテト無料等の場合は実質的な同一商品・役務の付加には当たりません。

## 抽選で景品を提供する企画

抽選で景品を提供する企画をやりたいが、気をつける点は何ですか

### Point

景品の額は、取引額の20倍または10万円のいずれか小さい額が上限です。たとえば、商品に貼った5,000円分の応募シールをはがきに貼って懸賞に応募するような場合は、その20倍の10万円相当までの景品類が出せることになります。このほか気をつけるべき点はいろいろあり、消費者庁のホームページに記載のある「景品に関するQ&A」が参考になります。

### 解説

#### 最高額と総額の制限

すでに述べたように、景品表示法の規制対象となる景品類には、購入または来店したらもらえる景品類のほかに、抽選などの懸賞で当選者がもらえる景品類があります。また、景品類の定義については、顧客を誘引するための手段として取引に附随して相手方に提供する経済上の利益とされており、購入や来店が必要なく、すなわち取引と関係なくだれでも応募できる懸賞で景品を出す場合は対象ではありません。

懸賞で出せる景品類の額は、懸賞応募の条件になっている取引額の20倍、この金額が10万円を超える場合は10万円が上限です。たとえ

ば、商品に貼った5,000円分の応募シールをはがきに貼って懸賞に応募するような場合は、最高、その20倍の10万円相当の景品類が出せることになります。同様に、3,000円分で応募できる場合は、最高6万円相当の景品類が出せます。

　このような制限が定められているのは、懸賞で非常に高額なものや賞金が当たると、宝くじと同じように、商品そのものの価値はともかく、過度の射幸心をあおる、つまり「当たるかも！　買って応募しよう」という気持ちを過剰にあおることになるからです。ちなみに、これらの金額は、いずれも消費税込みの金額です。取引で実際に支払われるのは消費税込みの価格であり、景品額について消費税相当分を控除した本体価格分でみるとの規定はありませんので、消費税相当分は除かれません。

　また、懸賞企画全体として出せる景品類の総額についても規制があり、懸賞の対象になる取引の予定総額の２％を超えてはいけないこととされています。取引総額ではなく取引予定総額を基準にしているのは、取引総額は結果的にわかるもので、これの何％以内にしなければならないといわれると懸賞企画が組みにくくなるためです。この取引予定総額は、これまで同様の企画を行ったときの実績などから合理的に推定される額と考えられます。予定額が結果的な取引額を大幅に上回っている場合は、予定額の算出根拠が問われるかもしれませんが、ちょっと期待が大きかった、すなわち予定額のほうが少し多くなったからといって、直ちに問題になるということはないと考えられます。

## 当選者の選び方

　懸賞による当選者の選び方としては、抽選やくじなどの偶然性を利用するもののほか、特定の行為の優劣または正誤によって定めるもの

が対象です。この「偶然性を利用するもの」としては、抽選やくじのほか、①商品の一部にだけ景品類を入れ、購入時にはどれに入っているかわからないようにする方法、②商品に入れた景品類の値段に差があり、購入時には何が入っているかわからないようにする方法、③じゃんけんによる方法などがあります。

来店や申込みの先着順で景品類を提供する場合は懸賞によるものとはされず、前述のベタ付き景品の規制の対象になります（通常行われる取引の最低額の２割または200円のいずれか高い額が上限）。

### 共同懸賞

また、一定の地域または１つの商店街の小売業者またはサービス業者の相当多数が共同して行う、いわゆる共同懸賞については、最高30万円、景品類総額は懸賞の対象になる取引の予定総額の３％まで出すことができます。ただし、次のことが条件です。
① 他の事業者の参加を不当に制限しない。
② 懸賞企画は、中元、年末等の時期において年３回を限度とし、かつ、年間通算して70日の期間内で行う。

### 消費者庁のQ＆A

このほか、景品については、いろいろと細かな決まりごとがあり、消費者庁のホームページに記載のある「景品に関するＱ＆Ａ」が参考になります。また、多くの広告代理店も通常の業務で景品規制の知識が必要なことが多く、詳しい場合が多いと考えられます。なお、そのような広告代理店の方も、最終確認ということかもしれませんが、消費者庁の表示対策課や公正取引委員会の地方事務所取引課に景品企画について事前相談することが多いようです。

## Q74 企業向けの表示

当社はスーパー向けにある食材の卸売販売を行っていますが、その食材の表示についての重大な誤りが見つかりました。不当表示ということで景品表示法に違反しますか

### Point

景品表示法の規制の対象となる表示は、一般消費者向けの表示であり、企業向けの表示は対象ではありません。しかし、取引先がその表示を基に消費者向けの表示を行っている場合は、その企業、すなわち、御社の顧客であるスーパーが景品表示法に違反するおそれがあります。

また、企業向けの表示であっても、独占禁止法の不公正な取引方法の1つである「欺まん的顧客誘引」(欺まん＝欺くこと。騙すこと) に該当し、御社が独占禁止法に違反するおそれがあります。

### 解説

#### 景品表示法の運用

その食材の表示は、消費者が直接目にするものでしょうか、それとも、その表示を基にスーパーで消費者向けの表示をするのでしょうか？　スーパーに納入される業務用の大きな袋に表示されていたり、スーパー向けの納品書や説明資料に表示されているだけなら、通常、その表示は景品表示法の対象にはなりません。しかし、スーパーがその表示を信じて、広告チラシや消費者向けに小分けにしたパッケージ

に表示した場合は、そのスーパーが景品表示法違反に問われるおそれがあります。

　ここで「通常、……対象にはなりません」としたのは、過去に同様のケースで卸業者のみが景品表示法違反で法的措置を受けた事件があるからです。この事件は、肉の卸業者が小売店向けの包装袋などに「国産鶏肉」等と記載していたが、実際はブラジルなど外国産の鶏肉だったという事件です（平成14年４月丸紅畜産に対する排除命令）。その卸業者は大手の食肉卸会社で、小売店がその表示を信用して、そのとおりに表示したのは無理からぬ面もあり、仮に小売店だけが処分を受けたら、納得がいかない気もします。

　一方、景品表示法の不当表示の規制対象となる表示は、同法５条で「一般消費者に対し、……示す表示」「……であると一般消費者に誤認される表示」などとされており、一般的には、いずれも一般消費者が直接目にする表示と考えられます。そうした点からは、法的措置を受けた卸業者は、法律的には「当社の行った表示は消費者向けのものではない」として争う余地もあったかもしれません。しかし、それはすなわち、取引先であるスーパーの法的責任を問うこととなるものであり、むしろ、自社が措置を受けて、取引先との関係では助かったのかもしれません。

### 独占禁止法の適用

　また、企業向けの表示であっても、独占禁止法の不公正な取引方法の１つである「欺まん的顧客誘引」に該当し、独占禁止法に違反するおそれがあります。

　独占禁止法で違法とされる「不公正な取引方法」には、法律の本体で規定されるものと、一定の法律の要件のもとに公正取引委員会が指

定するものの二通りがあります。公正取引委員会の指定には、全業種、業態対象の、いわゆる一般指定と、特定の業種、業態を対象にした特殊指定があります。この一般指定の第8項で、次のように欺まん的顧客誘引が定められています。

「自己の供給する商品又は役務の内容又は取引条件その他これらの取引に関する事項について、実際のもの又は競争者に係るものよりも著しく優良又は有利であると顧客に誤認させることにより、競争者の顧客を自己と取引するように不当に誘引すること」

独占禁止法が基になって景品表示法ができたこともあり、景品表示法の不当表示の定義とほぼ同じです。異なるのは、「顧客に誤認させる」という点で、「顧客」には一般消費者だけでなく、取引先の企業も含まれます。企業間の取引においては、通常、購入者側も一定の商品知識を有していて、こうした欺まんが生じることは少ないと考えられ、仮にあったとしても民事的な解決が期待され、これまでこの規定に該当する行為について措置があったのは1件だけです（昭和50年6月ホリディ・マジックに対する排除審決）。

なお、以前に、製紙業者が再生紙と称してノートや名刺などの原材料の紙を企業向けに供給していましたが、実際にはほとんど古紙が使われていなかったという事件がありました。結果的には、製紙業者が一般消費者向けに製造販売するコピー用紙の古紙配合率の表示についてのみ措置がありました（平成20年4月排除命令）。コピー用紙についての措置で全体としての再発防止につながったと思いますが、原材料として企業向けに表示した部分については法律的には独占禁止法の適用も考えられます。

## Q75 仕入先の説明どおりの表示

当社は、仕入先の説明をそのまま宣伝に書いただけで、それが事実と違っていたといわれても悪いのはその会社であり、当社が不当表示といわれるのはおかしいのではないですか

### Point

仕入先の説明を基に一般消費者向けの表示を行っている場合であっても、その表示が事実と異なるときは不当表示になります。景品表示法上は、事実と異なることを知っていたかどうかにかかわらず、実際よりもよいもののように表示していれば違反になります。

### 解説

#### 信じて表示しても違反

取引先からの納品書や説明資料の記載内容を基に商品本体や広告チラシなどに表示しただけであっても、その表示内容が事実と異なる場合や、その表示内容に合理的な根拠がない場合には、表示を行った企業が景品表示法違反に問われるおそれがあります。

Q74で説明した鶏肉の事件では、肉の卸業者が法的措置を受け、直接消費者向けに表示を行った小売業者は法的措置の対象とはなりませんでした。しかし、景品表示法上は、消費者向けの表示を行っていない卸業者は通常違反にならず、むしろ、小売業者のほうが違反になるリスクがあります。小売業者には悪意はなかったと思いますが、景品表示法上は、悪意があったかどうかにかかわらず、消費者向けに行っ

た表示が実際より優良なものとの認識を与えるものであれば違反になります。

　また、スーパーで販売される商品の多くは、スーパーへの納入段階で商品本体に表示がなされ、これを消費者が目にすることとなります。その表示と同じ内容をスーパーがチラシに表示した場合、仮に商品本体の表示に問題があると、規定上は、納入側とスーパーの両方が景品表示法に違反するおそれが出てきます。

　仮に、ある程度の規模のメーカーが商品本体やテレビCMなどで不当表示を行い、これを信じた多くの小売業者の表示が同じく不当表示となった場合、通常は、行政効率の観点からも、また、措置の実効性の観点からもメーカーのみが措置をとることになります。しかし、大手の小売業者が消費者向けの表示の主要な担い手になっているような場合には、小売業者も措置の対象になることも考えられます。「騙され」て表示したとしても法律の適用は免除されず、「あっちが悪い」といっても、かえって消費者の信頼を失うことになるでしょう。

### 通販業者に対する法的措置

　通販業者が不当表示を行ったとして景品表示法違反と認定されることも少なくありません。通販業者は、持ち込まれた商品の説明を基に表示を行う場合が多いですが、その表示が景品表示法違反とされています。その商品のメーカーあるいは通販業者に商品を納入した業者は、ほとんどのケースで自らは直接、消費者に向けた表示行為を行っておらず、措置の対象になっていません。仮に商品本体や付属の説明書に事実と異なる内容あるいは合理的な根拠のない性能が表示してあっても、通常、消費者は商品を購入した後でそれを目にすることになるので、その表示自体は「不当に顧客を誘引し」（同法5条）とい

う要件に当てはまりにくいと考えられます。

メーカーあるいは納入業者は知名度が高くなくても、消費者は通販業者を信頼して購入することが多いでしょう。同様の事件の発生防止につなげるためにも、通販業者が措置の対象となることは重要と考えられます。

### 信じて不当表示になったときの課徴金

それでは、取引先の説明をそのまま宣伝に書いただけで、景品表示法違反となってしまう場合、課徴金はどうなるでしょうか。課徴金は、不当表示をした期間を通じて、以下の2点を満たすときは、課徴金を課さないことになっています。
① 実際の商品、サービスあるいは取引条件と表示内容を比較して、表示内容のほうがよいもの、あるいは有利なものになっているということを、違反者が知らなかった。
② その点に関して通常必要とされる注意義務（法律の言葉では「相当の注意」）は怠っていなかったと認められる。

この点の法適用が争われた事件はこれまでになく、「相当の注意」が具体的にどの程度になるか不明ですが、通販業者も含め、大手の小売業者が消費者向けの表示の主要な担い手になっているような場合には、相当程度の注意が求められ、課徴金の対象となる可能性が高いと考えられます。もちろん、取引先の説明をそのまま宣伝に書いたために、景品表示法違反として措置、公表され、信用を著しく失った、さらには高額の課徴金まで課されたという場合、その取引先に対して損害賠償請求することは可能でしょう。

## Q76 事実と異なる表示

当社のホテルの広告には「米沢牛すきやきプラン」と書きましたが、米沢牛が手に入らず、かわりに同等ランクの他のブランド和牛を使いたい。不当表示になってしまいますか

### Point

他のブランド牛を用いることにより、米沢牛を用いたときの通常のコストと比べて、コストが下がる場合には、景品表示法上の不当表示に当たるおそれがあります。対策としては、通常用いている米沢牛と同じかそれ以上の仕入れ価格のブランド牛を用いることが考えられます。その場合にも、顧客に、あらかじめ、こういう理由でこのような牛肉を用いている旨、説明することが適当でしょう。

### 解説

#### 優良さ

景品表示法は、単に事実と異なるというだけで不当表示とはしていません。実際より、あるいは競争品より優良であると誤認される表示、いわゆる「優良誤認表示」として、また、実際より、あるいは競争者のものより有利と誤認される表示を、いわゆる「有利誤認表示」として禁止しています。

ここで「優良」または「有利」と書きましたが、法律上は「著しく優良」「著しく有利」と書かれています。「著しく」というと、よほど誇張した場合を思い浮かべ、少々の誇張ならよいのではないかと思わ

れるかもしれませんが、そうではありません。景品表示法の解釈、運用上では、その表示を誤認して顧客が誘引されるかどうかで判断されます。すなわち、消費者の購入意欲につながるような程度の優良さ、有利さであれば、この「著しく」に該当します。このため、冒頭ではあえて「著しく」という言葉はつけないで説明しています。

　一方で、優良さというのは、どうやって判断するのでしょうか。牛肉と書いてあったが豚肉だったという場合、どちらがおいしいかという点で優良さを判断しようとすると、人によっても、個々の肉の内容によっても違うでしょう。たとえば、燃費のように性能に一定の尺度があるものについて事実と異なる表示があった場合は、優良さの判断がしやすいと考えられます。しかし、用いられている材料が異なるような場合には、この優良さについての尺度として多く用いられるのは、通常は、市場の評価、すなわち価格です。「バナメイエビ」と「芝エビ」のどちらがおいしいかはよくわかりませんが、たとえば、芝エビがバナメイエビに比べて、聞こえがよく需要が多いわりに水揚げ量が少ない場合は、価格も高めになるでしょう。その場合は、バナメイエビを芝エビと書きたくなる、書けば優良誤認と判断されることになります。その逆は通常書きたくないでしょうし、優良誤認とはいえないでしょう。

### 質問のケース

　ご質問のケースで考えますと、他のブランド牛を用いることにより、米沢牛を用いたときの通常のコストと比べて、コストが下がる場合には、景品表示法上の不当表示に当たるおそれがあります。違反にならないための対策としては、通常用いている米沢牛と同じかそれ以上の仕入れ価格のブランド牛を用いることが考えられます。その場合

Q76　事実と異なる表示

には、不当表示とされることはないと思いますが、このように誠意を示した場合でも、「偽っていた」といわれるおそれがありますので、なんらかのかたちで顧客に、あらかじめ、こういう理由でこのような牛肉を用いている旨、説明することが適当でしょう。

## おとり広告

一方で、表示していた商品が用意されていないのだから、おとり広告に当たるのではないかという指摘が出ることも考えられます。おとり広告告示では、おとり広告について次のような記載があります。

「取引の申出に係る商品又は役務について、取引を行うための準備がなされていない場合その他実際には取引に応じることができない場合のその商品又は役務についての表示」

この部分だけ読みますと、ぴったり当てはまってしまう気がしてしまいます。しかし、同告示が問題にするおとり広告とは、実際には、まったくまたは少量しか用意していないにもかかわらず、きわめてお買い得な商品が購入できるような広告を行い、顧客を店舗に誘引し、他の商品の販売につなげようとすることです。同告示では、「自己の供給する商品又は役務の取引に顧客を誘引する手段として行う表示」ということが、もう1つの要件となっています。

ご質問のケースについては、米沢牛が用意されていないこととなった経緯と、ホテルとして他の肉にかえたことによってコスト的に利益となっていないことをふまえれば、他の商品に「顧客を誘引する手段として行」われたとの指摘は受けないものと考えられます。

## Q77 他社も同じような表示

当社が消費者向けに行っている表示について社内で不当表示にならないかという声がありました。他社も同じような表示を行っており、当社だけやめると売れ行きに大きく影響すると思われ、そういうわけにはいきません。どうしたらよいですか

### Point

すぐに表示内容が正しいかどうか、消費者にどのような誤認を与えているか確認してください。違反の疑いがあるときは、その事案の内容によっては、消費者庁等への自主申告、自社ホームページなどでのお詫び、引き続き調査中である旨などの情報提供を行ってください。何か問題があったことがどこからかもれて、マスコミやネットで批判されてから動くよりよいです。他社も同様の問題があると考えるときは、できるだけ客観的な根拠となる資料なども添えて、消費者庁または公正取引委員会の地方事務所に情報提供することも考えられます。

### 解説

#### 初期対応の重要性

自社が消費者向けに行っている表示について社内で不当表示にならないかという声があった場合、あるいは、外部から表示と実際が違うではないかとの声があった場合、これを無視してはいけません。特に、その内容が公にされたときに、企業に対する信頼が大きく傷つけられるおそれがある場合は積極的に適切な対応をとる必要がありま

す。

　その声をあげた人に限らず、匿名のかたちなどでネットに情報が流失するおそれがあります。消費者からの苦情で判明したような場合も、そうした苦情はすぐにネットにアップされると思ったほうがよいです。ぐずぐずしていると、問題指摘があったにもかかわらず、隠そうとしている、隠ぺいしているとの指摘を受けるおそれがあります。間違っても、社員に口止めしたり、苦情をいった消費者に内密にするようにお願いしたりしないことです。そのようなことをすると、不正があった、それを隠そうとしたととらえられ（だれでもそう思いますよね）、批判が一気に拡大、あるいはネットで炎上する可能性が高くなります。もともとそれほど大きな問題でなくても、そのような企業姿勢自体が大きな問題となってしまいます。それは、多くの人の正義感に反するからです。

　まったく問題がないと確信できる場合は別でしょうが、そのような確信もないままに、疑問を呈した社員や苦情をいった消費者のいうことを否定することも、そのこと自体が問題となって、火に油を注ぐことになりかねません。批判をありがたいと思い、おかげで問題に早期に対処することができるという姿勢、気持ちを示すことが重要です。やみくもに企業の利益や信用を守ろうとすると、かえって守れないことになります。誠実で迅速な対応をとった場合は、褒められることもないかもしれませんが、不祥事としてのニュースバリューも低くなります。

### 情報提供

　違反の疑いがあるとき、特に、明らかになれば世の中から相当の批判が生じることが予想されるような場合は、消費者庁や公正取引委員

会への自主申告、自社ホームページなどでのお詫び、引き続き調査中である旨などの情報提供を行ってください。

　他社の同様な問題となる表示物についても、あわせて調査当局に情報提供する必要があります。客観的にいえば、仮に措置・公表が行われる場合であっても同業者、できればより知名度の高い同業者も対象になったほうが、自社のダメージが軽減するという効果も考えられますが、それとは別に、業界全体に広がっている問題は、業界全体の問題として対処してもらう必要があります。正直にいった者だけが損をするようでは困ります。業界全体の問題として改善が図られていないと、いつの間にか他社との対抗上ということで、同様な問題が繰り返されてしまうおそれもあります。

　できれば、他社が問題のある表示を行っていて、当社も対抗上、同じような表示をしたいが、まだやっていないという段階で当局に情報提供したほうがよいと考えられます。あるいは、業界にそのような問題に対して皆で改善に取り組もうという素地がある場合には、業界全体で取り組むことも考えられます。業界によっては、業界が自主的に不当表示や過大景品の防止に努めるための自主ルールとして、景品表示法に基づき消費者庁と公正取引委員会の認定を受けた公正競争規約を定めている場合があります。不当表示は業界内の競争のなかで生じており、このような枠組みを活用して業界全体として適正表示に取り組むことが違法リスクの防止のためにも効果的と考えられます。

## Q78 価格表示の違反

最近、価格表示が違反になったという話を聞きますが、どういうことが問題になっているのですか

### Point

最近、いわゆる「不当な二重価格表示」に対する法的措置が目立っています。具体的には、「通常価格の50％OFF」、「通常価格○○円、セール価格△△円」などと表示しているが、実際は、ふだんからその「通常価格」より安く販売されていたとか、「いま入会すれば入会費無料」といっていたが、ほとんどの期間、入会費はとっていなかったなど、いずれも実際よりも有利さを強く印象づけるもので、有利誤認表示として景品表示法上違反とされています。

### 解説

#### 二重価格表示

消費者向けに販売を拡大していくうえで、安さを強調することはインパクトがあり、有効な手段です。たとえば、「通常価格○○円のところ△△円」「メーカー希望小売価格○○のところ××円」というように、実売価格にそれより割高な価格を併記して安さを強調する表示をよく見かけます。これらは、いわゆる「二重価格表示」です。「通常価格の○○％引き」というように具体的な通常価格やメーカー希望小売価格が表示されていなくても、広い意味で二重価格表示に当たります。

もちろん、このような比較対照した価格にきちんと根拠があれば問題ありません。しかし、競争業者との競争のなかで、消費者の目につくようにしたいあまりに、ともすると大幅な割引を印象づける、しかも根拠の薄弱な表示をしてしまいがちです。そうした表示は、有利誤認表示として景品表示法5条に違反するおそれがあります。

　たとえば、通常5,000円で販売している商品をセールの前の1週間だけ1万円の値札をつけて店頭に陳列し、セールで「通常価格の50％OFF、5,000円」と表示したらどうでしょうか。どうみても実績づくりのために1万円の値札をつけていたとしか思えません。とても「通常価格」とはいえません。それでは、2週間、あるいは1カ月、6カ月、その値段で販売していた場合はどうでしょうか。さすがに6カ月、1万円で販売していたのであれば、通常価格1万円といっておかしくないと考えられます。

### 消費者庁のガイドライン

　景品表示法には、どのくらい販売していたら「通常価格」といえるか線引きは規定されていません。そこで、消費者庁から価格表示についてのガイドラインが出ています（「不当な価格表示についての景品表示法上の考え方」）。

　同ガイドラインでは、同一の商品について「最近相当期間にわたって販売されていた価格」とはいえない価格を「通常価格」「当店平常価格」などとして比較対照するときは、その価格がいつの時点でどの程度の期間販売されていた価格であるかなど、その内容を正確に表示しない限り、不当表示に該当するおそれがあるとしています。

　「最近相当期間にわたって販売されていた価格」といえるかどうかについては、一般的には、セール開始前の8週間（その商品の販売期

間が 8 週間未満の場合には、その期間)のうち、その価格で販売されていた期間が過半を占めていれば、次のいずれかの場合を除き、「最近相当期間にわたって販売されていた価格」とみてよいものと考えられるとしています。

① その価格で販売されていた期間が通算して 2 週間未満
② その価格で販売された最後の日から 2 週間以上経過

また、上記の「販売されていた」とは、事業者が通常の販売活動においてその商品を販売していたことをいい、実際に消費者への販売実績があることまでは必要としていません。

他方、形式的に一定の期間にわたって販売されていたとしても、通常の販売場所とは異なる場所に陳列してあるなど販売形態が通常と異なっている場合や、単に比較対照価格とするための実績づくりとして一時的にその価格で販売していたとみられるような場合には、「販売されていた」とはみられないとしています。

いわば、セールが 1 カ月以上続いたり（8 週間の過半がセールになる）、セールの頻度が高くなると、表示する側に通常価格を偽る意図がなくても結果的にセール以外の価格が「通常価格」とはいえなくなってしまいます。一方、たとえば、週末における販売がほとんどとなっている商品について、毎週月曜から木曜までは10,000円、金曜から日曜までは「半値セール」として5,000円で販売するような場合は、10,000円での販売は期間的には過半となり、形式的に同ガイドラインを満たしますが、単なる実績づくりにすぎず、法律的には不当な二重価格表示に該当するリスクがあると考えられます。

## Q79 消費者庁から調査

消費者庁の担当者から景品表示法違反の疑いがあるので話を聞きたいとの電話が入りました。今後どうなるのですか、どうしたらよいですか

**Point**

調査ののち、指導・非公表や調査打切りになるものが大部分ですが、任意ベースの調査であっても、詳細な報告が求められたり、事情聴取の回数が多くなってくると、法的措置を念頭に置いた調査の可能性が出てきます。疑われている表示は景品表示法上違法なものなのか自らも検証する必要がありますが、いずれにしろ、なんらかの疑う根拠をもって調査に臨んでいますので、調査にはきちんと協力していくことが必要でしょう。

解説

### 任意ベースの調査

消費者庁や公正取引委員会、都道府県は、景品表示法違反の調査を行う際に、必要な場合には、企業側に報告命令、書類などの提出命令、関係する場所の立入検査等を行う権限をもっています。しかし、通常、立入検査からスタートするのではなく、任意ベースで調査が開始されます。「○○のカルテルの疑いで一斉立入検査」というような報道はよくみますが、景品表示法違反のときは、通常、処分の発表のときに初めて調査があったことを知ることになります。

Q70で述べたとおり、景品表示法違反の疑いでの調査のときは、法的措置を念頭に置いた調査も含めて、初めから任意ベースでの調査が一般的になっているものと考えられます。調査が電話により任意ベースで始まったからといっても、法的措置を念頭に置いた調査の可能性もあります。

　ただ、Q71で述べたとおり、調査を終えた後の処理として最も多いのは指導であり、続いて違反が認められなかったとして調査打切りになるものも多くあり、法的措置に至るものは割合的にはわずかです。違反の程度が比較的軽微な事案については、いくら法律上違反は間違いないと思われる場合であっても指導で改善が図られるのであれば、詳細な事実確認、証拠化を行わず、指導ですませることになると考えられます。

### 措置命令を目指す調査

　逆にいえば、措置命令を目指す案件については、事実関係の詳細な報告が求められ、表示物についても一定期間のものはすべて提出を求められるということが考えられます。また、事情聴取の必要も生じ、その回数も多くなります。

　疑われている表示は景品表示法上違法なものなのか自らも検証し、わからない点は担当官に確認したり、意見があれば調査中でもいっておく必要があると思いますが、調査当局としてはなんらかの疑う根拠をもって調査に臨んでいますし、必要な場合には強制的な調査を行う権限ももっていますので、調査にはきちんと協力していくことが必要でしょう。

　平成28年に課徴金制度が導入されましたので、課徴金がかかる案件かどうか見極めるためになんらかの売上データを求められることもあ

ります。対象商品の売上が5,000万円を超えていて、課徴金額を算定しなくてはならないという場合には、より詳細な売上データを求められることになります。

　合理的な根拠のない、いわゆる不実証広告については、当局から期間を定めて表示の裏付けとなる合理的な根拠を示す資料の提出を求める文書が送付された場合は、間違いなく措置命令を念頭に置いていると考えられ、その多くは排除措置につながっているとみられます。

　また、優良誤認表示と有利誤認表示を比べると、前者のほうが法的措置になる率が高いようです。平成26年度から28年度の3年間に措置命令または指導のあった事件をみると、優良誤認表示の事件は14％が措置命令であるのに対し、有利誤認表示の事件は6.6％が措置命令となっています。

　これは、有利誤認表示の多くを占める二重価格表示は、優良誤認表示と比べると消費者被害という点で悪性が軽微なものも多く含まれているためと考えられます。セールの頻度が高くなって表示された「通常価格」で販売されている期間が相対的に短くなっていたとしても、セール価格はもちろん表示のとおりであり、ほかで買うよりおおむねお買い得であったのであれば、「だったら買わなかった」という騙された感は大きくないとも考えられます。ただ、最近、不当な二重価格表示に当たる措置命令事件も増えており、著名な企業も措置の対象となっています。場合によっては、当然、課徴金の対象にもなりえます。お買い得感はぜひアピールしたいところですが、不当な二重価格表示にならないよう、適正表示に向けた注意が必要です。

## Q80 消費者庁から表示の根拠を求められたらどうするか？

当社は、当社製品について、こういう効果がありますという広告を行っていますが、この広告について、消費者庁から広告の裏付けとなる合理的根拠の提出を求められました。今後どうなるのですか

### Point

それは、「不実証広告」の疑いでの調査です。商品の性能や効果について表示しているときに、その表示の合理的な根拠がないと不当表示とみなされて景品表示法による措置命令の対象となります。消費者庁は、この表示は疑わしいと判断するときは、その表示の合理的な根拠を一定期限内に提出するよう求めます。この提出が求められたということは、措置命令を主眼とした調査の対象となっていると考えられます。課徴金が課されることも十分考えられます。

### 解説

### 合理的な根拠の提出

消費者庁が、性能や効果をうたった表示をみて、たとえば、「すばらしい効果が表示されているが、本当か疑わしい」と疑問をもった場合には、表示を行っている企業にその表示の裏付けとなる合理的な根拠を示す資料の提出を文書で求めます（景品表示法7条2項）。資料の提出期限は、文書により資料の提出を求めた日から、原則として15日後です（同法施行規則7条2項）。

資料の提出を求められた企業は書面により提出期限の延長を申し出ることができますが、延長が認められるのは、消費者庁が「正当な事由がある」と認めた場合だけです。正当な事由があるかどうかは、個別の事案ごとに判断されますが、新たな、または追加的な試験・調査を実施する必要があるなどの理由は、正当な事由とは認められません。

　「いまは、そういう資料はないが、試験すれば必ず効果が証明できる」「試験には時間がかかるが、その結果をみて、本当に表示どおりではないかどうか判断すべきではないか」「もしかしたら効果があるという結果が出るかもしれないのに、違反と決めつけるのはおかしいではないか」という主張は認められません。消費者に対して、根拠がはっきりしないのに、あるいははっきりしない段階で、優れた性能や効果を表示すること自体を問題とし、違法としているのです。

### 法的措置

　企業が求められた資料を提出しないときは、その表示は景品表示法に違反するいわゆる「優良誤認表示」とみなされ（同法7条2項）、措置命令の対象になります。資料を何も出さなかった場合も対象ですが、なんらかの資料を出しても、その資料が表示の裏付けとなる合理的な根拠を示すものとはいえない場合も対象です。

　消費者庁は、自ら試験や調査を行って、表示のような性能や効果はなかった、その表示と実際のものとは異なるということを具体的に立証する必要はありません。たとえば、安全かどうかよくわからないダイエット食品を何人もの人に使用させ、ダイエット効果を検証するというようなことはする必要がありません。消費者庁は、必要に応じて、研究機関などそれぞれの分野の専門家の意見を聞いて、提出され

た資料が合理的な根拠といえるかどうかを判断します。

　このような合理的根拠のない表示は「不実証広告」と呼ばれ、景品表示法の課徴金の規定上、「優良誤認表示」と「推定」され（同法8条3項）、課徴金納付命令の対象になります。上記で述べたように措置命令のときは「優良誤認表示」と「みなされ」、課徴金上では「推定」されるというように、扱いが異なっています。仮に後から合理的な根拠資料が示された場合、措置命令は覆らないのに対し、課徴金納付命令は取り消されることになります。これは、「みなされる」場合は、たとえば、「馬は牛とみなす」というときは馬が牛でないことを証明してもダメなように、反証の有無にかかわらずみなされてしまいますが、「推定する」という場合は、事実が異なることを証明すれば推定が効かないことになるためです。

　なお、この不実証広告に対する規制は平成15年に導入されたものですが、これ以前も合理的な根拠のない表示に対して「優良誤認表示」として措置がとられました。その際は、「……かのように表示しているが、かかる効果があるものとは認められない」と認定しています。「○○の効果がある商品」と「その効果があるとは認められない商品」を比べたら、通常、明らかに前者のほうが優良と認識します。実際は後者なのに、前者のような表示をすれば優良誤認表示ということです。ただし、不実証広告規制が導入されてシステマティックに違法性が認定されるようになったことにより、こうした表示に対する規制が進んだと考えられます。

## Q81 不当表示をしないために気をつける点

不当表示をしようとは思っていませんが、どのような点に気をつけたらよいですか

### Point

不当表示は企業の信用を傷つけ、課徴金の対象ともなりますが、不当表示をしようと思っていなくてもしてしまう場合があり、このことを各社は十分にふまえて対応する必要があります。また、競争のなかで業界全体に不当表示がまん延し、1社では対応が困難となる場合もあり、早い段階での業界全体としての問題提起、改善に向けた努力が重要になります。

### 解説

#### 不当表示の要因

社会的に知名度も信用もある企業が不当表示をしてしまうことがよくあります。もともとは内容を偽って売ろうという意図はないと思われますが、気がつくと消費者が驚くような不当表示を、しかも、業界全体で行ってしまうことがあります。

どうして不当表示が起きたのか、その要因がわかったほうがより有効な防止策がとりやすいと思います。しかし、法的措置の公表文からは、不当表示の内容はわかるのですが、どうしてそのようなことになったかはわかりません。措置命令を行うときに、不当表示に至った経緯や動機は立証する必要がないのですから、当然、その点の調査

も、その点についての公表文への記載も必要がありません。

　以下では、推測も交えて、過去の事例を参考に、もともとは意図しない不当表示の要因を考えてみたいと思います。

### 業界と一般の認識のズレ

　平成25年の秋以降、全国のホテル、レストランなどでいわゆる食材偽装事件が相次ぎました。バナメイエビを「芝エビ」と表示したり、地鶏でないものを「地鶏」と表示したり、あるいは安い青ねぎ、白ねぎを「九条ねぎ」と表示したことなどが違法とされました。

　こうした聞こえのよい、消費者にとってよりインパクトのある表示は、だれかが行うと、そちらのほうが有利ですから模倣され、「これくらいはいいだろう」と業界のなかでは問題ないという認識が一般化しやすく、次第に消費者の認識と乖離してしまうと考えられます。

### 当初は適正表示、状況変化で不当表示に変化

　平成20年6月に排除命令のあった「六甲のおいしい水」は、もともとは六甲山麓で採水されていましたが、商品の人気が出て需要が拡大し、2リットル入りの商品については神戸市内の六甲から離れた地区で採水されるようになりました。同商品の容器に、六甲山系の花崗岩の割れ目を通ることによりそのミネラル分が溶け込んだ水である旨、表示していましたが、採水地が移動してからは実態とあわなくなり、不当表示になってしまいました。

　また、平成11年3月に日本を代表するスーパー7社による肉の二重価格表示事件の警告・公表がありました。通常価格に比べて大幅な割引価格のように表示していましたが、実際にはほとんどの期間、その「通常価格」より相当安い価格で販売しており、有利誤認表示とされ

ました。肉の輸入自由化が進み、セールが頻繁化、通常化するなかで、比較対照価格として従来の「通常価格」をそのまま用いていたことが原因と考えられます。

　肉の二重価格表示は業界で広く行われ、だんだんと表示上の「通常価格」と実際の通常価格との乖離が拡大したため、業界のなかの人は問題に気がつきにくく、消費者の認識と大きく乖離したのかもしれません。

### 需要急増への無理な対応

　平成20年4月に、大手製紙メーカー8社による古紙配合率を高く偽る事件の排除命令がありました。旧リサイクル法により再生紙の需要が急増するなかで、古紙の供給は限られており、需要に対応するために古紙の配合を少なくしたことが原因と考えられます。特に、環境対応の面は別として紙としての品質は新しい紙のほうが古紙よりもよいことから、不当性に気がつきにくかったことも考えられます。

　また、平成8年6月に大手パンメーカー複数社による製造年月日の先付け表示事件がありました。コンビニエンスストアでの「焼きたて」パンの需要が急増し、午前0時以降の包装作業では発注に応えられず、前日の夜中から翌日の日付を印刷したパンを製造したという事件です。発注側に欠品を許さない強い姿勢があったことも考えられますが、注文はありがたいもので、断れないという心情も背景にはあったかもしれません。

### その他

　このほか、経営陣が性能競争に対応するため現場に無理な注文をし、できないといわせなかったため、あるいは企画段階で予定してい

た性能が製造段階の仕様変更のため発揮できなくなり、そのことが企画部門にフィードバックされなかったため、不当表示が発生してしまったと思われる事例（自動車の燃費表示およびベビーカーの布地の通気性についての表示）もあります。

## Q82 ブログや口コミサイトからの表示

ブログや口コミサイトにだれかが勝手に書いたということなら、不当表示に問われないですみますか

### Point

景品表示法では、商品・サービスを自ら供給する者がその商品・サービスについて表示するときの表示が対象になりますので、まったくの第三者が自己の判断で行った評価についての情報の発信は景品表示法の規制対象にはなりません。しかし、商品・サービスを提供する事業者が、第三者の情報発信というかたちをとって実際には自ら情報を発信したり、あるいは第三者に依頼して情報を発信してもらう場合には、同法の規制対象になります。

### 解説

#### ステマ

本当にだれかが勝手に書いたものであり、商品を販売し、またはサービスを提供する企業がまったくかかわっていないということであれば、その企業が表示しているとはいえず、不当表示には該当しないでしょう。

しかし、そのようなかたちをとれば、違反にならないということではありません。だれかに依頼して書いてもらったり、「依頼」のかたちはとっていなくても、書くようになんらかのかたちで誘導している場合には、企業に責任がないとはいえず、表示者として景品表示法上

の問題を生じるおそれがあります。むしろ、企業がその企業の名前で自分の商品・サービスについて表示している場合よりも、第三者が高い評価をしている情報のほうが一般消費者にとって信頼性が高いと受け止められ、より優良誤認、あるいは有利誤認が生じやすいといえます。

　最近、インターネット上で、宣伝であることを隠した宣伝、いわゆるステルスマーケティング、略称ステマが問題になっています。芸能人や影響力のあるブロガーなどが、その対価として企業側から報酬を受けているのにそのことを隠し、あたかも利害関係のない第三者のように装ってネット上で商品を高く評価したり、多数の人を雇い多数の人から商品について高い評価を受けているように演出することがこれに含まれます。

　景品表示法では、「自己の供給する商品又は役務の取引について」（5条）行う表示が対象になりますので、通常、消費者によって書き込まれる口コミサイト（ブログなどを含む）に掲載された情報は、景品表示法の規制対象にはなりません。しかし、商品・サービスを提供する事業者がそのようなステルスマーケティングを用いて、その商品・サービスが高い評価を受けているように演出する場合には、同法の規制対象になります。むしろ、このような方法を用いていたことが明らかとなれば、一般消費者からみても、通常の不当表示よりもさらに悪質と思われるでしょう。

### 消費者庁のガイドライン

　このような口コミ情報に関して、消費者庁は平成23年10月に公表した「インターネット消費者取引に係る広告表示に関する景品表示法上の問題点及び留意事項」のなかで、商品・サービスを提供する事業者

が口コミサイトに口コミ情報を自ら掲載し、または第三者に依頼して掲載させる場合、その口コミ情報は景品表示法の規制対象にあることを明らかにしており、同法上問題となる例として下記のような事例を掲げています。

① 飲食店を経営する事業者が、自らの飲食店で提供している料理について、実際には地鶏を使用していないにもかかわらず、グルメサイトの口コミ情報コーナーに「このお店は△△地鶏を使っているとか。さすが△△地鶏、とても美味でした。お勧めです!!」等と、あたかも地鶏を使用しているかのように表示すること

② 商品・サービスを提供する店舗を経営する事業者が、口コミ投稿の代行を行う業者に依頼し、口コミサイト上の自己の供給する商品・サービスに関する情報コーナーに口コミを多数書き込ませ、もともと口コミサイト上でその商品・サービスに対する好意的な評価はさほど多くなかったにもかかわらず、その商品・サービスの品質その他の内容について、あたかも一般消費者の多数から好意的評価を受けているかのように表示させること

③ 商品・サービスを供給する事業者がブロガーに依頼して、その商品・サービスについて十分な根拠がないにもかかわらず、ブログに「△△、ついにゲットしました〜。しみ、そばかすを予防して、ぷるぷるお肌になっちゃいます！ 気になる方はコチラ」等と表示させること

上記の「第三者に依頼して掲載させる場合」には、明示的に依頼する場合は当然含まれますが、商品・サービスについて高い評価を掲載すればなんらかの報酬が得られるという実態になっていて、掲載する側がこうした報酬を期待して掲載しているような場合も含まれると考えられます。

Q82 ブログや口コミサイトからの表示

## Q83 不当表示の課徴金

当社で広告表示に大きな誤りがあることが判明しました。不当表示ということになると課徴金がかかると聞きましたが、どうなるのですか

### Point

　その表示の対象になった商品・サービスの売上げが5,000万円未満なら課徴金はかかりません、また、表示の根拠となる情報を確認するなど必要な注意を払っていた場合も対象外です。それ以外の場合ですと、課徴金の対象になる可能性が大きくなります。景品表示法当局の調査開始前に事実関係を報告すれば、課徴金が半額になるという制度もあります。

### 解説

#### 対象となる表示

　課徴金の対象になる不当表示は、優良誤認表示と有利誤認表示、合理的な根拠がないのに性能、効果などを表示するいわゆる不実証広告です。ただし、問題となった表示について、その企業が払うべき注意を怠っていないと認められる場合は課徴金の対象外です。信頼すべき大手メーカーの説明のとおりにチラシ広告したが、それが優良誤認表示になってしまったという場合は、払うべき注意を怠っていない典型例と考えられます。

　不当表示としては、このほかに消費者庁が告示で定めるものがあり

ます。この告示としては、実際と異なる原産国の表示を禁止する「原産国告示」や、実際には用意していない商品を広告に載せて集客することを禁止する「おとり広告告示」などがあります。これらの告示違反には課徴金はかかりません。しかし、たとえば、原産国告示違反は、通常、実際よりもよいものに見せようということで行われますので、従来なら原産国告示違反と処理されたものが、事案によっては優良誤認表示と認定され課徴金の対象になることも考えられます。

不実証広告については、後から合理的な根拠が示された場合には課徴金納付命令は取り消されます。なお、その場合も景品表示法違反であることには変わりなく、措置命令は取り消されません。本来、表示する段階で合理的な根拠に基づいて表示すべきということです。

### 課徴金の計算

課徴金額は、不当表示をした商品・サービスの課徴金対象期間における売上額に3％をかけた金額です。この金額が150万円未満（売上額5,000万円未満）の場合は課徴金がかかりません。

不当表示を始めてからやめるまでの期間は当然、「課徴金対象期間」になりますが、不当表示をやめてからも、その表示をみた消費者が購入するケースがあります。このため、不当表示をしていた期間とその後の一定のプラス期間を加えた期間を「課徴金対象期間」としています。このプラス期間は、原則、不当表示をやめた日から6カ月間のうち最後に対象商品・サービスの取引を行った日までの期間です。ただし、この6カ月間に消費者に対し一定の誤認解消措置を講じた場合には、この措置を講じた日までの期間に短縮されます。なお、この誤認解消措置が後で十分なものではなかったとされないためには、消費者庁に事前に相談することが適当です。

このようにして決定される課徴金対象期間が3年を超えるときは、その期間のうち直近の3年間が課徴金対象期間になります。

課徴金対象の売上額については、政令で算定方法が詳しく定められており、企業の収益から費用を差し引く前の額で、消費税相当額は控除されません。卸売業者を通じて一般消費者に販売しているときは、卸に対する売上げになります。

今回の課徴金制度導入に際しては、あわせて、一般消費者に返金すると課徴金が減額、免除される制度が設けられました。企業が、返金計画を作成し、消費者庁長官の認定を受けるなど、所定の手続に従って消費者に対して返金措置を行った場合は、返金相当額が課徴金額から減額され、あるいは返金相当額が課徴金額以上の場合には課徴金がかかりません。また、違反の事実を一定の要件のもとで自主申告した場合には、課徴金額が半額になります。

これらの減額前の課徴金額が150万円以上のときは、減額によって課徴金額が150万円未満になっても、その減額後の金額が課徴金額になります。

たとえば、平成29年6月に課徴金納付命令(同年7月に一部変更)のあった三菱自動車の軽自動車の事件では、自主申告と返金措置の両方が認められました。車種ごとに違反行為があったため課徴金額の計算も車種ごとに行われ、8つの車種ごとに7万円から113万円の課徴金となっています(一本の命令書で、これらを合計した368万円の納付を命じている)。

また、独占禁止法と同様に、課徴金対象行為をやめた日から5年を経過したときは、課徴金の納付を命じることができません。

## Q84 不当表示に課徴金がかかったケース

これまで不当表示に対して課徴金がかかった事例をみて、何か気がつく点はありますか

### Point

課徴金算定の仕方、自主申告による50％減額、返金措置による返金相当額の減額、相当の注意義務を払った者に対する課徴金免除の取扱いなどで参考になる点があります。

### 解説

平成29年12月末までに課徴金納付命令があったのは、次の4件です。

① 三菱自動車工業による普通自動車と小型自動車の燃費不当表示事件（平成29年1月27日）
② 日本サプリメントによる特定保健用食品の不当表示事件（平成29年6月7日）
③ 三菱自動車工業による軽自動車の燃費不当表示事件（平成29年6月14日）
④ 日産自動車による軽自動車の燃費不当表示事件（平成29年6月14日）

### 違反行為ごとの算定

上記①は、不当表示に対する課徴金制度が平成28年4月に導入されて初めての課徴金納付命令で、課徴金額は4億8,507万円でした。

この納付命令からわかることの1点は、本件では、表示の実態に基づき商品ごとに違反が認定され、別々に課徴金が計算され、これらを合算して命令が行われたことです。①の事件の措置命令では29商品の表示の違反を認定していますが、課徴金納付命令はこのうちの26商品を納付命令の対象としています。残りの3商品については、対象期間中の売上げが5,000万円に達しなかったため課徴金額が150万円未満となって命令の対象から外れたと考えられます。本件では、商品ごとに異なる燃費が表示されており、違反行為は商品ごとに成立するとされたものと考えられます。

　たとえば、一定の商品群の値上げカルテルがあったときの独占禁止法による課徴金は、通常、その商品群全体の対象期間中の売上額を合計して、これに一定率をかけて課徴金を計算し、これが100万円以上なら納付を命じます。商品別に課徴金を計算し、100万円未満になったものは課徴金の対象から外すということはありません。これは一定の商品群の値上げの合意自体が1つの違反行為であり、課徴金の計算上、まとめて法適用されるためと考えられます。景品表示法でも、一定の商品群についてまとめて不当表示するような場合、たとえば、「いまなら入会金は各コースとも無料！」と表示していたが、いつも無料だったというような場合は、コースごとではなく、全コースをまとめた課徴金が計算されると考えられます。

　本件では、商品別にみても売上げが大きかったのでほとんどの商品が課徴金となりましたが、商品別に不当表示があり、商品別にはいずれも5,000万円いかないという場合は納付命令自体がなくなることになります。

### 自主申告

　上記②の日本サプリメントの事件は、特定保健用食品としての要件を満たすかのように表示していたが、実際には製品中の有効成分の含有量が同要件を満たしていなかったというものです。

　同社の平成28年9月の公表文によると、同含有量が同食品としての規格値を満たさない疑いがあることが同社の自主検査で判明したため、消費者庁にその旨報告し、同食品としての販売を終了することとしたとのことです。企業が不当表示を自主申告した場合、課徴金が50％減額される制度がありますが（景品表示法9条）、本件では50％減額はされていません。50％減額には、(1)課徴金対象行為に該当する事実を内閣府令で定めるところにより消費者庁に報告すること、(2)同行為についての調査があったことにより課徴金納付命令の可能性を予知して申告したものでないことが要件になっています。本件は、特定保健用食品について規定している健康増進法の問題という認識があったと思いますが、景品表示法の問題にもなるということが認識されていなかったため、(1)の要件を欠いてしまったのではないかと思われます。

　一方、③、④の事件については適法な自主申告があったとして50％減額を受けています。また、2社とも消費者庁の認定に基づく返金措置がとられ、返金額相当分が課徴金額から減額されました。

　なお、これらの事件は、もともと三菱自動車工業に燃費の不当表示があり、日産自動車は三菱から軽自動車のOEM供給を受け、三菱からの燃費の説明を基に燃費について表示したために、同社の行った表示も不当表示になってしまったという事件です。日産自動車は、三菱自動車工業との関係では被害者的な側面もありますが、燃費性能の根

拠となる情報を十分に確認していなかったとして、「相当の注意を怠った者でない」とは認められず、同社も課徴金の対象となったものと考えられます。

## Q85 投資信託などリスク商品の販売促進

銀行にとって投資信託など金融商品は重要な利益源となっており、販売ノルマもあります。窓口や電話などでお客様に積極的におすすめしていますが、本当に有利な投資なのか悩ましい面もあります。大丈夫ですか

### Point

セールストークも表示として景品表示法の規制を受けます。実際よりも有利と誤認するようなセールストークが行われ、しかも、それが構造的、組織的に行われている場合は景品表示法上の問題になるおそれもあります。

### 解説

#### セールストーク

口頭での説明、いわゆるセールストークであっても「表示」として景品表示法の対象になり、実際よりも有利と誤認される場合には不当表示になります。「担当者が勝手にいった」と企業に責任がないように主張しても、そのような主張は通りません。そのようなことをいう企業は、そもそも社会が認めないでしょう。特に、企業が担当者に対して、そのようなセールストークを使わざるをえないようにしている場合は、より悪性は大きくなります。

セールストークは証拠として残りにくい面がありますが、最近は録音されていると考えたほうがよいでしょう。あるいは、その他の各種

の状況証拠も含め事実認定が行われ、行政処分や損害賠償請求が行われる可能性もあります。

## 損失発生時に問題化

　リスクのある金融商品を購入してもらうためには、やはり顧客に有利な印象をもってもらう必要があるでしょう。販売担当者として、本音ではリスクが大きくあまり有利といえない、自分に資金があっても買いたくないかなと思うような場合、正直ベースで説明すると購入意欲をもってもらえない可能性が高くなります。

　そのなかで、上司から営業成績についてノルマをいわれ、営業成績の振るわない人に対する厳しい態度をみたりすると、いくら口では「法令コンプライアンスはきちんと守るように」といわれていても、話を盛って購入意欲がわくように努力することになりがちです。特に銀行などで本業の低金利のもとで預金・貸出業務の利益が望めず、金融商品の取扱いによる手数料収入を得ようと考えているような場合は、構造的に、こうした販売につながるおそれがあります。

　このような販売が問題化するのは、急激な円高になったり、株価が急落したりするなど、リスクが表面化したときです。リスクの高い商品であっても、また、高額な手数料を払っていても、利益が出ているときは苦情は出ません。損失が発生したときになると、本人の責任もあるのでしょうが、販売のときの説明を持ち出して苦情をいう人が増えると考えられます。その時はハッパをかけた上司は辞めてしまっているかもしれません、営業成績を評価されて栄転しているかもしれません。再編、統合で金融機関自体が大きく変化しているかもしれません。問題のある売り方をしても問題になるのはまだ先ということが、このような販売を生みかねない要因になりうると考えられます。

## セールストークが問題となったケース

　公正取引委員会は、平成7年にミシンのおとり広告について排除命令を行いました。対象となった事業者は、チラシ広告等で8,000円のミシンを大きく宣伝していましたが、同商品の仕入れ価格は8,000円より高く採算があわないものでした。また、事業者の販売員は完全歩合制で販売経費は販売員の負担となっており、同商品を販売した場合は販売員には収入がなく、しかも販売経費が持出しになる状況でした。同事業者は、販売員が同商品の注文を受けて配達する際には、販売価格が最高で26万円もするような高額なミシンもあわせて持参し、注文のミシンの購買意欲を失わせるように仕向け、これに替えて、こうした売買差益の大きい高額なミシンを購入するよう、時間をかけて強力に勧めていました。

　おそらく、全体の販売実績のうち消費者宅での販売の状況について認定できたケースは限られていると考えられますが、広告の商品に替えて他の高額な商品を購入させる構造的な要因をあわせて認定することにより、同様の行為が常態的に行われていることを認定したものと考えられます。この事件は、セールストークを不当表示として認定した典型的な事例です。

　銀行のリスク性の高い金融商品の販売に関しては、平成17年に三井住友銀行が金融商品の販売にあたって優越的地位の濫用を行ったとして公正取引委員会が法的措置をとって以降、金融業界内で相当厳しく同様の問題を生じないよう研修等を行って気をつけていると思いますが、景品表示法の観点からの未然防止にも強く配慮する必要があります。

# 第11章

## 下請取引

## Q86 下請法で気をつけるべき点

当社の発注先には中小のところが多いですが、下請法に関して、どのようなことに気をつけたらよいですか

### Point

下請法では、発注書面の交付など親事業者がしなければいけないこと（義務）と下請代金の減額など下請取引において親事業者がしてはいけないこと（禁止事項）が定められています。大企業と中小企業の間の取引すべてが対象になるのではなく、製造委託など取引の内容と取引当事者それぞれの資本金規模が一定の場合が対象です。しかし、基本的には契約書を書面にしましょう、契約のとおりにしましょうという内容で、広く中小企業との取引を下請法に準じたものにすることは、企業のコンプライアンス上も望ましいものと考えられます。

### 解説

#### 親事業者の義務

親事業者の義務は、次の4つです。
① 発注するときに下請事業者に一定の内容の発注書面を交付する義務
② 発注記録を発注後2年間保存する義務
③ 支払期日を定める義務
④ 支払が遅れたときに一定の遅延利息を支払う義務

上記の①の義務は、発注内容をきちんと書面化することにより不当

な発注がないようにし、発注後に発注段階と異なって下請事業者が不利益を受けるというトラブルを防止するためのものです。また、②の義務は、親事業者にとっても下請取引を確認できるようにして違反発生防止につなげ、また、問題があったときに当局の調査が迅速にできるようにするためのものです。これらの義務に反した場合は刑事罰の対象になります。

上記の③と④は、契約内容自体を規制するもので、要は、納品の日から起算して60日以内に支払期日を定めなければならない、その期日よりも支払が遅れたら一定の遅延利息を払わなければいけないというものです。

### 親事業者の禁止事項

親事業者の禁止事項は、次の11項目です。

① 発注した後で、下請事業者に責任がないのに、注文した品やサービスの受取りを拒否すること（受領拒否）

期限を設けて製造させ、その期限後も下請事業者に保管させる場合は、この受領拒否に当たります。

② 下請代金の支払がその支払期日よりも遅れること（下請代金の支払遅延）

下請事業者から請求書が来ていないので払っていない場合も遅延になります。

③ 下請事業者に責任がないのに下請代金を減額すること（下請代金の減額）

発注書面に記載がない減額は別途合意していても、この減額に当たります。

④ 下請事業者に責任がないのに返品すること（返品）

返品することについての合意があっても違反になります。

⑤ 通常支払われる価格に比べて著しく低い下請代金を設定すること（買いたたき）

⑥ 正当な理由がないのに、下請事業者に対し、特定のものの購入または特定のサービスの利用を強制すること（購入強制・利用強制）

⑦ 上記の違反について下請事業者が公正取引委員会ないし中小企業庁に知らせたということで、その下請事業者に不利益な扱いをすること（報復措置）

⑧ 下請事業者に対して、発注したものをつくるために必要な原材料等を自社から購入させる場合に、下請事業者に責任がないのに、その発注したものの下請代金の支払期日より前に、その原材料等の代金を支払わせること（有償支給原材料等の早期決済）

⑨ 一般の金融機関で割引を受けることが困難な手形で下請代金を支払うこと（割引困難な手形の交付）

⑩ 下請事業者に対して、自己のために金銭やサービスなどの経済上の利益を提供させ、下請事業者に不当な不利益を与えること（不当な経済上の利益の提供要請）

⑪ 下請事業者に責任がないのに、発注内容を変更したり、発注したものやサービスを受けた後で、やり直しをさせて、下請事業者に不当な不利益を与えること（不当なやり直し）

### 対象となる取引

　下請法は、大企業と中小企業の間の取引すべてが対象になるのではなく、製造委託など取引の内容と取引当事者それぞれの資本金規模が一定の場合だけです。

　しかし、口頭での発注や条件をきちんと定めていない発注は、後で

発注したとか、発注していないとかいった無用なトラブルを生みかねません。そのなかで、弱い立場の者が泣き寝入りせざるをえないこともあるでしょう。下請法は基本的には契約書を書面にする、契約のとおりにするという内容のものであり、広く中小企業との取引を下請法に準じたものにすることは、企業のコンプライアンス上も望ましいものと考えられます。独占禁止法上の優越的地位濫用が生じるおそれを軽減するうえでも有効ですし、下請事業者との信頼関係、協力関係を維持していくうえでも意味のあることだと考えられます。

## Q87 親事業者の義務

親事業者の義務は、具体的にはどのようなことですか。また、その義務に違反したらどうなりますか

### Point

　下請取引に際しては、発注の内容、下請代金の額、支払期日などを記載した発注書面を下請事業者に交付するとともに、発注内容、代金の支払状況など発注についての記録を発注後2年間保存する義務があり、これらに違反した場合には刑事罰の対象になります。また、代金支払期日として納品の日の59日後以内の日を定める義務があり、これに違反した場合は、公正取引委員会からの勧告、公表の対象になります。その際は、年率14.6％の遅延利息の支払が求められます。

### 解説

#### 発注書面を交付する義務

　この義務は、きちんと書面化することにより不当な内容の発注がないようにし、また、「そんな発注はしていない」として下請事業者が不利益を受けることを防止するためのものです。この義務に反した場合には、親事業者の関係者が50万円以下の罰金に処せられます。実は、この義務違反で公正取引委員会の指導を受けた件数は、年間数千件にのぼりますが、罰金刑に処せられたことはいままでありません。これは、基本的には、どの企業も発注書面自体は出すようにしており、その書面に必要記載事項がもれていたという比較的軽微な違反が

多いためと考えられます。仮に下請法違反が発覚しないように広く発注書面を出さないようにしているなど、発注書面の義務化の趣旨に反するような悪質な場合には刑事罰の適用も考えられます。

発注書面に記載すべき事項は、発注の内容、下請代金の額、支払期日などで、公正取引委員会が定める3条書面規則に詳しく記載があります。

「発注書面」とありますが、文書には限定されず、電子メールの送信やウェブサイトに掲載する方法でも、その方法をとることについて下請事業者の承諾が得られていて、下請事業者が必要なときに発注内容を確認し、プリントアウトできるようにしていれば問題ありません（下請法3条2項）。

### 発注記録の2年間保存義務

この義務は、親事業者にとっても下請取引が適正に行われているか確認できるようにして違反発生防止につなげ、また、問題があったときに当局の調査が迅速にできるようにするためのものです。この義務に反した場合も、親事業者の関係者が50万円以下の罰金に処せられます。この義務違反で公正取引委員会の指導を受けた件数も年間数百件にのぼりますが、罰金刑に処せられたことはいままでありません。発注書面を交付する義務と同様、発注内容の保存を義務化した趣旨に反するような悪質な場合には刑事罰の適用も考えられるでしょう。

保存が義務づけられているのは、発注内容、発注したものを受け取ったこと、あるいは発注したサービスの提供を受けたこと、代金の支払状況などを記載した書類または電子データで、公正取引委員会が定める5条書類規則に詳しく記載があります。

### 支払期日を定める義務

下請代金の支払期日は、納品の日（あるいは発注したサービスの提供を受けた日。以下「納品の日」という）から起算して60日以内の、できるだけ早い日に定めなければならないとされています。ある日から起算して60日という場合、その「ある日」を1日目と数えますので、その「ある日」の59日後までということになります。納品検査の日からではなく、納品の日からです。

また、支払期日を定めていない場合、あるいは納品の日の60日後以降に定めている場合は、納品の日の59日後が支払期日とみなされます。

この支払期日を定める義務違反そのものについては、罰則や下請法に基づく勧告の対象とはなっていません。しかし、上記のみなし規定により、納品の日の59日後までに支払わないと、支払遅延として遅延利息の支払義務が発生し、下請代金の遅延利息を支払いなさい、今後同様のことがないよう再発防止策を講じなさいなどの内容の勧告を公正取引委員会から受け、そのことが公表されるおそれがあります。

### 遅延利息を支払う義務

納品の日の60日後から実際に下請代金を支払う日までの日数に応じて、年率14.6％という高率な遅延利息を支払う必要があります。これを支払わなければ、公正取引委員会からの勧告、公表を受けるおそれがあります。この勧告自体は強制力のあるものではありませんが、遅延利息の支払義務が法律で定められているわけですから、民事的には支払わなければならないこととなります。

## Q88 下請法の対象になる取引

取引内容が一定の場合に下請法の対象になるということですが、どのような場合が対象になりますか

### Point

下請法の対象となる取引は、企業が自社で商品の販売やサービスの提供をする際に、その商品そのものやその商品の部品などの製造を他の企業に委託したり、提供するサービスの全部または一部を他の企業に委託するなどの一定の委託取引です。

### 解説

### 委託取引

企業が業として行う①製造委託、②修理委託、③ソフトウェア、アニメ、デザインなどの情報成果物の作成委託、④役務（サービス）の提供委託が下請法の対象となります。

下請法が、委託取引を対象にしているのは、委託した企業の指定した規格・仕様で製造や加工を行うため、途中で注文を取り消されたりした場合、他に転売することが困難で、一般の汎用品、規格品を販売する場合に比べ、注文を受ける側の不利益が大きく、その立場が弱いためと考えられます。また、「業として」というのは、企業が事業として繰り返し行っている状態を指す言葉ですが、そのような繰り返し行われる企業活動に関して委託を受ける場合は、委託も繰り返しとなりやすく、委託取引のなかで何か不利益なことがあっても、次の取引

にさしつかえることをおそれて不満がいいにくいと考えられます。

### 製造委託

下請法の対象となる製造委託は次のものです。
① 販売のための製造委託……企業が業として商品の販売を行うときに、その商品そのもの、その商品の部品などの製造（加工を含む。以下同）を他の企業に委託すること。自動車メーカーが部品の製造を下請企業に発注するような場合が該当します。
② 製造再委託……企業が業として物品の製造の受託を行うときに、その物品そのもの、その物品の部品などの製造を他の企業に委託すること
③ 修理用部品等の製造委託……企業が業として修理を行うときに、その修理のための部品などの製造を他の企業に委託すること
④ 自家使用のための製造委託……企業が自社で使用または消費する物品の製造を業として行うときに、その物品、その物品の部品などの製造を他の企業に委託すること

上記の①～④に「部品など」とは、より具体的には、商品の半製品、部品、付属品、原材料、これらの製造に用いる金型です。

なお、建設の下請取引も下請業者の立場は同様に弱いと考えられますが、下請法の適用対象ではなく、建設業法で下請法と同様の規制が行われています。

### 修理委託

下請法の対象となる修理委託は次のものです。
① 修理再委託……企業が業として請け負う物品の修理の全部または一部を他の企業に委託すること

② 自家使用物品の修理委託……企業が自社で使用する物品の修理を業として行うときに、その修理の一部を他の企業に委託すること

「修理」も役務の１つですので、修理の再委託は後で述べる役務提供委託の１つとも考えられますが、法律上は別に定義しています。これは、役務提供委託全般が後から下請法の適用対象となったためかと思われます。

### 情報成果物の作成委託

下請法の対象となる情報成果物の作成委託は、上記の製造委託の説明のうち、「商品」「物品」を「情報成果物」に、「製造」を「作成」に、「部品など」は「情報成果物の一部」に言い換えたものと同じになります。ただし、「修理用部品等の製造委託」に相当する「修理用情報成果物の作成委託」というものは規定されていません。情報成果物の「修理」は、その部分についての情報成果物の作成に相当するためと考えられます。

### 役務提供委託

下請法の対象となる役務提供委託とは、大手の運送業者が地域配送について地元の運送業者に委託する場合のように、業として行う役務の提供の全部または一部を他の企業に委託することです。委託企業がもっぱら自ら用いる役務を委託する場合は、これには当たらず、たとえば、自社ビルの警備を警備会社に委託する場合や通信販売業者が電話受付業務を他の企業に委託する場合は対象外になります。

なお、下請法の解説書をみると、「カルチャーセンターを営む事業者が、開催する教養講座の講義を個人事業者である講師に委託すること」は、「自ら用いる役務の委託に該当」し対象外とされています

が、「講義」は提供する役務の一部であるとも考えられます。現在、対象外として説明されている取引であっても、弱い立場の者の不当な不利益が問題化した場合には、異なる法解釈がされる可能性も考えられます。仮に行政当局が問題にしない場合でも、裁判になれば、下請法の適用対象と判断される可能性も考えられます。

## Q89 資本金要件

下請法は取引当事者それぞれの資本金規模が一定の場合が対象ということですが、具体的にはどういうことですか。当社は中小企業なので下請法は気にしなくてよいですか

### Point

中小企業に該当する企業でも下請法の対象になる場合があり、勧告、公表が行われるケースも少なくありません。

資本金（または出資総額、以下同）が1,000万円を超える企業の場合、資本金1,000万円以下の企業または個人事業者との取引が下請法の対象になります。いわば、資本金1,000万円が下請法でいう親事業者と下請事業者の1つの境目になります。これに加えて、資本金1,000万円以上の事業者も、もっと資本金規模の大きい企業との関係では下請事業者になりえます。その境目は、下請取引の内容によって3億円または5,000万円です。

### 解説

#### 資本金で線引き

中小企業基本法上、中小企業は、①資本金の額もしくは出資の総額が3億円以下など業種分類ごとに一定額以下の会社、または②常時使用する従業員の数が300人以下など業種分類ごとに一定以下の会社または個人企業とされています（同法2条）。

しかし、下請法では資本金の額あるいは出資の総額だけが親事業者

と下請事業者の規模基準になっています。資本金や出資金はあまり変化しませんが、従業員規模も基準になると、従業員の数は変化しやすいですし、特に取引先の従業員の数まで常に把握しにくく、下請法の対象になるのかならないのか不明確になってしまうためと考えられます。

　また、下請法の適用対象となる「事業者」には、株式会社、合名会社、合資会社、有限会社といった会社と個人企業（「下請事業者」として適用対象になる）のほか、各種の法律による協同組合、金庫、公庫などの特別法による法人、社団法人、財団法人など、あらゆる事業者が含まれます。ただし、政府や地方自治体など、資本金も出資もない場合には対象外になります。

　資本金1,000万円超の企業が発注する側、資本金1,000万円以下の企業または個人事業者が受注する側となっている場合に、発注側が親事業者として、受注側が下請事業者として、下請法の対象となります。下請法では、資本金1,000万円が親事業者と下請事業者を分ける1つの線引きになっているわけですが、これに加えて、下請取引の内容によって、資本金3億円または5,000万円がもう1つの線引きになっています。資本金3億円または5,000万円の線引きのほうが、通常の大企業と中小企業の線引きに近く、なじみやすいかもしれません。いずれにしましても、同じ会社が親企業にも下請企業にもなる場合があるということになります。

### 3億円が線引きになる場合

　以下の取引については、資本金3億円超の企業が発注する側、資本金3億円以下の企業または個人事業者が受注する側となっている場合に、発注側が親事業者として、受注側が下請事業者として、下請法の

対象となります。

①　製造委託
②　修理委託
③　プログラムの作成委託
④　運送、物品の倉庫での保管または情報処理についての委託

### 5,000万円が線引きになる場合

以下の取引については、資本金5,000万円超の企業が発注する側、資本金5,000万円以下の企業または個人事業者が受注する側となっている場合に、発注側が親事業者として、受注側が下請事業者として、下請法の対象となります。

①　上記③以外の情報成果物作成委託
②　上記④以外の役務提供委託

### 間に別会社が入る場合

製造委託などを行うA社と受託するBの間に商社が入る場合がありますが、製品の仕様、下請事業者の選定、下請代金の額の決定などの委託の内容に関与せず、注文の取次、下請代金の請求、支払など事務手続の代行を行っているにすぎない場合は、A社が親事業者、Bが下請事業者として下請法が適用されます。このため、A社は、商社からの支払が下請代金の支払遅延にならないようにするなど、商社とBの関係で下請法上の問題が生じないように注意する必要があります。

また、A社とBの間に、A社の子会社などのA社に関連する資本金の小さな会社C社が入る場合もあるかと思います。この場合、C社は下請事業者の選定、下請代金の額の決定を行うなど、上記の商社として入る場合には当てはまりません。一方で、C社とBの関係では資本

金基準からみて下請法の対象外にみえる場合があるかと思いますが、Q99で述べるトンネル会社の規制の対象となる可能性がありますので注意が必要です。

## Q90　下請法違反になったら？

下請法に違反したら、どういうことになりますか

### Point

いずれ書面調査などを通じて当局の調査が入る可能性があります。調査の結果、違反が発見された場合でも、多くのケースでは公表対象とならない「指導」という扱いになります。しかし、下請事業者の受ける不利益の額が一定以上の場合や行為に悪性がある場合には勧告・公表の対象になります。一方、このような勧告・公表の対象となりうる違反の場合でも、当局の調査前に自主的に名乗り出れば、勧告・公表が免除される場合があります。

### 解説

#### 勧告・公表の基準

平成15年に下請法の大きな改正が行われるまでは、公正取引委員会からの勧告に従わなかった場合に、違反企業名を公表することとされていました。しかし、実際には勧告に従わない例はなかったため、公表は行われませんでした。平成15年の改正により公表についての規定が削除され、平成16年4月以降は勧告が公表されるようになりました。

平成16年4月から平成29年3月末までの間に勧告・公表された事件は149件（年平均12件強）になります。勧告のそれぞれの公表文では下請代金の減額総額など下請事業者が受けた不利益に関する金額が記載されており、これをみると平成17年の1事件を除いて不利益の額が

1,000万円以上となっています。

この例外的な1事件は、下請代金の減額総額が600万円強と認定されています。この事件の公表文では、勧告の対象事業者が繰り返し下請法違反を行ったことが記載されています。以前の違反による不利益の額は不明ですが、単になんらかの違反があったということではなく、勧告が公表される以前に勧告を受けたか、勧告に近い規模の違反があって警告を受けたにもかかわらず、相当規模の違反が繰り返されたことが勧告・公表につながったものと考えられます。

これらから考えられるのは、下請事業者が受ける不利益な額の総額が1,000万円を超えるか、それをやや下回る場合でも相当規模の違反が繰り返されるなど、いわば問題性のある場合に、勧告・公表が行われる可能性が高いということです。

### 違反調査

下請法違反の調査は、公正取引委員会と中小企業庁が手分けして行っています。一方、違反に対する勧告は公正取引委員会のみが行っており、中小企業庁の調査で勧告相当の違反が見つかった場合は、中小企業庁長官から公正取引委員会に対して措置請求が行われます。この措置請求の件数は平成29年3月末までの10年間で18件、年平均約2件となっています。通常、措置請求の3週間程度後に公正取引委員会による勧告が行われています。

公正取引委員会と中小企業庁が行う調査の中核となるのは、親事業者と下請事業者に対する毎年の書面調査です。平成28年度に両当局は、合計約85,000社の親事業者、約47万の下請事業者に対して書面調査を行い、合計約7,500社に改善指導を行いました。違反のなかには、発注書面に記載すべき事項の一部に記載もれがあったというよう

な、比較的軽微なものも多く含まれています。また、こうした案件については、書面調査だけから事実関係が明らかなものも多く含まれています。

下請法違反は、日常の多数の事業活動のなかで生じてしまうことが多く、企業のコンプライアンスを担当する部門としては、ひとたび具体的な違反の調査があると大きなストレスを生じることも多いかと思います。しかし、普段から法違反の指摘を受けることがないよう注意を払い、特に下請事業者の不利益につながるような点に配慮していれば、たとえ違反が発生したとしても軽微な違反にとどまり、勧告・公表にはならず指導ですむと考えられます。

### 下請法版リニエンシー

社内調査などで勧告・公表の対象となりうる下請法違反が見つかった場合でも、公正取引委員会に自主申告すると勧告・公表が行われない制度があります。企業にとっては、その信頼維持のために有効な手段となりえます。この制度の対象になるのは次のような場合です。

① 公正取引委員会がその違反行為について調査に着手する前に自発的に申し出ている。

② その違反行為をすでに取りやめている。

③ その違反行為によって下請事業者に与えた不利益を回復するために必要な措置をすでに講じている（たとえば、下請代金の減額事件の場合は、減額した額少なくとも過去１年間分を返還している）。

④ その違反行為を今後行わないための再発防止策を講じることとしている。

⑤ その違反行為について公正取引委員会が行う調査および指導に全面的に協力している。

## Q91 下請法違反の申告

当社はある会社の下請けをしていますが、いろいろな名目のお金が代金から引かれます。当局にいったりすると後で仕事が来なくなるのではと心配です。法律があっても泣き寝入りするしかないのですか

### Point

下請法違反についての申告があった場合には、調査当局は、申告した下請事業者がだれなのか親事業者にわからないよう調査を実施します。

また、立場の弱い下請事業者からの自発的な情報提供がそもそも期待しにくいことから、毎年、多数の親事業者とその取引先下請事業者を対象に大規模な書面調査を行っており、調査票に回答いただくなかで下請法違反が発見できるようにしています。

### 解説

#### 申告人に配慮した調査

納入を受ける側の事業者が納入業者に対して、「販売協力金」「仕入れ割戻し」などの名目で、反対給付の明確でない金銭の支払、あるいは納入代金との相殺を求めることがあります。このような行為が下請取引において行われると、「下請代金の減額」または「不当な経済上の利益の提供要請」として下請法に違反するおそれが高いと考えられます。資本基準などに照らして、その納入取引が下請法の対象となる

と考えられるときには、下請法違反の疑いがあるとして、公正取引委員会または中小企業庁に申告をすることで、不利益の回復、防止が期待されます。その他の下請法違反の疑いがあると考えられるときも同様です。

しかし、今後の受注が期待できない場合など、従来の継続的な取引関係がかなり破綻した場合でないと、当局に対して親事業者の行為について訴えることがためらわれることが多いと思われます。特に、下請法違反について当局に申し出た場合には、当局が調査を行うなかでだれが申告したか親事業者に知られてしまうのではないか、その場合、親事業者からなんらかのかたちで不利益を受けるのではないかと危惧の念を抱くことが考えられます。たしかに、申告があった点だけに焦点を当てて調査を行うと、だれが当局に申告を行ったか親事業者が気づいてしまうおそれがあります。そこで、事実関係の調査にあたっては、より広く、その親事業者に関する下請取引全般を対象に調査を実施するなど、調査当局は、申告した下請事業者がだれなのか親事業者がわからないよう調査を実施します。

ただ、親事業者と取引している下請事業者の数がきわめて限られている場合や、違反の疑いのある行為について、すでに親事業者と下請事業者の間でやりとりがある場合など、だれが申告したか疑いをもたれる可能性があると考えられる場合には、下請事業者に事前に説明し、了解を得たうえで調査を行う場合もあります。

### 積極的な定期調査

下請法の調査当局である公正取引委員会と中小企業庁は、違反についての情報提供を待つという受け身の姿勢だけでなく、大規模に積極的な調査を行って、違反行為の発見、是正に努めています。下請法違

反については、立場の弱い下請事業者からの自発的な情報提供がそもそも期待しにくいことから、多数の親事業者とその取引先下請事業者を対象に大規模な書面調査を毎年行っており、調査票に回答するなかで下請法違反が発見できるようにしています。Q90でも述べたように平成28年度には合計約85,000社の親事業者、約47万の下請事業者に対して書面調査を行っています。

　書面調査に際しては、まず、親事業者に対して調査票を送付して調査を行いますが、そのなかで、下請事業者に対して、発注書面を交付しなかったことがなかったか、発注書面に必要な事項を記載しなかったことがなかったか、下請代金を減額したことがなかったかなどを質問します。下請法のもとで調査当局は強制力のあるかたちで親事業者に報告を求めることができますが、毎年行う書面調査は任意ベースに、より多くの事業者の協力を得て実施しています。親事業者に対する書面調査の際には、取引先下請事業者の名簿を入手し、そのなかから、その後に行う下請事業者に対する調査対象を基本的にアトランダムに選定して調査票を送付しています。

　資本金が1,000万円以上ですと親事業者になる可能性があり、その数だけでも非常に多数となることから、資本金が一定額以上の企業には毎年、それ未満の企業には数年に１度、調査票を送付しています。初めて親事業者として調査票が来たという場合や、公正取引委員会から来たり中小企業庁から来たりするという場合もあると思いますが、親事業者の名簿の更新は随時行っており、また、調査当局間で数年に１度、親事業者の名簿の交換、すなわち調査対象の交換を行っています。

## Q92 自分のためなのか？ サービスの提供か？

運送業務も下請法の対象になると聞きましたが、当社は自社工場で製造した製品を顧客に届ける際の運送を近くの運送業者さんに頼んでおり、下請法の対象になりますか

### Point

　質問のようなケースでは、通常、運送サービスは、もっぱら貴社が自ら用いているものであり、顧客に提供しているものではなく、下請法の対象にならないとされています。しかし、取引のなかで運送業者に不当な不利益を与えるようなことがあれば、独占禁止法上の問題ともなり、このような問題を生じないようにするためには、下請法に沿った取引を行うことが有効と考えられます。

### 解説

#### 下請法対象の役務提供委託

　下請法の対象となる役務提供委託は、企業が顧客にサービス（役務）を業として提供しようとする場合に、そのサービスの全部または一部を他の企業に委託することです。たとえば、全国的に運送サービスを提供している業者が、地域の配送部分をその地域の運送業者に委託するような場合が該当します。

　公正取引委員会が定める「下請代金支払遅延等防止法に関する運用基準」では、下請法対象の役務提供委託を例示しており、そのいくつかをみると次のとおりです。

○貨物自動車運送業者が、貨物運送にあわせて請け負った梱包を梱包業者に委託
○旅客自動車運送業者が、請け負った旅客運送を他の運送事業者に委託
○自動車ディーラーが、請け負う自動車整備の一部を自動車整備業者に委託
○ビルメンテナンス業者が、請け負った業務のうち、ビルの警備を警備業者に委託
○広告会社が、広告主から請け負った業務のうち、商品の店頭配布をイベント会社に委託
○ビル管理会社が、請け負った業務のうち、ビルメンテナンス業務を専門業者に委託
○ソフトウェア販売業者が、ソフトウェアの顧客サポートサービスを他の事業者に委託
○冠婚葬祭事業者が、冠婚葬祭式の司会進行、美容着付け等を他の事業者に委託
○旅行業者が、宿泊施設、交通機関等の手配を他の事業者に委託

　これらをみると、サービスの提供を主として行う事業者が、そのサービスの一部を他の事業者に委託することが該当するようです。また、公正取引委員会のホームページのＱ＆Ａに次のような記載があります。

　「鉄鋼製造業者が顧客渡しの契約で製品を販売している場合、運送中の製品の所有権が鉄鋼製造業者にあるときは、鉄鋼製造業者は自己の所有物の運送を他の事業者に委託しているに過ぎず、役務提供委託には該当しない」

## 疑問な点

　上記のＱ＆Ａは、自分のものを運んでいるだけなので、運送サービスを提供しているわけではないということです。しかし、契約当事者間で代金先払いとして出荷時点で所有権が顧客に移転するとしている場合は、他人のものを運ぶので下請法の対象になるのでしょうか。運送業者としては荷物の所有権がどちらにあるかはあまり関係ないことなのに、下請法で守られたり守られなかったりというのも変な感じがします。

　自社のＡ工場からＢ工場への移送を運送業者に頼む場合は、その運送サービスは、自ら用いているもので、顧客に提供しているものではありませんが、質問のようなケースですと、ある意味では、製品の販売と配達サービスをセットで提供しているともいえます。顧客から「業として」請け負った運送を運送業者に委託しており、下請法の対象になるのではないかとも考えられます。本当に下請法の対象とならないのか法律の規定上明確ではなく、下請法違反で訴えられた場合に、裁判所もどのように判断するのかと思います。

　下請法の対象外であることが、当局のＱ＆Ａで明らかになっている場合はもちろん、当局の担当者による解説書で記載されている場合にも、下請法当局から突然、勧告・公表は受けないかと思いますが、不安であれば、当局に事前相談をするという方法もあります。あるいは、下請法は発注の書面化や減額の禁止など、契約社会においては当然のことも多く定めていますので、下請法に則したかたちで取引を行い、少なくとも、取引先に大きな不満を与えるような不合理な扱いをしないようにすることで、下請法違反、さらには優越的地位の濫用として独占禁止法に違反するリスクを大幅に低減できると考えられま

す。
　なお、公正取引委員会は、荷主の運送業者に対する優越的地位の濫用を特に防止・規制するため、下請法の規制と類似した「特定荷主が物品の運送又は保管を委託する場合の特定の不公正な取引方法」を定めており、下請法の対象とならないとしても優越的地位濫用にならないよう注意が必要です。

## Q93 建設業の下請け

当社は建設の二次下請けをしていますが、一次下請けから追加工事分について代金を払ってもらえません。公正取引委員会にいえばなんとかしてくれるのですか

### Point

建設工事の下請取引は、下請法の適用対象外であり、建設業法により下請法と同様の規制が行われています。ただし、その規制対象の行為は、ほとんどが建設業法による処分の対象ではなく、手続としては公正取引委員会に措置請求され、独占禁止法違反かどうかの問題として検討されることとなっています。

### 解説

#### 建設業法による保護

建設工事の下請取引は、下請法の適用対象外となっており、建設業法による規制が行われています。建設業法では、下請法と同様に、各種の契約事項を明示した契約書の交付義務、各種の禁止行為などが規定されています。

これらの規定違反のうち、契約書の交付義務違反については、建設業法による処分の対象になっています。その他の違反については、建設業法による処分の対象になるのではなく、その行為が独占禁止法の不公正な取引方法（優越的地位の濫用）に該当すると判断されるときに、国土交通大臣、都道府県知事または中小企業庁長官が公正取引委

員会に措置請求を行うことができるとされています。

## 公正取引委員会の認定基準

これを受けて、公正取引委員会では、下請法の規定と類似した「建設業の下請取引に関する不公正な取引方法の認定基準」を定めており、下請負人に対して取引上優越した地位にある元請負人が行う次のような行為を「不公正な取引方法に当たるものとして取り扱うものとする」としています。

① 下請負人から建設工事完了の通知を受けたときに、正当な理由がないのに、通知を受けた日から起算して20日以内に完成確認のための検査を完了しないこと

② ①の検査で工事完成を確認した後、下請負人が申し出た場合に、正当な理由がないのに、直ちに目的物の引渡しを受けないこと（下請契約に定められた工事完成時期から20日を経過した日以前の一定の日に引渡しを受ける旨の特約がある場合を除く）

③ 元請負人が請負代金の支払を受けたときに、下請負人に対して相応する下請代金を、正当な理由がないのに、支払を受けた日から起算して1カ月以内に支払わないこと

④ 建設業法上の特定建設業者である元請負人が下請負人（特定建設業者または資本金1,000万円以上の者を除く）に対し、正当な理由がないのに下請代金を前記②の申出の日（前記特約がある場合は、その一定の日）から起算して50日以内に支払わないこと

⑤ 前記④の下請代金を、一般の金融機関による割引を受けることが困難と認められる手形で支払い、下請負人の利益を不当に害すること

⑥ 自己の取引上の地位を不当に利用して、通常必要と認められる原

価に満たない金額を請負代金の額とする下請契約を締結すること
⑦　下請契約の締結後、正当な理由がないのに、下請代金の額を減ずること
⑧　下請契約の締結後、取引上の地位を不当に利用して、注文した建設工事に使用する資材等を指定し、これらを下請負人に購入させることによって、その利益を害すること
⑨　注文した建設工事に必要な資材を自己から購入させた場合に、正当な理由がないのに、その資材を用いる建設工事に対する下請代金の支払期日より早い時期に、その資材の対価を支払わせ、下請負人の利益を不当に害すること
⑩　元請負人が前記①から⑨までの行為をした場合に、下請負人がその事実を公正取引委員会等に知らせたことを理由として、下請負人に不利益な取扱いをすること

### 効果と困難性

　この認定基準は法律ではありませんので、裁判所の判断を拘束するものではありません。しかし、多くの企業が長い間のルールとしているものであり、優越的地位の濫用の要件である「正常な商慣習に反して」いるか否かを判断する重要な要素になりうると考えられます。また、認定基準に反する行為が行われている疑いがあるときには、当然、公正取引委員会としては調査を行うことになり、問題の解決と発生予防に一定の効果を発揮することが期待されます。
　ただ、建設業の下請取引に関する国土交通省の調査結果をみると、契約が口頭で行われているものも少なくありません。このような場合には、そもそも契約違反ないし運用基準に反する行為があったかどうかについての事実認定も困難となります。なお、こうした契約書が

あって、債務不履行が明確であれば、当局に調査を依頼するまでもなく、民事的な解決も図られるのかもしれません。

## Q94 発注書面に何を書くか？

当社ではA製品の販売、修理を行っており、修理の多くは中小の業者に再委託しています。下請法で発注書面の交付が必要とのことですが、書面をつくったり渡したりする時間がなく、また、具体的な発注内容も、下請先で製品を開けてみるまでわかりません。どうしたらよいですか

### Point

発注書面の記載事項のうち、委託の時点ではその内容が決められない正当な理由があるものについては、その部分を記載していない書面（当初書面）を直ちに交付し、その部分が決まったら直ちにその部分を記載した書面（補充書面）を交付するという方法をとることができます。その場合でも、これらの書面同士の関連性を明記するなど、いくつか気をつけるべき点があります。

### 解説

#### 発注書面の記載事項

下請法の対象となる製造委託等をした場合は、「直ちに」、以下の事項を記載した書面を下請事業者に交付しなければなりません（同法3条、3条書面規則）。この書面の交付は、Q87で述べたように電子メールなどで行うことも可能です。

① 親事業者および下請事業者の名称（当事者が識別できる番号、記号等でも可）

② 委託をした日
③ 下請事業者の給付の内容
④ 給付を受ける期日(役務提供委託の場合は役務を提供する期日または期間)
⑤ 給付を受ける場所
⑥ 下請事業者の給付の内容について検査をする場合は、その検査を完了する期日
⑦ 下請代金の額および支払期日
⑧ 手形を交付する場合は、その手形の金額(支払比率でも可)および手形の満期
⑨ 取引当事者と金融機関の間の約定に基づく一括決済方式により支払う場合には、金融機関の名称、貸付または支払可能額、金融機関への支払期日
⑩ 電子記録債権で支払う場合は、電子記録債権の額、これによる支払期日
⑪ 製造委託等に関し原材料等を親事業者から購入させる場合は、その品名、数量、対価、引渡しの期日、決済期日、決済方法

これらの記載事項のなかには、支払方法や検査期日など発注書面に毎回詳しく書くことが煩雑なものもありますので、あらかじめ明確に定めた書面を下請事業者に通知し、発注書面に、「支払方法等は現行の『支払方法等について』による」と記載するなど、あらかじめ定めた書面との関連性を明記すればよいとされています。

### 発注時点で決まっていない点

しかし、たとえば、どこがどの程度修理の必要があるかのチェックも含めて修理を委託する場合などには、委託の時点では、これらの内

容がほとんど決まっていないこともあります。このため、下請法では、記載事項のうち委託の時点でその内容が決められない正当な理由があるものについては、その部分を記載していない書面（当初書面）を直ちに交付し、その部分が決まったら直ちにその部分を記載した書面（補充書面）を交付し、これら複数の書面の関連性が明らかになるようにすればよいこととしています（同法3条、3条書面規則）。

この「正当な理由」とは、取引の性質上、客観的に認められる理由で、次のような理由のために決められない事項がある場合が該当するとされています。当初書面には、この定められない理由と定める予定の期日を記載する必要があります（3条書面規則）。

① ソフトウェアの作成を委託したが、委託した時点では最終ユーザーが求める仕様が確定しておらず、下請事業者に対する正確な委託内容を決定することができない。
② 広告制作物の委託した時点で制作物の具体的内容が決定していない。
③ 修理委託の時点で故障箇所とその程度が明らかでない。
④ 過去に前例のない試作品等の製造委託である。
⑤ 放送番組の作成を委託した時点では、タイトル、放送時間、コンセプトについては決まっているが、委託放送番組の具体的な内容については決定していない。

また、たとえば、修理委託で処理の必要な場所や必要な修理の内容はわからないが、修理の項目ごとの単価が決まっている場合、あるいは決められる場合もあります。このように具体的な金額は決められないが、具体的な金額を算定するための算定方法を発注書面に記載することが可能な場合には、この算定方法を記載し、交付する必要があります（3条書面規則）。

## Q95 締め切り制度自体による支払遅延

当社は、下請先との間で20日締めの翌月末払いという支払制度をとっています。最近、支払制度によっては下請法で問題になる場合があるという話を聞きましたが、何か問題がありますか

### Point

　質問のケースですと、たとえば、4月21日納品なら、5月20日締め、6月30日支払となり、納品の日から起算して2カ月あまり、71日目の支払となります。これは、「納品の日から起算して60日以内に下請代金の支払期日を定めなければならい」という規定に違反します（下請法2条の2第2項）。また、このような場合、納品の日から起算して60日目の6月19日が支払期日とみなされ、「下請代金の支払遅延」として下請法違反になり、遅延利息の支払義務が発生します。

### 解説

#### 制度遅延

　下請法は、納品の日から起算して60日以内に下請代金の支払期日を定めることを義務づけています。質問のケースですと、たとえば、6月30日は、4月21日から5月20日までの納品分についての支払期日になりますが、4月21日納品なら納品の日から起算して71日目になりますし、5月1日納品でも納品の日から起算して61日目となってしまい、4月21日から5月1日までの納品分の支払がこの義務に違反します。

また、このような場合には、納品の日から起算して60日目、たとえば、4月21日納品なら6月19日が支払期日とみなされ、「下請代金の支払遅延」として下請法違反になり、支払が遅れた日数分の遅延利息の支払義務が発生します。この遅延利息の利率は年率14.6％と、企業の通常の資金調達における利息より大幅に高い利息となっています。このように支払制度そのものから発生してしまう支払遅延は「制度遅延」と呼ばれています。

　要は、「毎月何日納品締め切り」というように毎月の締め切り制度をとっている場合に、締め切り後30日以内に支払期日を定めていないと、同じ問題が起きてしまいます。このような制度遅延は、その会社の支払制度によって生じていますので、多くの取引先下請事業者に対して毎月発生し、遅延利息だけでも大きな金額になりがちです。

　ところで、お気づきかもしれませんが、毎月月末締め、翌月末払いとしている場合、5月1日納入分は6月30日支払となり、納品の日から起算して61日目の支払になってしまいます。7月1日納入分は8月31日支払となり、同じく62日目の支払になってしまいます。しかし、下請法は、このような場合まで改善指導する趣旨ではないと解されており、下請法の規定の「60日以内」は「2カ月以内」と読み替えて運用されています。したがって、「毎月月末締め、翌月末払い」というようになっている場合は、支払遅延として問題にはなりません。

### その他支払遅延の原因

　「毎月月末締め、翌月末払い」としている場合でも、「翌月末」が金融機関の休業日に当たってしまい、その金融機関の休業日明けの翌営業日に支払をすると2カ月を超えることになります。もちろん、休業日の前の営業日に支払をすることとすれば問題ないのですが、運用

上、このような支払期日を金融機関の翌営業日に順延することについて、親事業者と下請事業者の間であらかじめ書面で合意していれば問題ないとされています。

以上のほか、支払遅延が発生してしまう場合としては、以下のようなケースがあります。

① 検収締め切り制度を採用しているときに、納入後、締め日までに検査が完了せず、翌月以降の締め切りの対象となって、支払が1カ月またはそれ以上遅くなるケース
② 下請事業者にあらかじめ一定量を納入させ、これを倉庫に保管し、親事業者が使用した分についてのみ、下請代金の支払の対象とする使用高払方式をとっているときに、納入から支払まで60日以上経過するケース
③ 下請事業者からの請求書の提出遅れや自社の伝票処理などの事務処理の遅れのために、納入から支払まで60日以上経過するケース（「請求書を出してくれないと払えませんよ」とはいえない）
④ 親事業者の顧客からの入金がまだないことを理由として、納入から支払まで60日以上経過するケース（「こっちもまだ入金がないんだから待ってよ」とはいえない）
⑤ 下請代金を従来の手形払いの満期相当日に現金で支払う方法に変更して、納入から支払まで60日以上経過するケース

## Q96 単価改訂で違反発生？

当社では、競争力維持の観点からコストの見直しを行い、例年、多くの取引先下請事業者の了解を得て、4月納入分から納入単価の引下げを行っています。下請法上、何か問題はありますか

### Point

4月納入分から引下げ後の新単価適用ということは、発注時は旧単価でも、支払時には引き下げられた新単価を適用し、当初予定より低い代金を支払うわけですから、「下請代金の減額」に該当し、下請法に違反します。しかも、こうした原価低減は減額の総額も大きくなって勧告・公表の対象となる可能性も高くなります。下請法違反のリスクを冒してでもコストダウンを図ったというよりは、意図せざる違反かと思いますが、気をつける必要があります。一方、価格交渉においては下請法上の「買いたたき」にも該当しないよう気をつける必要があります。

### 解説

#### 新単価の遡及適用

下請法に基づく勧告・公表の対象となることも多いパターンです。3月末までに単価改定交渉がまとまると、システムに登録する単価を4月1日以降の支払分から改定する場合があります。この場合、すでに発注ずみだったものまで遡及して、すなわち、さかのぼって、引き下げられた新単価が適用されることとなり、発注時より引き下げられ

た下請代金となり、まさしく「下請代金の減額」に該当してしまいます。

　会社全体の方針として原価低減を進める場合、多くの取引先下請事業者との間で、単価引下げが行われます。発注から支払まで60日とすると、約2カ月間の発注分が何％か減額されてしまい、これが多くの取引先との間で発生してしまうのですから、減額の総額が大きくなり、勧告・公表に相当する事案となりやすいと考えられます。同じ違反を繰り返さないようにするためには、新単価の適用は新単価での発注分に限られるよう、社内システムの変更を早急に行うことが適切と考えられます。

　勧告・公表となった事案をみると、下請法の規制と支払システムについての認識が不十分で、意図しない違反が発生してしまったということが多いと思われます。意図しない違反で会社の社会的な評価を下げないためのコンプライアンス対応が求められます。

### 端数切捨て

　下請代金のうちの端数を切り捨てて支払うような場合も、まさしく「下請代金の減額」に該当します。「違法行為」として当局の調査を受け、コンプライアンス対応の必要が生じます。減額の総額は、たとえば100社を対象に、1年間12回の支払の際に、1,000円未満の端数を切り捨て、各社平均500円減額したとしますと、100×12×500＝60万円となり、通常は、これだけでは勧告・公表の対象にはならないと考えられます。しかし、関係者にとっては調査への対応も必要となりますし、指導ですむとしても、減額分と、これに応じた代金支払の遅延利息分を各下請事業者に支払う必要が生じます。

### 買いたたきの可能性も

　一方、下請代金の減額の問題とは別に、多数の下請事業者との間で同時期の単価引下げを図る場合には、「買いたたき」として下請法上問題を生じるおそれがあります。

　下請法では、「下請事業者の給付の内容と同種又は類似の内容の給付に対し通常支払われる対価に比し著しく低い下請代金の額を不当に定めること」を禁止しています（同法4条1項5号）。下請法の運用基準では、「一律に一定比率で単価を引き下げて下請代金の額を定めること」や「親事業者の予算単価のみを基準として、一方的に通常の対価より低い単価で下請代金の額を定めること」は買いたたきに該当するおそれがあるとしています。

　発注側としても厳しい競争に直面しており、市場経済のなかでは、ある程度厳しい価格交渉が行われるのは当然ともいえ、それこそが競争の原動力の1つともいえますし、「通常支払われる対価」「不当に定め」たということをどのように認定するかということはむずかしい面もあります。このようなことから、従来、「買いたたき」として下請法上の指導を受けるケースは、支払遅延や下請代金の減額などと比べ限定的でしたが、近年は急増しており、勧告のケースも出ています。

　下請事業者の個々のコストなどの事情をあまり考慮せずに、一方的に「各社5％の単価引下げをお願いします」というようなことを通そうとすると、この買いたたきに該当し、場合によっては勧告・公表を受けることも考えられます。厳しい価格交渉のなかでも、きちんと相手方の話を聞き、理の通るようにする必要があります。

## Q97 別途覚書での値引き

当社は、下請事業者からの納入単価の見直しに際して、「協力値引き」というかたちで別途覚書を取り交わして、実質上、納入単価の改訂を実施していますが、最近、その件で公取委の調査が入りました。契約のとおりに払っているのですが問題はありますか

### Point

「協力値引き」などの値引きについて、下請事業者との間で合意し、その内容を覚書にしていても、その値引きに合理的な理由がなかったり、覚書に基づいて値引きすることを発注書面に明記していない場合には、下請代金の減額として下請法上の問題になります。

これは「歩引き」などとして昔からの慣行で値引きしている場合にも当てはまります。

### 解説

#### 割戻金

下請法の運用基準をみますと、割戻金を差し引いた額を下請代金の額とすることについて、当事者間で合意し覚書のようなかたちで書面化した場合であっても、下請法で禁止する「下請代金の減額」に当たらないようにするためには、次の要件を満たす必要があるとされています。

① その割戻金がボリュームディスカウントなど合理的理由に基づく

ものである。
② 発注書面に割戻金についての書面との関連性が明確に記載されている。

　つまり、割戻金に合理的な理由がないといけない、かつ、合意内容を覚書にし、その覚書に基づいて割戻金を受けることを発注書面に明記しなければならないということです。民事的には、当事者間で合意していれば割戻金の支払義務が発生しますが、下請法上は、そうした要件を満たすものでなければ違法になるということです。

　平成26年に勧告・公表があった事件のなかに、達成リベートについて違法とされたケースがあります。その際の公表文をみますと、一定期間の取引額があらかじめ定めた目標金額以上となった場合に達成リベートを支払うこととしていましたが、その取引額には製造委託した商品以外の商品の取引額も含まれていました。勧告を受けたのは食品などを販売するスーパーですが、製造委託したPB商品の取引量が増えていない場合でも、納入業者のブランドの商品を含めた全体の取引額が増えて目標金額に達すると、PB商品の下請代金も含めて減額されることになりますので、下請代金の減額部分については合理的な理由がないと評価されたものと考えられます。

## 金利引き

　手形での支払を現金での支払に変更するときに、従来より早い時期に現金を下請事業者に渡すことになりますので、手形期間分の利息を差し引いて支払うことがあります。このときの利息を親事業者の短期調達金利で計算している場合は、合理的な理由に基づくものと考えられます。しかし、これを超えた金利を適用し親事業者に利ざやが発生しますと下請法で禁止する「下請代金の減額」に該当します。

### 協力値引き

　質問のケースのように「協力値引き」というかたちで別途覚書を取り交わしている場合であっても、その内容が合理的理由に基づくものでなかったり、個々の発注書面にその覚書との関連づけが明確に記載されていないと、下請法で禁止する「下請代金の減額」に該当します。

　親事業者としてもその競争業者との競争に打ち勝っていくためには一定のコストダウンが必要であり、そのために発注先と十分協議して一定の協力を求めていくのであれば、多くの場合、「合理的理由に基づくものである」ものと考えられます。しかし、発注書面に覚書についての記載がなく、覚書に基づく減額について下請法違反として勧告・公表されたケースは少なくありません。

　これは、発注書面は下請法で罰則まで設けて交付を義務づけているものであり、発注書面に「協力値引き」などの値引きについてなんら記載がない以上、発注書面に記載された金額が下請代金の額であるとの考え方に基づくものと考えられます。

### 歩 引 き

　かつて繊維業界などでは「歩引き」として下請代金から一定率分を差し引いて支払う商慣習がありました。古くから広く行われていたため、取引当事者の双方は歩引きが当然あるものとして発注のあった段階から想定していたと考えられ、明文では定められていなくても実質的には契約の一部になっていました。しかし、この「歩引き」も、合理的な理由は見出しがたいものですし、発注書面に記載もなく、上記のケースと同様に下請法で禁止する「下請代金の減額」に該当するも

のです。公正取引委員会は平成10年代になって、「歩引き」が下請法違反になることを業界に広く周知し、指導を行い、そのうえで、その後も続いていたケースについては、勧告・公表の措置がとられるようになりました。

## Q98 NB商品とPB商品

当社は広域でスーパーを展開している小売業者ですが、最近、同業者が納入業者から「販促協力金」をもらって下請法違反で指導を受けたという話を聞きました。当社でも納入業者から了解のうえ、同様の販促費をもらっていますが、問題になりますか

### Point

PB商品の製造委託については下請法の対象になります。NB商品と区別せずに「販売協力金」「仕入れ割戻し」などの名目で、支払う側にとってメリットの明確でない金銭の支払いを求めると下請法に違反するおそれがあります。

### 解説

#### 下請法についての認識不足

近年、勧告・公表の対象となった下請法違反事件のなかに、発注者のブランドの商品、いわゆるPB（プライベート・ブランド）商品に関するものが目立っています。

PB品は、通常、メーカーと発注者が打ち合わせ、商品の仕様を決めて発注します。そのメーカー自身のブランドの商品、いわゆるNB（ナショナルブランド）品と中身が同じものであってもブランド表示などは発注者が指定したものになります。このような仕様を指定した発注は、下請法上の製造委託に該当します。

メーカーには、多くの場合、下請法が制定された昭和31年以来の歴

史のなかで下請法についての知識や経験が蓄積し、相当詳しい知識をもった人材が育っています。一方、小売業者等のPB商品が多くなったのは比較的近年で、発注者の下請法対応が十分にできていない場合があります。また、流通業界においてNB品の取引に関してさまざまな商慣習がすでに生じており、PB商品もこれと区別せず、あるいは区別が必要であることに気がつかず、そうした商慣習を適用してしまう場合があります。

### 問題の生じやすい点

　流通業者が納入業者に対して「販売協力金」「仕入れ割戻し」などの名目で金銭の支払を求めることがあります。発注側からみれば、多くの納入業者に対して従来から求めてきたものであり、下請法をよく知らないと、下請事業者の要件に該当する納入業者に同様の要請をする可能性があります。このような行為は、「下請代金の減額」または「不当な経済上の利益の提供要請」として下請法に違反するおそれが高いと考えられます。

　これまでの事件のなかには、たとえば、製品のカタログ作製費の一部や販売促進費用の一部を負担させる場合もありましたが、これらは、親事業者が自らのブランドの商品の販売を図るうえで行うものであり、下請事業者が負担すべき理由があるとはいえません。

　また、通常よくみられる返品についても、PB商品の場合には、商品に瑕疵があるような場合を除き、返品は当事者間の合意の有無にかかわらず下請法違反となります。

### 具体的なケース

　100円ショップのダイソーを展開する大創産業は、安価で便利な商

品を数多く供給し、国民生活を大きく変えた企業であり、そのなかで多くのPB商品を開発、販売していますが、そのPB商品について繰り返し下請法違反として勧告・公表を受けました。

　平成24年3月には、下請代金を現金払いとした取引先に、「歩引き」として一定率の額を負担させたことが下請代金の減額として違法とされました。平成26年7月には、販売期間が終了したことや売れ行きが悪いことなどを理由として返品していたことが「返品」として、また、商品の売れ行きが悪いことを理由として、発注前に下請事業者と協議して定めていた予定単価を6割前後引き下げた単価を定めて発注したことが「買いたたき」として、違法とされました。1回目の勧告で違反の未然防止策がとられたと思いますが、2回目に違反とされた行為は1回目の勧告以後に行われた行為でした。

### 問題とならない場合

　Q97でも触れましたが、ボリュームディスカウントなど合理的理由に基づく割戻金を負担させる場合であって、当事者間で合意がなされ、その内容が書面化されていて、発注書面にその書面との関連づけが明確に記載されているときは下請法上問題となりません。

　また、納品商品または提供された役務が、発注書面に明記された委託内容と異なり、または瑕疵が発見された場合、次のような行為は「下請事業者の責に帰すべき理由」があり、違法ではないとされています。

ア　その商品または役務の受領拒否または返品（瑕疵の発見が納品後6カ月以上たっていると、通常、売主の責任は問えず（商法526条）、返品できない）

イ　上記アを行わず、委託内容に合致させるために親事業者が手直し

をしたとき、または瑕疵による商品価値の低下が明らかなときに、客観的に相当と認められる額を下請代金から減額

## Q99 トンネル会社規制

当社は多数の下請事業者と取引がありますが、下請法違反ということになったらコンプライアンス上、困るので、資本金的に下請法の対象とならない当社の子会社を通じて発注したい。何か問題はありますか

### Point

　資本金的に下請法の対象とならない子会社などを通じて発注する場合については、下請法に、いわゆる「トンネル会社規制」の規定があり、下請法の適用を受ける可能性があります。また、このような、いかにも下請法の脱法として行われ、実際に取引先の中小企業に大きな不利益が発生している場合には、「トンネル会社規制」に該当するかどうかは別にしても、悪質な行為ととらえられ、企業コンプライアンスの観点からは、かえって大きな問題になりかねないと考えられます。

### 解説

「初のケース！」

　A社がB社に委託し、B社がCに再委託する場合で、B社とCのそれぞれの資本金規模だけをみると、資本金基準から下請法の適用がないとみられるときでも、以下の要件に該当する場合には、B社は下請法上の親事業者、Cは下請法上の下請事業者として下請法の適用対象になります。この規制は、通常「トンネル会社規制」と呼ばれます。

① A社は、資本金の額または出資の総額が1,000万円を超える法人事業者
② B社がA社の子会社であるなど、B社は、A社から役員の任免、業務の執行または存立について支配を受けている法人事業者
③ B社がA社から製造委託等を受け、その製造委託等にかかわる製造、修理、情報成果物の作成または役務提供の行為の全部または相当部分を、他社に再委託
④ CがA社から直接製造委託等を受けたとすれば、資本金基準からみてA社が親事業者、Cが下請事業者として下請法の対象になる

B社においては、自社の資本金規模から自社に下請法の適用がありうるという認識が欠けてしまう場合もあるかと思います。しかし、こうした取引関係のなかで、下請法上の問題を生じ、トンネル会社規制の適用のケースということで公表された場合、意図的、脱法的にこのような取引形態にした場合でなくても、発注の仕方がいかにも脱法として行われていると社会的にみられ、通常の事件よりも悪質な事件と社会的に評価されるおそれがあります。これまでに、このトンネル会社規制の適用を受け、勧告・公表を受けたケースはありません。仮に、初めてのケースが出ると、「悪質！ 初めてのトンネル会社規制適用」など、大きく報道されることも考えられます。

### 懸念点、疑問点

上記③の「相当部分を、他社に再委託」のうちの「相当部分」がどのくらいかについての解釈は不確定です。このくらいなら「相当部分」ではないだろうと当事者が考えていても、下請事業者に無視できない不利益が生じているような場合は、考えていたよりも当局が厳しい法解釈をして法適用する可能性も否定できません。実質的には規模

の大きな企業からの発注であるが形式的に対象から外れるケースを救おうという法の趣旨からすると、再委託の割合が無視しうる程度でなければ「相当部分」と解釈される余地もあると考えられます。

なお、大企業のある部門を切り離して、資本金の小さな100％子会社とした場合、トンネル会社規制に該当するような場合を除き、資本金の額によっては下請法の適用対象でなくなります。連結ベースでみて経営的には大企業の一部門なのに、法人格が別になれば、下請法の適用がなくなるというのも、下請事業者の保護の観点からは疑問が残ります。

### 別の脱法

下請法の規制対象となるようなある程度の規模の企業が、ことさら脱法的な行為を行うことはきわめて少ないと思いますが、このような場合も、実際に取引先の中小企業に大きな不利益が発生しているなど下請法の趣旨を大きく損なうような事態があった場合には、下請法の適用はできないとしても、優越的地位の濫用として独占禁止法上の問題とされる可能性も否定できないと考えられます。このような場合には、むしろ悪質な行為ととらえられ、企業コンプライアンスの観点からは、かえって大きな問題になりかねません。そうした意味では、下請法の適用対象と同様の取引を行うようにすることが適切と考えられます。

一方、下請法の規定上、親子会社間等の取引であっても法律の適用対象外としていませんが、親会社と子会社の間の取引や同じ親会社の子会社同士の間の取引など、実質的に同一会社内での取引とみられる場合は、従来から下請法の運用上問題としていません。

## Q100 構内下請け

当社の工場では構内作業の一部を別の業者に行わせていますが、このような場合も下請法の対象になりますか。実質、社内のようなかたちで作業指示を出しており、いちいち発注書の交付などしていられません

### Point

　他の企業に製造業務の一部を請け負ってもらうという場合には、その作業の場所が自社の工場内かどうかにかかわらず、下請法上の製造委託に該当しますので、下請法の資本金基準に該当すれば下請法の適用があります。発注書面の交付や下請代金の支払期日の設定などについての義務、親事業者としての禁止行為について、通常の下請取引として下請法の適用があります。

|解||説|

### 構内下請けも対象

　他の企業に工場内の製造業務や修理業務の一部を請け負ってもらう場合も、通常、下請法上の製造委託ないし修理委託に該当しますので、工場側の企業の資本金規模と請負側の企業の資本金規模が下請法の資本金基準に該当すれば下請法の適用があります。請負側が資本金のない個人企業の場合は、工場側の資本金が1,000万円を超えれば下請法の対象になります。

　このような場合、工場側の企業は通常の下請取引として、構内下請

けを行っている下請事業者に対する発注書面の交付や発注記録の保存、下請代金の支払期日の設定などについての親事業者としての義務、下請代金の減額や支払遅延の禁止など親事業者としての禁止規定について、下請法の適用があります。

　特に、工場側と請負側が同じ工場内ということで、さまざまな指示を行いやすいということが考えられます。このような指示をするなかで、製造委託の内容が変わるおそれがあり、そのような変更があった場合には、変更の内容によっては、その委託の内容、取引条件などについて書面化の必要が生じるとともに、変更前の作業と変更後の作業に対する下請代金の適切な支払の必要が生じてくるでしょう。このような対応を適切に行わないと、下請法で禁止される不当なやり直しなどに該当する可能性もあります。

　構外にある企業に発注するときは、別の会社との取引ということで、きちんと窓口を通して法令に違反のないようにしなければという意識が働きやすいかと思われますが、構内の企業ですとより密接な関係にある分だけ通常の下請取引として認識されにくいことが考えられます。しかし、構内下請事業者に対する下請法違反行為は、親事業者に対する依存度合いのより強い、弱い立場の下請企業に対する下請いじめと受け止められるおそれがあり、注意が必要です。

### 偽装請負も委託取引

　近年、工場などで企業が労働者を直接雇用するのではなく、人材派遣会社から労働者の派遣を受けたり、他の企業に工場内の製造業務の一部を請け負ってもらうという形態がよくみられます。企業がこのような外部の労働力を活用するメリットとしては、主に、業務量の変動にあわせて投下する労働力を柔軟に変化させやすいことと、労働コス

トの削減を図れるということがあると考えられます。

　このうち、派遣労働者については、派遣先の企業が直接指揮命令することができますが、この場合、派遣先が派遣労働者の雇用条件、雇用環境を左右することになりますので、労働者派遣法により、労働基準法、労働安全衛生法などの義務の一部が派遣先企業に課せられています。一方、請負契約で他の企業に作業を請け負わせる場合には、基本的に、請け負わせた企業、すなわち工場側はそうした義務を負いません。

　しかし、請負契約で他の企業に作業を請け負わせる場合であっても、自社の工場内で作業を行わせる場合には、工場側の窓口から請負企業側の窓口に話を通すのではなく、同じ企業内の従業員ときちんと区別されずに、工場側の従業員から請負企業側の労働者に直接指示が行われやすいと考えられます。請け負った会社の労働者に対して工場側が直接指示したほうが迅速、柔軟に作業ができるということも出てくるでしょう。工場側が、そのような直接指示をする場合は、いわば、その実質は請負ではないとして、いわゆる「偽装請負」とされ、工場側に労働者派遣法上の責任が生じてきます。

　他方で、「偽装請負」ということなら、請負契約が否定されているのだから下請法でいうところの製造委託にも該当しないのでは、ということはありません。下請法上、構内下請けとの取引は製造委託や修理委託そのものであり、このような場合に同法の適用を除外する扱いを定めた規定はありません。労働者は労働者派遣法で守られ、請け負った企業は下請法で守られるということになります。

## Q101 現金払いの義務化？

下請法で手形払いについての規制が厳しくなるように聞きましたが、どうなるのですか

### Point

下請法当局から、下請代金支払を現金化するよう、あるいは手形払いの際の手形サイトを短縮するよう要請され、これに沿った動きがすでに多くの業界でみられます。要請に反すれば違法になるということではありませんが、こうした要請に対応していくことは、企業コンプライアンス上も必要と考えられます。

### 解説

#### 関係団体への要請

安倍内閣の成長戦略のもとで賃金の引上げが図られてきましたが、「中小企業や零細企業ではむずかしい」との声があがりました。そこで、そうした企業が賃上げを行いやすい環境をつくる観点から、平成27年12月以降、内閣官房副長官を議長とする関係府省等連絡会議が開催され、下請等中小企業の取引条件の改善に向けた検討が行われてきました。会議では下請等中小企業の直面するさまざまな問題が取り上げられましたが、そのなかで長期手形や割引困難な手形の問題についての指摘もありました。

平成28年6月2日閣議決定した「日本再興戦略2016」などに下請法等の運用の強化が盛り込まれ、同年8月2日閣議決定の「未来への投

資を実現する経済対策」には、「手形支払……等の取引慣行における課題の改善につながるよう、下請法の運用基準における違反事例の充実を始め、独占禁止法その他の関連法規の運用を強化」が盛り込まれました。

このような閣議決定を受けるかたちで、公正取引委員会と中小企業庁は、同年12月14日に、関係する事業者団体に対して、下請代金の支払手段に関して以下のような内容の要請を行いました。

① 下請代金の支払は、できる限り現金によるものとすること
② 手形等により下請代金を支払う場合には、その現金化に係る割引料等のコストについて、下請事業者の負担とすることのないよう、これを勘案した下請代金の額を親事業者と下請事業者で十分協議して決定すること
③ 下請代金の支払に係る手形等のサイトについては、繊維業90日、その他の業種120日以内とすることは当然として、段階的に短縮に努めることとし、将来的には60日以内とするよう努めること

この要請と前後して、すでに多くの業界で下請代金支払の現金化など、要請の方向性に沿った動きが出ています。

### 割引困難な手形

下請法では、手形支払に関して、下請代金の支払期日までに一般の金融機関による割引を受けることが困難な手形を交付し、これにより下請事業者の利益を不当に害することを禁止しています（同法4条2項2号）。手形の割引が困難かどうかは主に手形を出した企業の信用力で決まってくるとも考えられますが、公正取引委員会のホームページのＱ＆Ａによりますと、公正取引委員会および中小企業庁では、次の期間を超える長期手形を上記の禁止規定に違反するおそれがあるも

のとして取り扱い、すべて期間内に改善するよう指導しています。
① 繊維製品に係る下請取引においては90日
② その他の下請取引については120日

　このような指導は、昭和41年から行われており、下請法の対象となるような取引については、現在では上記の手形期間以内の手形を交付することが商慣習になっているようです。

### 社会的な要請

　法律的に考えますと、上記の期間を過ぎると直ちに割引困難となると認定することは困難であり、このため、ホームページでも「違反するおそれがあるものとして取り扱い」という表現を用いていると考えられます。

　また、今回の動きについても、法律的にみますと法律の改正があったものではなく、また、従来と同じ手形期間の手形でも割引困難な度合いが高まったという実態変化があったということではないので、いままで違法でなかったものが違法になったというように法適用に変化があったというものではありません。

　しかし、今回の下請代金の手形払いに関する動きについての報道のなかに「下請法の見直し」「ルールの厳格化」といった表現もみられるように、上記のような要請に従っていくべきという認識が多く共有されているものと考えられます。あくまでも「要請」であり、これに則していないからといって、下請法上の措置を受けるというものではありませんが、一気にということでなくても、多くの親事業者が要請の方向性に沿ったかたちでだんだんと進むなかで、いつまでも旧態依然とした企業行動をとっていると、社会の「要請」、社会の期待に沿っていない会社という評価を受けるようになることも考えられます。

## 事項索引

【英字】
HHI …………………………………… 230
RICO法 ………………………………… 188

【あ】
汗かきルール …………………………… 98
暗黙の了解 ……………………………… 92
意見聴取 ………………………………… 20
意思の連絡 …………………………… 35,51
違約金 …………………………………… 111
インターネット販売の制限 ………… 168
役務提供委託 ……………………… 301,313
おとり広告 ………………………… 204,260
おとり広告告示 ……………………… 281
親子会社間の取引 …………………… 155
親事業者の義務 ……………………… 292
親事業者の禁止事項 ………………… 293

【か】
買いたたき …………………………… 329
価格決定権 ……………………………… 51
価格調査 ……………………………… 153
確約制度 ……………………………… 192
課徴金 ……………………… 210,280,283
課徴金減免申請 ………………………… 68
課徴金減免の事後申請 ………………… 65
課徴金減免の事前申請 ………………… 67
課徴金納付命令 …………………… 75,114
官製談合防止法 …………………… 101,102
間接強制 ………………………………… 18
企業結合ガイドライン ……………… 227
企業結合計画の届出 ………………… 223
偽装請負 ……………………………… 342

欺まん的顧客誘引 …………………… 252
行政指導 ……………………………… 105
行政指導ガイドライン ………………… 59
競争者との取引の制限 ……………… 158
競争の実質的制限 ………………… 46,226
競争を実質的に制限すること … 3,225
共同懸賞 ……………………………… 251
業務提携 ……………………………… 129
金融のガイドライン ………………… 189
金利引き ……………………………… 331
口コミ ………………………………… 278
厳格な地域制限 ……………………… 162
原産国告示 …………………………… 281
懸賞 ………………………………… 246,249
建設ガイドライン ……………………… 97
公共入札ガイドライン ………………… 96
公正競争規約 ………………………… 263
公正取引委員会 ………………………… 24
拘束条件付取引 ……………………… 141
構内下請け …………………………… 341
告発方針 ………………………………… 22
コンプライアンス …………………… 122
コンプライアンスプログラム ……… 118

【さ】
再販売価格の拘束 ………… 134,138,144
再販売価格の調査 …………………… 151
資格者団体ガイドライン ……………… 49
事業者団体による競争制限行為 …… 4
自主申告 ……………………………… 285
市場閉鎖効果 ………………………… 160
下請代金の減額 ……………………… 293
下請代金の支払遅延 ………………… 293
私的独占 ………………………………… 3

事項索引　347

| | | | |
|---|---|---|---|
| 支払期日 | 298 | 立入検査 | 15, 65, 68 |
| 事務総局 | 25 | 地域外顧客への受動的販売の制限 | 163 |
| 修理委託 | 300 | 遅延利息 | 298 |
| 主導的役割加重 | 77 | 地方事務所 | 26 |
| ジョイントベンチャー | 154 | 中小の共同チラシ | 149 |
| 消費者庁 | 241 | 直接価格交渉 | 149 |
| 情報交換 | 95 | 定期調査 | 311 |
| 情報成果物の作成委託 | 301 | 天の声 | 101 |
| 真正の委託販売 | 148 | トンネル会社規制 | 338 |
| 審判制度の廃止 | 47 | | |
| ステマ | 277 | 【な】 | |
| ステルスマーケティング | 278 | 仲間取引の禁止 | 165 |
| 製造委託 | 300 | 入札談合等関与行為防止法 | 101, 109 |
| 正当な理由 | 144 | 値下げカルテル | 38 |
| 制度遅延 | 324 | | |
| 責任地域制 | 163 | 【は】 | |
| セーフハーバー | 159 | 排除措置命令 | 71, 113 |
| セーフハーバー基準 | 229 | 発注記録 | 297 |
| セールストーク | 287 | 発注書面 | 296 |
| 先行業務、先行物件 | 100 | ハーフィンダール・ハーシュマン指数 | 230 |
| 専属告発 | 22 | 犯則事件調査 | 17, 18 |
| 選択的流通 | 166 | 犯則調査 | 17 |
| 早期離脱軽減 | 77 | 反トラスト法 | 27 |
| 相互OEM | 33, 130 | 販売拠点制 | 163 |
| 総代理店契約 | 171 | 販売地域の制限 | 161 |
| 相談事例集 | 130 | 販売方法に関する制限 | 166 |
| 総付景品 | 246 | 販売方法の制限 | 168 |
| 遡及適用 | 327 | 標準価格表 | 41 |
| 措置命令 | 243, 268 | 不公正な取引方法 | 4 |
| それなりの合理性 | 170 | 不実証広告 | 270 |
| それなりの合理的な理由 | 169 | 不当な取引制限 | 3 |
| 損失補てん | 184, 186 | 不当な二重価格表示 | 264 |
| | | 不当なやり直し | 294 |
| 【た】 | | 不当な利益による顧客誘引 | 182 |
| 第1次審査 | 224 | 不当廉売 | 199, 203 |
| 第2次審査 | 224 | | |
| 抱き合わせ販売 | 189 | | |

並行輸入妨害 ……………………… 175
ベタ付き景品 ……………………… 246
返金措置 …………………………… 282
歩引き ……………………………… 332
補充書面 …………………………… 321

## 【ま】
民間発注についての談合 ………… 86

## 【や】
安値入札 …………………………… 196
安値販売業者への販売禁止 ……… 165
優越的地位の濫用 …… 62, 208, 211, 218
優越的な地位 ……………………… 215
有償支給原材料等の早期決済 …… 294

有利誤認表示 ……………………… 258
優良誤認表示 ……………………… 258

## 【ら】
流通業者の取引先に関する制限
 …………………………………… 164
流通調査 …………………………… 152
流通・取引慣行ガイドライン
 ……………… 141, 147, 151, 158, 171, 179
両罰規定 …………………………… 21
累犯加重 …………………………… 77

## 【わ】
割引困難な手形の交付 …………… 294

## 独禁法・景品表示法・下請法

2018年3月29日　第1刷発行

著　者　野　口　文　雄
発行者　小　田　　徹
印刷所　三松堂印刷株式会社

〒160-8520　東京都新宿区南元町19
発　行　所　一般社団法人 金融財政事情研究会
企画・制作・販売　株式会社きんざい
出版部　TEL 03(3355)2251　FAX 03(3357)7416
販売受付　TEL 03(3358)2891　FAX 03(3358)0037
URL http://www.kinzai.jp/

・本書の内容の一部あるいは全部を無断で複写・複製・転訳載すること、および磁気または光記録媒体、コンピュータネットワーク上等へ入力することは、法律で認められた場合を除き、著作者および出版社の権利の侵害となります。
・落丁・乱丁本はお取替えいたします。定価はカバーに表示してあります。

ISBN978-4-322-13258-8